Frank Minirth / Paul Meier / Robert Hemfelt / Sharon Sneed

Liebes-Hunger
Heilung von Eßsucht

LIEBES HUNGER

Heilung von Eßsucht

Zehnstufenplan für Geist, Seele und Leib

Dr. Frank Minirth, Dr. Paul Meier,
Dr. Robert Hemfelt & Dr. Sharon Sneed

SCHULTE & GERTH

Die amerikanische Originalausgabe erschien im Verlag
Thomas Nelson Publishers, Inc., Nashville, Tennessee,
unter dem Titel „Love Hunger. Recovery from Food Addiction"
© 1990 by Frank Minirth, Paul Meier, Robert Hemfelt,
Sharon Sneed, Don Hawkins
© der deutschen Ausgabe 1992 Verlag Klaus Gerth, Asslar
Aus dem Amerikanischen übersetzt von Christian Rendel

Bestell-Nr. 815 175
ISBN 3-89437-175-7
1. Auflage 1992
2. Auflage 1993
3. Auflage 1996
4. Auflage 1997
Umschlaggestaltung: Thomas Nelson Publishers/Ursula Stephan
Satz: Typostudio Rücker & Schmidt
Druck und Verarbeitung: Ebner Ulm
Printed in Germany

Inhalt

Danksagungen

Die Autoren danken ihren Freunden, Familienangehörigen und Arbeitskollegen, deren Beiträge und deren Unterstützung dieses Buch möglich gemacht haben. Besonders danken möchten wir Susan Hemfelt, Mary Alice Minirth, Jan Meier und David Sneed. Herzlichen Dank auch an Donna Crowe, die durch ihre schriftstellerische Fertigkeit die Notizen und Aufzeichnungen der Autoren in Manuskriptform brachte; an Janet Thoma für ihre Ermutigung, Unterstützung und Sachkenntnis als Lektorin, an Glenna Sterling Weatherly für ihre Freundschaft und für die Stunden, die sie mit dem Tippen des Manuskripts verbrachte; an Vicky Warren und Kathy Short für ihre Unterstützung in allen Phasen der Niederschrift.

Erster Teil:
Das Problem
verstehen

Wo Essen
in Fressen übergeht

Hätte jemand Ralph Yoland dabei beobachtet, wie er sich an jenem Morgen fertig machte, um zur Arbeit zu gehen, so hätte er nichts anderes wahrgenommen als einen schlanken, gutaussehenden, fünfunddreißigjährigen Mann, und in ihm ein Urbild des Erfolges gesehen. Doch innerlich fühlte sich Ralph alles andere als erfolgreich. Er kämpfte gegen die Monster an, mit denen er nun schon siebzehn Jahre lang im Streit lag.

Würde dies der Tag sein, an dem er aus seinem Selbsthilfe-Programm abrutschte und begann, sich von neuem auf ein Gewicht von zweihundertzwanzig Pfund hochzukurbeln, nur um hinterher alles wieder mühsam abnehmen zu müssen? Seit zwei Wochen hatte er nun sein Idealgewicht gehalten, aber würde sich die verrückte Berg-und-Talbahn, auf der er die meiste Zeit seines Lebens als Erwachsener gefahren war, bald wieder in Bewegung setzen? Noch einmal bürstete er durch sein glattes, blondes Haar und rückte seine elegante Nadelstreifen-Krawatte zurecht. Als er sich vom Spiegel abwandte, schrie ihm das Bild im Glas hinterher: „Und wenn heute nun der Tag ist – der Tag, an dem sie herausfinden, wer du *wirklich* bist? Acht Jahre und vier Beförderungen lang hast du sie an der Nase herumgeführt, doch wenn sie mitkriegen, wie du *wirklich* bist, werden sie dich hochkant hinauswerfen!"

Entschlossen wiederholte er die Schritte seines „Overeaters-Anonymous"-Programms: „Ich gestand mir ein, daß ich keine Macht über meine Eßsucht hatte – daß mein Leben außer Kontrolle geraten war. Ich kam zu der Überzeugung, daß nur eine Macht, die größer ist als ich, mich wieder zur Vernunft bringen konnte. Ich traf eine Entscheidung ..."

Ralph vollzog alle zwölf Schritte, bevor er sich eine Tasse schwarzen Kaffee einschenkte und sich aus dem Kühlschrank die Magermilch holte, die er sich über sein Kleie-Müsli mit Rosinen goß. Er lächelte über den Aufkleber an seiner Kühlschranktür, auf dem ihm in großen roten Lettern die Frage entgegenleuchtete: *„Was frißt Dich auf?"*

Die Monster, die so lange Zeit an ihm gefressen hatten, verhielten sich ruhig, aber verschwunden waren sie noch nicht. Nur indem er sich täglich, ja stündlich in Zucht nahm, gelang es ihm, sich zu beherrschen. Würde er jemals wahrhaft frei sein?

Oder würde Barbara Jamison es je sein?

Kaum jemand wäre auf den Gedanken gekommen, daß Ralph und Barbara, eine schwer gebaute Frau von hundertfünfundachtzig Pfund, sich an einem Punkt so ähnlich waren. Bestimmt hätte niemand, der Barbara später an diesem Tag gesehen hätte, sie für ein Urbild des Selbstvertrauens und des Erfolges gehalten. Sie hatte dafür gesorgt, daß niemand sie an diesem Nachmittag zu Gesicht bekam. Ja, sie hatte sogar ihre Schlafzimmertür verschlossen, obwohl sie allein in ihrer Wohnung war. Sie ließ sich mitten auf ihr Bett fallen und begann, die Verpackungen aufzureißen und ihren Inhalt zu verschlingen: Schokoladenpudding, extra knusprig gebratene Hähnchen, Krabbensalat mit Mayonnaise, eine noch ungeöffnete Schachtel Krapfen und Pommes frites.

Pommes frites gehörten immer dazu, wenn sie einen ihrer Freßanfälle bekam. Mit ihnen hatte sie ihr erstes Gelage veranstaltet – als sie elf Jahre alt war und sich durchs Fenster aus ihrem Zimmer geschlichen hatte, in dem ihr betrunkener Vater sie eingeschlossen hatte. Pommes frites waren immer die erste richtige Nahrung gewesen, die sie nach den zahllosen Modediäten ihrer Schulzeit zu sich genommen hatte. Dann Pommes frites vom Schnellimbiß am College! Sie schlang sie herunter und rannte zurück ins Wohnheim, wo sie über der Toilette den Finger in den Hals steckte, um alles wieder loszuwerden – ein endloser Kreislauf des Schlingens und Erbrechens in ihren Studienjahren. Dann kam Tom und die belastete Ehe, die sie miteinander führten. ... Nun, seit er ausgezogen war, war es zumindest leichter für sie, ihre Freßgelage zu verheimlichen – auch wenn das gierige Monster in ihr noch häufiger nach Nahrung zu verlangen schien, wenn sie allein war.

Endlich schien das Monster zufrieden zu sein, und es gelang Barbara, ihren Löffel niederzulegen, als die Packung noch halbvoll war. Mit einer Armbewegung fegte sie die Überreste vom Bett und lehnte sich zurück. Ihr letztes Gebet, bevor sie in Apathie versank, lautete: „Lieber Gott, wo wird das enden?"

Barbara und Ralph sind zwanghafte Esser, deren Sucht nach Nahrungsmitteln so stark wurde, daß sie eine Therapie in der stationären Abteilung der Minirth-Meier-Klinik in Dallas (Texas) nötig hatten.

Was ist zwanghaftes Essen?

„Aber passiert das nicht jedem einmal, daß er zuviel ißt?" fragen Sie sich vielleicht. „An Weihnachten esse ich immer so viel, daß ich mich nicht mehr wohl fühle." „Ich habe im Studium gelegentlich solche Gelage veranstaltet – vor Prüfungen, als ich mich von meinem Freund trennte oder wenn meine Zimmernachbarin ein Freßpaket bekam." „Sicher habe ich schon Diäten gemacht und hinterher alles wieder zugenommen – und noch ein bißchen mehr dazu." „Heißt das, daß ich eine Therapie brauche?"

Eine der Schwierigkeiten im Umgang mit Eßstörungen besteht in diesen Grauzonen. Bei Alkohol- oder Drogensucht ist das viel leichter – entweder man ist ein Trinker oder nicht, entweder man lebt frei von Drogen oder nicht – aber essen muß jeder, und ab welcher Menge es zuviel wird, ist individuell sehr verschieden.

Unsere Definition eines zwanghaften Essers orientiert sich nicht an einer festen Gewichtsgrenze – wie etwa dreißig Pfund Übergewicht – oder einem Prozentsatz. Statt dessen konzentrieren wir uns auf die unterbewußten Ursachen dieses zwanghaften Verhaltens.

Nach unserer Definition sind zwanghafte Esser Menschen, die essen, um einen emotionalen Hunger zu stillen, dessen sie sich vielleicht bewußt sind, vielleicht aber auch nicht. Das Übergewicht eines zwanghaften Essers kann einige Pfund oder einige hundert Pfund betragen. Es geht nicht darum, wieviel der Betreffende wiegt, sondern, aus welchen Gründen er ißt.

Ein zwanghafter Esser kann nach Nahrungsmitteln süchtig sein wie ein Alkoholiker nach Alkohol oder ein Workaholic nach Arbeit. Er ist emotional von einer äußeren Sache abhängig, um sich innerlich wohl zu fühlen. Solange die Ursachen eines solchen Verhaltens nicht aufgedeckt werden, wird der Betreffende nie von seinem Abhängigkeitsverhältnis zum Essen frei sein.

Drei Eßstörungen

Zwanghaft übermäßiges Essen wie bei Barbara und Ralph ist nur eine von mehreren Eßstörungen. Zwei weitere Formen sind die Magersucht und die Bulimie.

Magersucht (Anorexia nervosa) ist eine chronische Selbstaushungerung bis auf ein Gewicht, das mehr als zwanzig Prozent unter dem idealen Körpergewicht liegt. Durch Magersucht versucht ein Mensch, etwas in seiner Umgebung unter Kontrolle zu bekommen, indem er seine Nahrungsaufnahme kontrolliert – zum Beispiel einen strengen, autoritären Vater. Magersüchtige sind oft so hungrig nach Liebe, daß sie den Versuch aufgeben, ihren normalen Hunger zu stillen. Ihr Fasten macht sie unempfindlich gegen den Schmerz des Liebes-Hungers.

Bulimie besteht aus einem zwanghaft übermäßigen Essen,

14

um den Liebes-Hunger zu stillen, gefolgt von einem Austreiben der Nahrung in dem Bestreben, den Schmerz auszutreiben. Dieses Austreiben geschieht durch absichtliches Erbrechen, Abführmittel oder Diätpillen. Danach fühlen sich Bulimiker leer, also schlingen sie sich von neuem voll; dann wiederum fühlen sie sich schuldig, also entleeren sie sich wieder.

Wenn auch bei allen drei Eßstörungen die emotionale Dynamik und die Grundzüge des Heilungsprozesses ähnlich sind, konzentriert sich dieses Buch auf das zwanghaft übermäßige Essen, und um der Einfachheit willen beziehen sich die meisten unserer Hinweise auf diese Störung. Doch Magersüchtige und Bulimiker haben viel mit zwanghaften Essern gemeinsam, und alle, die an irgendeiner Eßstörung leiden, laden wir ein, unseren zehn Fußpfaden zur Heilung zu folgen. Wir betonen mit Nachdruck, daß Magersucht und Bulimie ernste, lebensbedrohliche Krankheiten sind, und wenn Sie sich einer dieser Kategorien zuordnen, sollten Sie sich unbedingt auch um ärztliche Hilfe bemühen.

Ein paar Fragen

Wenn Sie herausfinden wollen, ob Sie ein zwanghafter Esser sind, dann stellen Sie sich die folgenden Fragen:

▷ Essen Sie, wenn Sie wütend sind?
▷ Essen Sie, um sich in Zeiten besonderer Krisen und Anspannungen zu trösten?
▷ Essen Sie, um Langeweile abzuwehren?
▷ Belügen Sie sich selbst und andere darüber, wie viel und wann Sie gegessen haben?
▷ Bewahren Sie Nahrungsmittel für sich selbst in einem Versteck auf?
▷ Bringt Ihre äußere Erscheinung Sie in Verlegenheit?
▷ Liegt Ihr Körpergewicht zwanzig Prozent oder mehr über den medizinischen Empfehlungen?

▷ Haben Menschen, die Ihnen nahestehen, sich besorgt über Ihr Eßverhalten geäußert?
▷ Hat sich Ihr Gewicht in den letzten sechs Monaten um mehr als zehn Pfund verändert?
▷ Haben Sie Angst, daß Ihr Eßverhalten außer Kontrolle geraten ist?

Wenn Sie mehrere dieser Fragen mit Ja beantwortet haben und sich bis zu einem gewissen Grad mit Barbara oder Ralph identifizieren können, dann sind Sie ein zwanghafter Esser.

Ob Sie nun wie Barbara erst anfangen, Ihr Problem zu bekämpfen, oder bereits durch eine erfolgreiche Diät ihr Zielgewicht erreicht haben wie Ralph, wir laden Sie ein, ihren Weg mit den Ärzten an der Minirth-Meier-Klinik und mit unseren einzigartigen Methoden bei der Behandlung von Eßstörungen mitzuverfolgen.

Wir bieten keine Patentrezepte – dazu ist das Problem zu komplex. Aber es gibt Antworten. Und darin, daß man die Komplexität des Problems versteht, liegt auch ein Trost. Wenn Sie, wie so viele andere, schon oft eine Diät begonnen haben und dabei gescheitert sind, kann Ihnen die Erkenntnis helfen, daß es sich hier nicht um ein einzelnes Problem handelt, für das Sie nur „ein bißchen mehr Willenskraft" benötigen. Sie kann Ihnen verstehen helfen, warum es Ihnen bisher nie gelungen ist, das Problem in den Griff zu bekommen – und warum der vielschichtige Ansatz in der Minirth-Meier-Klinik den Erfolg bringen kann.

Als Ralph vor zwei Jahren mit einem Gewicht von zweihundertdreißig Pfund in unsere Klinik kam, halfen wir ihm, die Ursachen seines übermäßigen Essens und die sich selbst antreibende Kraft des Suchtkreislaufs zu verstehen, um die es im ersten Teil dieses Buches gehen wird. Dann beschritt Ralph die zehn ineinander verschlungenen Fußpfade zur Heilung, die Sie im zweiten Teil finden. Gleichzeitig arbeitete er mit Dr. Sharon Sneed daran, die medizinischen Probleme zu verstehen, die mit Fettsucht und Diäten zusammenhängen. Sie setzte ihn auf ihr „leichtgemachtes" Ernährungsprogramm, so daß er seine Pfunde hinter sich lassen konnte, während er die Wege zur emotionalen und geistigen Gesundheit beschritt.

Als wir erst einmal den Eindruck hatten, daß Ralph dabei war, sich von den emotionalen Ursachen seines übermäßigen Essens zu erholen, baten wir ihn, den anderen Teilnehmern seiner Therapiegruppe von den Höhen und Tiefen seines siebzehnjährigen Kampfes mit dem Essen zu erzählen. Wie viele andere Patienten zögerte er zunächst. Obwohl er den anderen in der Gruppe während der letzten Monate schon einige ermutigende Worte gesagt hatte, hatte er ihnen noch nie von der langen Geschichte seiner Sucht erzählt. Wir wußten, welche Gedanken in seinem Geist abgespult wurden. Die alten „Dämonen" lachten: „Ha, warte nur, bis sie *das* erfahren!" „Wenn sie das wissen, werden sie dich nicht mehr in der Gruppe haben wollen!" „Bisher hast du sie zum Narren gehalten, aber jetzt ist das alles vorbei – ha, ha ..."

Ralphs Versprechen an die Gruppe – und an Sie

An jenem Abend holte Ralph tief Luft, zupfte an seinen weißen Manschetten, um sicherzugehen, daß sie auch gleichmäßig einen Zentimeter unter den Jackettärmeln hervorragten, und machte sich auf den Weg in die Klinik. Ihm sank der Mut, als er sah, daß alle siebzehn Teilnehmer seiner Therapiegruppe anwesend waren und in geraden Reihen auf den beigen Klappstühlen saßen. Ralph versuchte, sich damit zu trösten, daß über die Hälfte von ihnen der Gruppe bereits ihre Geschichten erzählt hatte, doch seine „Dämonen" flüsterten ihm ein: „Ja, aber so etwas wie deine Geschichte haben sie noch nicht gehört."

Begrüßung und Einleitung gingen in einem undurchsichtigen Nebel unter, und plötzlich stand Ralph vor der Gruppe und redete: „Mein Vater war Alkoholiker. Meine Mutter war so depressiv, daß sie ständig zwischen verschiedenen psychiatrischen Kliniken und zu Hause hin- und herpendelte, bis sie schließlich einfach in einer Klinik blieb. Dad ließ mich mit meiner Großmutter in New Mexico zurück ..."

Das Reden fiel ihm allmählich leichter, als er vor sich nicht mehr die Therapiegruppe sah, sondern Großmutters armselige Hütte, wo er in den alten Zeiten auf die Ankunft der Schecks von der Sozialhilfe wartete. „Großmutter verließ niemals das Haus; alle Wege erledigte ich für sie. Sie konnte mir nie irgend etwas geben, aber sie kochte immer für mich. Selbst wenn ich erst um drei Uhr morgens nach Hause kam, stand sie auf und machte mir Bohnen und Eier." Er sah Großmutter vor sich, wie ihre zerzausten grauen Haare am Rücken ihres Hauskittels herunterhingen, dessen rosa Blumenmuster schon lange verblichen war.

Doch dieser einzige Trost, den seine Großmutter ihm geben konnte, brachte seine eigenen Probleme mit sich. Es war schon schlimm genug, daß Ralph in der Schule gehänselt wurde, weil er nur ein Paar Hosen besaß, die er buchstäblich so lange trug, bis sie auseinanderfielen; doch der Spott verstärkte sich noch, als sein zunehmender Bauch an den Knöpfen seines Hemdes zu zerren begann und seine nackte Haut durchblinkte, wo seine Kleidung nicht mehr ganz ausreichte.

„Als ich sechzehn war, lief ich davon, gab ein falsches Alter an und ging zur Armee. Doch anstatt mich ins Grundausbildungslager zu stecken, schickten sie mich erst einmal auf eine Farm zum Abspecken, wo sie sechs Wochen damit verbrachten, mein Gewicht zu reduzieren: durch meilenweite Dauerläufe, lange Arbeitsstunden und Schmalkost. Das Gewicht ging herunter. Dann kam die Grundausbildung – keine Chance zum Zunehmen." Einige Teilnehmer der Gruppe, die auch bei der Armee gewesen waren, mußten lachen – sie konnten sich damit voll identifizieren.

„Dann ging ich nach Übersee. In Vietnam kam ich zum ersten Mal mit Drogen in Berührung. Als der Krieg vorbei war und ich in die Staaten zurückkam, fühlte ich mich einsamer als je zuvor, aß mehr als je zuvor und war drogensüchtig. Wenigstens aus meiner Isolation fand ich einen Ausweg: ich schloß mich einer Motorrad-Gang an." Einige im Raum schnappten hörbar nach Luft. Das konnte nicht wahr sein: Dieser Mann, der da vor ihnen stand – schlank, belesen, erfolgreich –, ein Mitglied der „Hell's Angels"?

Ralph grinste über ihre Reaktion; er genoß seine Rolle. Er griff in seine Tasche und holte einen Schnappschuß hervor, auf dem er selbst zu sehen war: zweihundertsiebzig Pfund schwer, die schmierigen blonden Haare schulterlang, gekleidet in eine metallbeschlagene Lederjacke und metallbeschlagene Stiefel und auf seiner schwarzen Harley-Davidson sitzend. Er ließ es herumgehen.

„Aber das brachte es letztlich auch nicht für mich. Also heiratete ich Tina. Ihr Vater pflegte sie ständig zu verprügeln; deshalb glaube ich, sie fand es wohl ziemlich normal, wenn ich von Drogen oder Schnaps berauscht nach Hause kam. Aber die Ehe hielt nicht lange, und mir wurde klar: Wenn ich aus meinem Leben noch etwas machen wollte, bevor ich eines Morgens tot in irgendeinem Straßengraben erwachte, dann mußte ich mir einen anständigen Job suchen. Ich ließ mir die Haare schneiden, hungerte mich auf mein Idealgewicht herunter – das dauerte nicht lange, denn bei der Armee hatte ich gelernt, was man mit einem Fünfzehn-Kilometer-Dauerlauf auf nüchternen Magen alles erreichen kann – und kaufte mir einen billigen, aber anständigen Anzug. Ich fand einen Job in der Lochkarten-Herstellung einer Computerfirma. Ich hatte nicht viel an Schulbildung zu bieten, aber die Sache mit der Elektronik lag mir, und so stieg ich ziemlich schnell in der Firma auf: vom Kundendienst-Techniker über den Abteilungsleiter bis zum Manager. Abends und an den Wochenenden nahm ich immer noch Drogen, nur sorgte ich dafür, daß ich bis zum Morgen wieder einen klaren Kopf hatte, damit ich zur Arbeit gehen konnte.

Und immer wieder geriet ich in diese schwierigen Beziehungen zu Frauen – manchmal zwei oder drei gleichzeitig. Das war wie mein Bedürfnis nach übermäßigem Essen – ich konnte nie genug kriegen. Erst vor kurzem half mir Dr. Meier zu der Einsicht, daß ich immer zwei oder drei Frauen

19

gleichzeitig haben wollte, damit ich mich nie emotional zu sehr an eine einzige Frau binden mußte." Zwei Köpfe in der letzten Reihe nickten. Ralph entspannte sich ein wenig – es gab Leute, die ihn verstanden. Nicht alle hielten ihn für verrückt – selbst wenn seine Geschichte so klang, als wäre er es.

„Ich habe gelernt, daß ich aß, um ein Vakuum zu füllen, daß die Ärzte Liebes-Hunger nennen und das durch meine verfahrene Kindheit entstanden war. Ich habe gelernt, daß das Leiden an diesem Liebes-Hunger mir eine niedrige Selbstachtung eintrug, die mich in den Suchtkreislauf geraten ließ. Und ich habe all die Wege kennengelernt, die ich gehen muß, um die vollständige Heilung zu erreichen, zu der ich mich verpflichtet habe."

Ralph warf einen Blick auf die Uhr an der Wand. Konnte es wirklich sein, daß er so lange geredet hatte? Bestimmt mußte er jetzt zum Schluß kommen. Aber die Gruppe machte keinen unruhigen Eindruck. Einige lehnten sich sogar auf ihren Stühlen vor, als seien sie begierig, noch mehr zu hören. Nun, dann würde er eben zu Ende erzählen. Er wischte sich über die Stirn. „Nun, das ist die Geschichte eines menschlichen Yo-Yos. Ich habe wahrscheinlich zehn- bis zwanzigmal mein Gewicht verloren und wieder angefuttert, seit ich siebzehn war; vielleicht jedes Jahr oder jedes zweite Jahr einmal. Doch dieses Mal wird es anders sein, weil ich mich nicht mehr nur mit dem Essen befasse, das heißt, nicht mehr nur das Symptom behandle. Dieses Mal arbeite ich an den Gefühlen, die aus meiner Kindheit stammen, und den Schuldgefühlen wegen der Drogen und des Alkohols, also an den Kernproblemen. Und ich versuche zu lernen, wie ich das Erreichte, den Sieg, mein Leben lang bewahren kann. Doch ich bin hier, um euch zu sagen, daß dies das Schwierigste ist.

Das Gewicht loszuwerden, war mit Dr. Sneeds Hilfe kein Problem, und da ich sowieso alles zwanghaft tue, verlor ich mein Übergewicht in den ersten vier Wochen." Ein Stöhnen ging durch den Raum. Ralph grinste. „Ja, ich weiß. Alle hier hassen mich deswegen. Aber ich muß immer noch zu diesen Treffen gehen, und das fällt mir etwas schwer. Ich habe keine

20

Lust, hinzugehen, aber wenn ich es nicht tue, gibt es keine Garantie dafür, daß ich mein Gewicht halte. Ich muß auf jemanden anderes hören; jemanden, der mir anstelle meines eigenen Kopfes Informationen eintrichtert, denn mein eigener Kopf sagt mir: ‚Oh, entspann dich, Ralph, es ist doch alles in Ordnung.' Aber das ist es noch nicht.

Und, Leute – ich weiß, daß ich schon zu lange geredet habe, aber ihr habt so großartig zugehört –, ich will euch einfach noch sagen, daß es sich lohnt. Sein Leben wieder in Ordnung zu bringen, Heilung zu erreichen – das ist schwer, aber es lohnt sich. Und ihr verdient es. Ihr verdient es, daß ihr euch selber mögt. Ihr verdient es, glücklich zu sein.

Wenn ich Übergewicht habe, treibe ich Mißbrauch an mir selbst. Und ich habe nicht die Antworten für mich selbst, aber es gibt Leute da draußen, die sie haben. Manchmal müssen wir Hilfe von Außenstehenden in Anspruch nehmen, um mit Drogen, Alkohol oder zerrütteten Familien fertig zu werden. Sich von fremden Menschen helfen zu lassen, macht einem Angst, aber es kann auch Freude und Befriedigung verschaffen. Und denkt daran – sagt euch immer wieder, daß ihr es wert seid. An jedem Tag, an dem ihr wirklich glaubt, daß ihr es verdient, gesund und glücklich zu sein, werdet ihr es schaffen – einen Tag nach dem anderen."

Zu Ralphs großer Überraschung war er im Nu von allen Anwesenden umringt, die ihn umarmten oder ihm die Hände schüttelten. Sie hatten alles über sein wahres Ich erfahren, und sie liebten ihn trotzdem.

Ich weiß,
daß ich zuviel esse –
aber ich weiß nicht,
warum

Das Sprechzimmer des Arztes mit seinem grauen Teppich, seinen Eichenmöbeln und seiner Palme in der Ecke sollte offensichtlich entspannend wirken. Doch Barbara konnte sich nicht entspannen. Auf gar keinen Fall würde sie den Ärzten in der Minirth-Meier-Klinik von ihrem Gelage gestern abend erzählen! Es war schlimm genug, daß sie selbst davon wußte. Wenn sie es auch noch laut aussprach, würde es dadurch irgendwie real werden, etwas, das tatsächlich passiert war – nicht nur ein böser Traum, wie sie im stillen hoffte. Und ganz im Hintergrund ihres Geistes war der Gedanke: „Wenn ich nicht viel rede, komme ich hier schneller wieder heraus, und dann kann ich *essen!*"

Eine Zeitlang verlief das Gespräch entspannt und angenehm, einfach um sich kennenzulernen; so, wie man sich auf einer ziemlich steifen, langweiligen Party unterhalten würde. Bereitwillig gab sie zu, daß sie an Depressionen litt, seit Tom vor zwei Monaten nach vierjähriger Ehe ausgezogen war, und sie sprach viel über die Langeweile in ihrem Job als Kassiererin im Supermarkt. „Solange ich zurückdenken kann, wollte ich etwas Künstlerisches tun. Im College belegte ich Kunst als Hauptfach, und später hatte ich einen Job als Schaufensterdekorateurin, der mir viel Spaß machte. Eigentlich wollte ich Innendekorateurin werden ... aber das hat nie geklappt ..." Ihre Stimme versandete.

Genau in diesem Augenblick des Schweigens ließ Dr. Hemfelt mit seiner leisen, freundlichen Stimme die Bombe los. „Mir scheint, Sie sind deprimiert, und eine Reihe von Dingen entwickelt sich nicht so, wie Sie gehofft hatten. Glauben Sie, daß Ihr Gewicht dabei eine Rolle spielt?"

Barbara zuckte die Achseln und versuchte, den aggressiven Klang in ihrer Stimme zu unterdrücken. „Nun, es ist nicht zu übersehen, daß ich ein paar Pfund abnehmen muß. Und ich habe nun einmal schwere Knochen. Aber wenn ich glücklich verheiratet wäre oder einen interessanten Job hätte, könnte ich sicherlich abnehmen."

Dr. Hemfelt lehnte sich in seinem Sessel zurück und legte die Fingerspitzen aneinander. „So unfair es auch ist, es gibt viele Mythen und Pauschalurteile über Menschen mit Übergewicht. Sicherlich haben Sie die auch schon gehört." Er zählte sie an den Fingern auf. „Übergewichtige Menschen sind faul; übergewichtige Menschen sind asexuell; übergewichtige Menschen sind spaßig; übergewichtige Menschen sind nicht intelligent oder effizient; übergewichtige Menschen haben einen schwachen Willen. Und die übergewichtigen Menschen fallen auf viele dieser Mythen herein: Es ist ebenso notwendig wie schön, ultraschlank zu sein. Meine Familie ist übergewichtig, also muß ich auch übergewichtig sein. Eine Diät muß exotisch und asketisch sein, um zu wirken. Ich kann niemals von meinem Gewicht runterkommen – ich werde immer schwer sein."

Barbara schnitt eine Grimasse. Ob sie die Mythen schon *gehört* hatte? Sie hatte sie alle *durchlebt* – ja, sie *glaubte* sogar die meisten davon.

Vielleicht geht es Ihnen auch so. Vielleicht mußten Sie noch nicht einmal die Checkliste im ersten Kapitel durcharbeiten, um zu wissen, daß Sie ein zwanghafter Esser sind. Oder vielleicht ist Ihnen jetzt, nachdem Sie sie gelesen haben, klargeworden, daß Sie einer sind – aber Sie wissen immer noch nicht, warum. Was ist dieses namenlose Monster, das Sie dazu treibt, ein ganzes Paket Kekse aufzuessen, bevor Sie auch nur von dem Lebensmittelgeschäft zurück in Ihrer Wohnung sind?

Menschen, die übermäßig essen, müssen die Dynamik verstehen, die ihren Eßzwang verursacht. Dann erst können sie anfangen, an dieser Sucht etwas zu ändern. Schauen wir uns zwölf Gründe für zwanghaft übermäßiges Essen an, damit Sie die spezifischen Faktoren erkennen können, von denen Sie beeinflußt sind.

Essen als zwanghafte Reaktion auf kulturellen Druck

Manche zwanghaften Esser empfinden Streß, weil sie ständig unter dem kulturellen Druck stehen, „zu essen, zu essen, zu essen" oder „schlank, schlank, schlank" zu werden. Noch nie zuvor in der Geschichte sind soviel Zeit, Geld und Energie aufgewendet worden, um Menschen zum Essen zu drängen und gleichzeitig von ihnen zu verlangen, daß sie schlank bleiben. Psychiater sprechen von „Push/Pull"-Botschaften, von „Zwickmühlen-Botschaften", paradoxen Botschaften, oder, am treffendsten, von „verrückt machenden Botschaften". Und diese verrückt machenden Botschaften haben uns zu einer vom Essen besessenen und von Fettleibigkeit geplagten Gesellschaft gemacht. Um diesen Lügenbotschaften widerstehen zu können, müssen wir die vielschichtige Natur dieses kulturellen Drucks verstehen. Deshalb sprechen wir schon bei einem der ersten Besuche mit unseren Patienten darüber, so auch mit Barbara.

Eine kulturelle Sucht

Wenn Sie das nächste Mal den Fernseher einschalten, achten Sie einmal darauf, womit Sie da bombardiert werden! Halten Sie sich einen Notizblock bereit und notieren Sie sich die Bilder: Hamburger in Nahaufnahme, gefolgt von Pommes frites, die durch die Luft schweben, dann wieder dünne Leute, die Diätlimonade trinken, zehn ultraschlanke Schauspielerinnen und eine mollige – die den Mann nicht kriegt.

25

So bequem es ist, mit dem Finger auf das Fernsehen und die amerikanischen Medien zu zeigen, es sind doch auch noch andere kulturelle Übeltäter am Werk. Dr. Sneed sagt: „Wir haben das Füllhorn des Wohlstandes in ein Faß der Ausschweifung verwandelt." Es ist sehr, sehr schwer, an allen Imbißständen und Fast-food-Restaurants vorbeizugehen und der Versuchung zum übermäßigen Essen zu widerstehen. Wir können hineingehen und für drei Mark zweitausend Kalorien kaufen, und es schmeckt gut. Wer unter solchen Umständen versucht, sein Gewicht zu kontrollieren, der muß sich bewußt entscheiden, etliche der Wertvorstellungen in seiner Umgebung zurückzuweisen – wahrscheinlich die meisten davon. Und das ist nicht einfach. Es ist schwer zu sagen: „Ich bin anders. Für mich ist das, was die meisten für wertvoll halten, ganz und gar nicht wertvoll." Und es ist noch schwerer, zu dieser Entscheidung zu stehen, wenn man ständig mit den populären Wertvorstellungen bombardiert wird.

Unsere Ernährung hat sich in den letzten fünfzig Jahren so dramatisch verändert, daß es manchmal schwierig geworden ist, normal zu essen. Dr. Sneed weist auf Studien hin, die darüber Auskunft geben, wie viele Mahlzeiten heutzutage außer Haus eingenommen werden. Während der letzten fünfzig Jahre hat sich das in den USA von einmal pro Monat oder weniger je Familie bis auf mindestens einmal pro Tag gesteigert. Zweifellos sind eine Menge Menschen, die eigentlich keine Probleme mit dem Essen hatten, zu zwanghaften Essern geworden, weil die Nahrungsmittel so leicht verfügbar sind. Diese kulturelle Erscheinung hat auch eine Menge heimlicher Esser hervorgebracht, besonders Leute, die in ihren Autos essen.

Wenn man es sich recht überlegt, ist es eigentlich ein Wunder, daß es noch Leute gibt, die keine zwanghaften Esser sind. Die Liste der nicht funktionierenden Gegenmaßnahmen ist endlos: Modediäten wirken nicht; Hungerkuren wirken nicht; Diätpillen wirken nicht; das Tragen spezieller Kleidung, die die Kalorien „abschmelzen" soll, wirkt nicht, Gewichtsreduzierungsmaschinen wirken nicht; Abführmittel wirken nicht ... Die Leute stürzen sich mit geradezu magischen Erwartungen auf die Diätprogramme. „Wenn ich nur die richtige Diät finde – die magische Formel –, dann wird mein Übergewicht einfach verschwinden!" Ja, mit all dem konnte sich Barbara identifizieren. Und nachdem sie ihr Leben lang von diesen Signalen bombardiert worden war, reichte nun der geringste Anstoß aus, um ihren Wunsch nach Essen auszulösen. Und nach all dem Scheitern, das sie erlebt hatte, konnte sie *alles* entmutigen. Sie lächelte und entspannte sich ein wenig, als Dr. Hemfelt auf die zweite Ursache für zwanghaft übermäßiges Essen zu sprechen kam.

Pfunde als Schutzwall gegen Liebe und Intimität

In unserer Klinik erleben wir häufig, daß Menschen sich unbewußt ein schützendes Fettpolster wünschen. Ein solcher Impuls tritt oft nach einem traumatischen Ereignis auf, etwa nach der Auflösung einer Verlobung oder wenn der Ehepartner mit jemand anders davongelaufen ist und der Esser es vermeiden will, sich mit seiner persönlichen Sexualität auseinanderzusetzen. Auch aus der Kindheit stammende Ängste vor menschlicher Nähe und eine Ambivalenz gegenüber sexueller Nähe im Erwachsenenalter können zu einem Bedürfnis nach Isolation führen.

Viele zwanghafte Esser versuchen, ihre Sexualität zu leugnen, zu unterdrücken oder zu verschleiern. Je mehr man sich überernährt, desto unauffälliger werden manche körperlichen Geschlechtsmerkmale. Und wenn man erst schwer genug ist, wird jede sexuelle Aktivität unangenehm, wenn nicht gar unmöglich, sei es aus ästhetischen oder schlicht aus mechanischen Gründen. Wie wir später noch sehen werden, war dies zumTeil die Ursache für Barbaras Zwanghaftigkeit.

Dieser Mißbrauch des Essens zur Verleugnung der Sexualität kann zum Mißbrauch des Essens zur Vermeidung von Intimitäten ausgeweitet werden. Das ist auf zweierlei Weise möglich. Zunächst einmal können wir, wenn unser Eß-Wahn uns emotionale Energie abverlangt (entweder durch das übermäßige Essen selbst oder durch unsere Anstrengungen, gegen den Eßzwang anzugehen), nur in begrenztem Maße Energie für eine Beziehung aufwenden. Ein extremes Beispiel dafür war Mary, eine Bulimikerin, die wir in unserer stationären Abteilung behandelten. Mary war erst seit zwei Jahren verheiratet, und sie liebte ihren Mann trotz der Probleme in ihrer Ehe. Doch als sie erst einmal soweit war, daß sie sich sieben- bis achtmal am Tag vollstopfte und sofort wieder entleerte, hatte sie für ihre Ehe weder körperliche noch emotionale Energie übrig. Zweitens kann ein überernährter Mensch so dick werden, daß er selbst jegliches Interesse an Sex verliert und andere keine Lust verspüren, sich ihm sexuell zu nähern.

Berg-und-Talbahn-Esser, die ständig zwanzig oder dreißig Pfund zunehmen und wieder verlieren, machen sich vor jeder Mahlzeit Sorgen: *Was darf ich essen? Was darf ich nicht essen?* Wenn sie vorsichtig essen, sind sie vielleicht hinterher immer noch hungrig und von dieser Tatsache wie besessen. Essen sie zuviel, werden sie vielleicht von Schuldgefühlen gequält. Dieser endlose Eß-Wahn fängt dann an, alle anderen Dinge des Lebens zu verdrängen, auch andere Menschen; und das ist möglicherweise auch das unterbewußte Ziel des Essers.

Essen als Sofort-Befriedigung

Wir alle wurden als Egoisten geboren. Bis zu einem Alter von achtzehn Monaten, wenn uns zu dämmern beginnt, daß wir von unseren Müttern verschieden sind, fühlen wir uns, als seien wir die ganze Welt. Je älter wir werden, desto stärker werden wir durch liebevolle Eltern, die uns erziehen und uns ein Beispiel geben, aus unserer Selbstbezogenheit herausgelockt. Doch wenn Kinder nicht richtig erzogen werden und keine guten Rollenmodelle vor Augen haben, hören sie nie auf, nach sofortiger Befriedigung zu verlangen. Also essen sie, wann immer ihnen danach zumute ist. Sie verhätscheln sich selbst und werden übergewichtig.

Selbstsucht führt oft zu einem übersteigerten Gefühl, mit anderen konkurrieren zu müssen. Selbst Kinder, die sonst lieb zu ihren Geschwistern sind, wetteifern um das Essen. Sie rufen: „He! Das ist mein Keks!", selbst wenn auf dem Teller noch drei andere liegen. Der Instinkt für das Essen ist so grundlegend, daß manche Menschen darum wetteifern, indem sie sich größere Portionen nehmen, als sie eigentlich brauchen. Das gilt besonders für Leute, die wie Ralph in einer armen Familie aufgewachsen sind, in der die Versorgung mit Nahrungsmitteln begrenzt war, aber es beschränkt sich nicht allein auf sie.

Menschen, die in Familien aufwachsen, in denen ihnen eine gute Erziehung zuteil wird und die ihnen gute Rollenmodelle bieten, können aus dieser natürlichen Selbstsucht herauswachsen. Doch wer in einer gestörten Familie groß geworden ist, in der es ihm in der Kindheit an einer angemessenen Bedürfnisbefriedigung fehlte, der wird auch als Erwachsener unbefriedigt bleiben. Solche Menschen versuchen, sich auf eigene Faust Befriedigung zu verschaffen, und wenden sich dem Essen zu, weil es ihnen sofortige Befriedigung bietet. Jeder, der in einer gestörten Familie aufgewachsen ist, hat an dieser Stelle in doppelter Hinsicht Schwierigkeiten, denn er leidet nicht nur an einem besonders starken emotionalen Hunger, sondern ihm fehlt auch die Fähigkeit, sich auf gute Weise selbst Befriedigung zu verschaffen. Wer nicht gelernt hat, sich selbst Befriedigung zu verschaffen, indem er Beziehungen aufbaut oder kreative Hobbys entwickelt, wird seine Befriedigung immer wieder in der Keksdose suchen.

Diese Ursache für übermäßiges Essen ist besonders schwer zu diagnostizieren, weil viele Menschen ihre Selbstsucht hinter einer Schale der Selbstlosigkeit verstecken. Viele, die sich nach außen hin stark für andere engagieren und ihnen in Krankenhäusern, in Schulen oder im Haushalt helfen, stopfen sich dann insgeheim mit Essen voll, um sich selbst Befriedigung zu verschaffen.

Essen als Beruhigungsmittel

Viele Menschen benutzen Essen als Beruhigungsmittel. Wenn solche Leute Angst verspüren, essen sie; ihr Blutzuckerspiegel steigt an, und schon fühlen sie sich entspannt. Die Hirnanhangdrüse wird manchmal „Hauptdrüse" genannt, weil sie alle Körperorgane steuert. Doch es gibt noch eine andere Drüse, den Hypothalamus, der die Hirnanhangdrüse steuert. Direkt in der Mitte des Hypothalamus (im innersten Zentrum des Gehirns) liegt das Hungerzentrum. Das Blut fließt durch dieses Zentrum. Das Hungerzentrum registriert den Blutzuckerspiegel und sagt uns, ob wir satt und zufrieden oder hungrig sind.

Bei den meisten Menschen funktioniert das gut. Doch es gibt darüber hinaus noch Millionen anderer Nerven, die aus allen anderen Teilen des Gehirns in den Hypothalamus und wieder hinaus führen, und bei manchen Menschen sagt das Hungerzentrum „Du hast Hunger", wenn sie nervös sind. In Wirklichkeit sind sie vielleicht gar nicht hungrig, aber wenn sie dann essen und ihr Blutzuckerspiegel ansteigt, entspannen sie sich tatsächlich. Natürlich fühlen sie sich dann schuldig, weil sie zuviel gegessen haben, und der ganze Kreislauf beginnt von neuem.

Es gibt noch eine zweite Möglichkeit, wie Essen als Beruhigungsmittel wirken kann: Immer, wenn ein Mensch ißt, werden im Gehirn die sogenannten Endorphine freigesetzt; Substanzen, die als natürliche Schmerzstiller, Entspannungsmittel und Auslöser von angenehmen Reizen wirken. Endorphine haben eine gewisse Ähnlichkeit mit Rauschdrogen, die die gleichen Wirkungen haben. Der Unterschied besteht darin, daß sie ein natürlicher, von Gott geschaffener Bestandteil unserer körperlichen Funktionen sind und daß sie durch bestimmte Aktivitäten freigesetzt werden; darunter Lachen, sexuelle Erregung, Essen und sportliche Betätigung. Wenn man etwas gegessen hat, befindet man sich tatsächlich in einer Art Anästhesie.

Dieser beruhigte Zustand ist normal und gesund. Doch ein zwanghafter Esser kann von seinen eigenen Endorphinen und den durch Essen hervorgerufenen angenehmen Empfindungen abhängig werden. Darum kann ein echter Eßsüchtiger sieben oder acht Mahlzeiten am Tag benötigen – wie ein Drogensüchtiger, der unbedingt noch eine Spritze braucht.

Essen als Problem-Verdrängung

Viele Patienten in der Abteilung für Eßstörungen an unserer Klinik leiden an Angstzuständen. Wir reden hier nicht von irgendeiner konkreten Furcht – etwa vor der Prüfung nächste Woche oder vor dem Ersuchen um Gehaltserhöhung, das Sie sich für morgen vorgenommen haben und dem vielleicht nicht stattgegeben wird. Hier geht es um die hartnäckige, vage Angst: die Furcht vor dem Unbekannten. Angst ist die Furcht davor, die Wahrheit über die eigenen verborgenen Gedanken, Gefühle oder Motive zu erkennen. Zwanghafte Esser könnten zum Beispiel wütend auf ihre Eltern sein, ohne sich das eingestehen zu wollen, weil sie dann zugeben müßten, daß ihre Eltern nicht vollkommen sind. Wenn ein solcher Mensch sein Selbstwertgefühl auf die Annahme durch seine Eltern aufgebaut hat (was man nicht tun sollte, die meisten Leute aber trotzdem tun), dann bedeutet der Zorn auf die Eltern, daß er die eigene Meinung über sich selbst herabsetzt.

Joey war ein Beispiel für einen Menschen, der aß, um

einer Einsicht auszuweichen. Er wuchs bei einem selbstsüchtigen Vater auf, der ein eigenes Geschäft hatte. Von Kindesbeinen an gebrauchte der Vater Joey als „Arbeitssklaven" und ließ ihn von Schulschluß bis zehn Uhr abends für sich arbeiten. Joey wollte gerne eine hohe Meinung von seinem Vater haben und denken, daß sein Vater ihn liebte, so daß er ein gutes Selbstwertgefühl haben könnte. Also arbeitete er, was das Zeug hielt, und versuchte sich einzureden, daß sein Vater wirklich großartig sei und das alles nur tat, weil er Joey liebhatte und mit ihm zusammensein wollte. In Wirklichkeit war sein Vater geradezu krankhaft selbstsüchtig und nutzte Joey nur aus.

Immer wenn Joey im Fernsehen eine Sendung sah, in der ein selbstsüchtiger Vater vorkam, oder wenn er einen selbstsüchtigen Vater in der Öffentlichkeit beobachtete, wurde er von einem dringenden Wunsch zu essen überwältigt. Aber er zählte niemals zwei und zwei zusammen. Er aß, um seine eigene Wut zu ersticken und der Wahrheit nicht ins Gesicht sehen zu müssen.

Essen als Strafe
gegen sich selbst oder andere

Manche Menschen essen zwanghaft, um sich selbst oder andere zu bestrafen. Viele unserer Patienten sind wegen irgend etwas, das sie getan haben, ausgesprochen zornig auf sich selbst – etwa, weil sie bei einer Prüfung gemogelt oder weil sie sexuell zu weit gegangen sind –, und so schleppen sie sich unter einer Last von Schuldgefühlen durchs Leben und bestrafen sich selbst, indem sie zuviel essen und übergewichtig sind. Wenn sie zu dick sind, können sie sich selbst für ihr Übergewicht hassen – was ihnen vielleicht weniger Schmerzen bereitet, als wenn sie sich damit auseinandersetzen müßten, daß sie wegen ihres Fehlers auf sich selbst zornig sind. Sie werden nicht nur dick, um sich selbst durch ihr Übergewicht zu bestrafen, sondern auch, um ihr Gewicht als Sündenbock zu benutzen. Hier wird das Essen zur Verdrängung von Einsichten benutzt.

„Ich verdiene es nicht, hübsch zu sein. Solange ich dieses Gewicht behalte, kann ich mich selbst bestrafen", sagte Sherri, die einmal ein hübscher Teenager gewesen war, zu Dr. Hemfelt. Sherri litt gleich an einer ganzen Reihe von Süchten – sie war süchtig nach Alkohol, Sex, Wutausbrüchen, Verschwendung und Essen. Bis auf das Essen war sie bei all ihren Süchten auf dem Weg der Besserung. Sie war trocken, ihre Verschwendungssucht war unter Kontrolle, sie war ihrem Mann treu und hatte gelernt, ihren Jähzorn zu beherrschen. Doch ihre Eßsucht hielt sich am zähesten. Während ihrer Schwangerschaft nahm sie achtzig Pfund zu, und sechs Monate nach der Geburt des Kindes hatte sie erst die Hälfte dieses Gewichtes wieder verloren.

„Ich weiß, daß ich mich selbst für die bösen Gefühle bestrafe, die ich hatte, als ich aufwuchs", sagte sie in Erinnerung an ihre Kindheit bei einem alkoholsüchtigen Elternteil. „Und wahrscheinlich bestrafe ich mich auch für all die Jahre, in denen ich meinen Süchten anhing. Auf diese Weise bezahle ich einen Preis für die Schuld, die ich mir aufgeladen habe. Ich schaue in den Spiegel und sage: ‚Du verdienst es nicht, hübsch zu sein. Du mußt bestraft werden. Du mußt einen Makel tragen!'"

Eine solche Einstellung vergleichen wir gern mit regelmäßigen Einzahlungen auf ein flexibles Darlehenskonto. Der an Schuldgefühlen Leidende meint: „Wenn ich einfach die nächsten zehn Jahre dick und unglücklich bleibe, dann habe ich wie durch Zauberei meine Schuld abbezahlt. Ich habe mein Darlehenskonto wieder aufgefüllt."

Andere Menschen wollen ihre Ehepartner bestrafen. Die meisten von uns denken sich in der Freundschafts- und Verlobungszeit: „Junge, was für eine tolle Partie ich kriege!" Wir meinen, wir bekämen jemanden, der besser ist als wir selbst. Sind wir dann erst verheiratet, leben auf engem Raum zusammen und streiten uns darüber, welches Fernsehprogramm wir sehen oder in welches Restaurant wir gehen wollen, überlegen wir es uns anders und denken: „Ich hätte etwas Besseres erwischen können. Ich habe einen Fehler gemacht!" Wir neigen alle dazu, unsere eigenen Fehler zu verdrängen und nur die der anderen zu sehen. Ein ausgereifter Mensch arbeitet diese natürliche Neigung auf und erkennt: „Ich habe Fehler, mein Ehepartner hat Fehler. Wir verdienen einander!"

Leute, die nicht zu dieser Schlußfolgerung gelangen, denken vielleicht weiterhin: „Ich habe einen schlechten Fang gemacht; er ist nicht so nett, wie ich dachte!" Solche Leute können dann leicht auf den Gedanken verfallen, es ihren Ehepartnern heimzuzahlen, indem sie Gewicht zulegen.

Essen als Mittel
gegen Depressionen oder Streß

Essen als Mittel gegen Depressionen

Essen als Mittel gegen Depressionen kann ebenfalls die Ursache der Fettleibigkeit sein. In der Geschichte unserer Klinik haben wir Tausende von Menschen sowohl stationär als auch ambulant wegen Depressionen behandelt. Die Mehrzahl dieser Menschen leidet an unterdrücktem Zorn und einem unbewußten Wunsch nach Rache, häufig gegen sich selbst gerichtet. Viele von ihnen sind Perfektionisten, die sich selbst innerlich dafür verachten, daß sie nicht besser sind. Es ist Sünde, Groll gegen uns selbst festzuhalten. Also ist es ein emotionales und geistliches Problem. Und es ist auch ein körperliches Problem. Wenn wir uns fortdauernd über Gott, über andere oder uns selbst ärgern, sinkt der Serotonin- und Noradrenalinspiegel in unseren Gehirnzellen unter eine kritische Grenze. Das sind die Substanzen, die über die Synapsen von einer Gehirnzelle zur nächsten übertragen werden; die Stoffe, mit denen wir denken und uns bewegen. Wo diese Stoffe fehlen, verlieren Menschen Energie und Motivation.

Dieser Mangel an Überträgerstoffen kann zu einer Gewichtszunahme führen, weil die Betroffenen sich weniger bewegen, aber dennoch weiterhin so viel essen wie zuvor. Viele Menschen mit Serotonin- oder Noradrenalinmangel verlieren ihren Appetit oder erkranken sogar an Magersucht. Doch bei den anderen hat diese biochemische Veränderung genau die gegenteilige Wirkung – gesteigerter Appetit und Überernährung.

Im Falle des unterdrückten Zornes hat die Überernährung sowohl eine chemische als auch eine emotionale Grundlage. Viele Menschen stopfen ihren Zorn regelrecht hinunter – sie halten ihn nieder, indem sie Nahrungsmittel oben daraufstopfen. Es ist, als würde man eine Kanone stopfen – die Folgen können ebenso explosiv sein.

Essen als Mittel gegen Streß

Andere Menschen sind übergewichtig, weil sie wegen Kindheitserlebnissen oder wegen gegenwärtigen Belastungen eine unterdrückte Feindseligkeit in sich tragen. Solche Leute kauen beständig an ihrer unterbewußt unterdrückten Feindseligkeit, um sie zu sublimieren. Häufig leiden sie am temporomandibularen Gelenksyndrom, einer Gelenkerkrankung am Kiefer. (Diese Erkrankung kann auch erblich sein.) Das sind die netten, übermäßig gewissenhaften Leute, die in ihrer Schule, ihrer sozialen Tätigkeit oder in ihrer Gemeinde die meiste Arbeit tun. Sie unterdrücken ihren Zorn, weil Zorn keine akzeptable Gefühlsregung für nette Leute ist. Also knirschen sie im Schlaf mit den Zähnen und kauen, solange sie wach sind, auf irgend etwas herum: Kartoffelchips, Eis, Kugelschreiber, Steaks. Sie suchen nach einer oralen Sublimierung ihrer Feindseligkeit. Doch sie fühlen sich wegen ihres übermäßigen Essens schuldig und ärgern sich über sich selbst, und der Kreislauf beginnt von neuem.

Essen als Rebellion
gegen sich selbst oder andere

Der Versuch, eine Idealfigur zu erreichen, alle Regeln zu beachten oder eine Diät zu befolgen, kann für manche Menschen so ermüdend und frustrierend sein, daß sie das übermäßige Essen als Befreiungsschlag gegen diesen Druck einsetzen. Mitzy zum Beispiel war eine perfektionistische Hausfrau, in deren Haus alles blitzblank war und jeder Gegenstand seinen festen, unverrückbaren Platz hatte. Ihre Kinder waren immer höflich und gut gekleidet. Stets stand pünktlich ein liebevoll zubereitetes Essen auf dem Tisch. Ihr eigenes zwanghaftes Eßverhalten war für sie der einzige Ausweg aus all dieser Reglementierung.

Tanya dagegen setzte sich gegen einen Perfektionsanspruch zur Wehr, der ihr von außen übergestülpt wurde. Ihr Mann war streng und gesetzlich, und in allen anderen Bereichen entsprach sie seinen Maßstäben. Beide waren erfolgreich in ihrem Beruf: er als Anwalt, sie als Buchhalterin. Sie besaßen ein teures Haus, fuhren die richtigen Autos, hatten erfolgreiche Freunde – das perfekte Yuppie-Pärchen.

Nachdem sie mehrmals erfolglos auf eigene Faust Diäten ausprobiert hatte, schickte Tanyas Mann sie zu uns in die Beratung. Wir fanden heraus, daß sie einen unterdrückten Zorn mit sich herumschleppte, der noch aus ihrer Kindheit herrührte – sie hatte einen autoritären, perfektionistischen Vater –, und auch Zorn auf ihren Mann, bei dem sich dieses Muster wiederholte. Zweimal demolierte sie den schwarzgoldenen Volvo ihres Mannes auf unserem Parkplatz, wenn sie zu uns in die Beratung kam. Dennoch leugnete sie ihren Zorn, leugnete sie ihre Rebellion, und vor allem leugnete sie, daß ihre Reaktion sich gegen den Perfektionismus richtete. Sie ließ ihren Zorn heraus, indem sie den Wagen ihres Mannes beschädigte, statt ihren Zorn auszudrücken, indem sie zu ihrem Mann sagte: „Ich will mich nicht beraten lassen."

Manche Leute stopfen sich auch mit Essen voll, um sich an

ihren Eltern zu rächen. Viele Eltern sagen immer wieder: „Iß ordentlich!" „Iß deinen Teller leer!" „Trink deinen Orangensaft aus!" Oder das Gegenteil: „Achte auf dein Gewicht!" „Du siehst ja aus wie ein Schweinchen!" „Nimm weniger Zucker!" Besonders Jugendliche rebellieren gern dagegen und setzen das Essen ein, um sich den Ansprüchen ihrer Eltern zu widersetzen. Sowohl die Magersucht als auch das zwanghaft übermäßige Essen sind grundlegende Wege, „Nein!" zu sagen, wenn man es direkt nicht sagen kann.

Essen als Ausdruck eines Kontrollbedürfnisses

Kontrolle ist ein wichtiger Punkt, besonders für einen Perfektionisten. Die meisten Perfektionisten sind erstgeborene Kinder, die in einem Zuhause aufgewachsen sind, in dem sie übermäßig unter Kontrolle standen. Viele unserer Patienten mit zwanghaften Störungen sind die ersten Kinder junger Eltern, die begierig waren, ihre Sache gut zu machen. Eine Mehrzahl der Menschen, die sich in Wissenschaft, Musik oder Leistungssport besonders auszeichnen, sind Erstgeborene. Von den sechzehn ersten amerikanischen Astronauten waren fünfzehn Erstgeborene – sie waren perfektionistisch genug, um es bis zum Mond und zurück zu schaffen. Perfektionismus kann für den einzelnen wie für die Gesellschaft ein wertvolles Gut sein, aber er kann auch zur Ursache von zwanghaftem Essen oder ähnlichen Störungen werden.

Auch für ein Kind, das in einer ungesunden Familie aufwächst, ist Kontrolle ein großes Thema. In einer gestörten Familie, in der etwa ein Elternteil Alkoholiker ist oder in der es sexuellen Mißbrauch oder körperliche oder seelische Grausamkeit gibt, lernt ein Kind schon früh, mit der Angst zu leben. Zur Verteidigung ergreifen sie die Kontrolle über ihr Leben, um sich selbst vor Schmerzen zu schützen.

Wenn ein solches Kind älter wird, gibt es nur noch wenige

Schlachtfelder, auf denen es seine Kontrolle ausüben kann. Eines davon ist das Geld, also arbeiten die Betreffenden daran, Geld unter ihre Kontrolle zu bekommen – indem sie es aufhäufen und zu Geizhälsen werden oder alles verschleudern, das sie in die Finger bekommen. Nicht selten wird ein zwanghafter Esser auch zu einem zwanghaften Verschwender oder Spieler.

Häufig wird aber auch das Essen zu einem solchen Schlachtfeld, auf dem der perfektionistische Mensch danach trachtet, über irgend etwas unumschränkt zu herrschen. In Wirklichkeit freilich üben gar nicht die zwanghaften Esser die Kontrolle aus, sondern das Essen kontrolliert sie und bringt sie um. Aber sie fühlen sich, als seien sie der Boß.

Brians Mutter benutzt das Essen als Kontrollmittel bei ihrem übermäßig perfektionistischen Versuch, ein Musterkind heranzuziehen. Es ist fraglich, ob Brian tatsächlich hyperaktiv ist oder nicht; jedenfalls hat ihn seine Mutter auf eine streng reglementierte Diät gesetzt, die keinerlei Konservierungsstoffe und Farbstoffe und keinerlei Zusätze irgendwelcher Art in seiner Nahrung erlaubt. Sie studiert jede Lebensmittelverpackung, die sie kauft. Brian darf nicht zu anderen Kindern auf die Geburtstagsfeier. Er darf nicht bei anderen Leuten essen. Er darf das warme Mittagessen in seiner Schule nicht essen. Doch je strenger seine Mutter sein Leben zu kontrollieren versucht, desto hyperaktiver wird Brian. Und je hyperaktiver er wird, desto enger wird ihr Klammergriff um sein Eßverhalten. Die Mutter meint, sie steuere Brians Ernährung; in Wirklichkeit jedoch zwingt sie ihm nur ihre eigene Zwanghaftigkeit auf. Lebensmittel und Ernährung haben nur sehr wenig mit seinem Verhalten zu tun. Doch dadurch, daß die Nahrung als Kontrollmittel gebraucht wird, wird Brian höchstwahrscheinlich eine Eßstörung entwickeln.

Ironischerweise sind die meisten zwanghaften Esser übermäßig diszipliniert. Sie sagen sich: „Wenn ich nur mehr Willenskraft hätte, könnte ich dieses Ernährungsproblem bewältigen. Mit ein bißchen mehr Willenskraft könnte diese Diät etwas bringen." Doch Willenskraft ist nicht die Antwort. Der Glaube, man könne das Problem mit etwas mehr Selbstbeherrschung lösen, führt oft nur zu Eßgelagen, wann immer dieser falsche Ansatz scheitert.

Essen aus falscher Wahrnehmung des eigenen Körpers

Eine falsche Wahrnehmung der eigenen körperlichen Erscheinung kann einen Menschen dazu bringen, zwanghaft zuviel oder zuwenig zu essen. Das ist zum Beispiel immer bei Magersüchtigen der Fall. Sie nehmen sich selbst niemals richtig wahr. Niemand von uns sieht die eigene Gestalt völlig richtig, aber Menschen mit Eßstörungen haben wirklich keine Ahnung davon, wie sie aussehen. Einer unserer Patienten wog über dreihundertfünfzig Pfund. Der Mann sagte: „Na schön, ich bin ein bißchen übergewichtig. Wahrscheinlich sollte ich wirklich wieder auf Diät gehen und diesen Sommer ein paar Pfund abnehmen."

Eine andere Patientin, die sich jetzt allmählich aus einer Abhängigkeit und einer schweren Eßstörung herausarbeitet, ist nicht in der Lage, sich selbst auf einem Foto zu erkennen. Sie schaut sich das Familien-Fotoalbum an und fragt: „Wer ist denn das neben Onkel Jim auf diesem Bild?"

Unsere Patientin Sherri jedoch gewann die endgültige Motivation, das Übergewicht zu bekämpfen, das sie während ihrer Schwangerschaft angesammelt und hinterher nicht wieder verloren hatte, als sie die Fotos von der Taufe ihres Kindes sah. Ihr eigenes Spiegelbild, das sie jeden Tag sah, hatte ihr nicht klargemacht, wie ernst ihr Problem war. Doch als sie auf Bildern sich selbst neben anderen Leuten sah, erschrak sie so sehr, daß sie endlich handelte.

Je schwerer eine Eßsucht ist, desto unzutreffender nimmt man sich selbst wahr. Dieses Leugnen der Wahrheit oder diese Unfähigkeit, die Wahrheit zu erkennen, macht es möglich, daß ein zwanghaft übermäßiger Esser sich immer weiter vollstopft und ein Magersüchtiger sich zu Tode hungert.

Essen als Auswirkung von emotionalen Erinnerungen an den Eßtisch der Eltern

Wir fragen unsere Patienten oft nach den „Tischmanieren" in ihrem Elternhaus; dabei geht es uns darum, herauszufinden, was für eine emotionale Atmosphäre bei den Mahlzeiten geherrscht hat. Haben Familienmitglieder sich gegenseitig angegriffen? Haben Familienmitglieder zuviel gegessen? Haben sie Essen als Allheilmittel benutzt? Oder haben sie das Essen zum Feiern benutzt? Wenn ein Patient eine dieser Fragen mit ja beantwortet, dann ist es möglich, daß die Einstellung seiner Familie zum Essen zu seiner Eßstörung beigetragen hat.

Der Eßtisch als Kampfring

Ein beängstigendes Fallbeispiel ist Justin, der in einer Familie aufwuchs, in der der Eßtisch eine regelrechte Schießbude war. Jeden Abend machte der Vater eines der Kinder sarkastisch herunter. In einer solchen Atmosphäre denkt ein Kind: *Meine Geborgenheit kann ich von meinen Eltern nicht bekommen. Also stürze ich mich aufs Essen – da erhalte ich nicht nur körperlich, sondern auch seelisch Nahrung.*

Die Spannungen, die Justin am Eßtisch empfand, führten dazu, daß sein Magen so viel Säure produzierte, daß sie aus dem Magen aufstieg und die Speiseröhre angriff. Später, als Erwachsener, mußte er sich einer Operation unterziehen, in der die Klappe an seinem Mageneingang verengt wurde, um diesen Vorgang zu verhindern.

Das „Du-mußt-essen"-Syndrom

Zwanghafte Eltern, die auf einem vollständig leergeputzten Teller bestehen, tragen häufig dazu bei, daß ihre Kinder als Erwachsene zu zwanghaften Essern werden. Vicky erinnert sich lebhaft an die vielen Male, wo sie nicht essen wollte oder konnte und ihre Mutter sie zwang, stundenlang am Tisch zu sitzen. Der Rest der Familie stand auf und ging seiner Wege, während Vicky dasaß und weinte. Bis dahin war natürlich ihr Körper gar nicht mehr in der Lage, die Nahrung aufzunehmen. Das wiederholte sich häufig in Vickys Kindheit, und als sie als Erwachsene in die Therapie kam, erkannte sie, daß es entscheidend zur Entstehung ihres Eßzwanges beigetragen hatte, denn während sie einerseits gegen ihre Mutter rebellieren wollte, empfing sie gleichzeitig eine starke, hypnotische Botschaft: „Du mußt essen! Du mußt essen! Du mußt essen!"

„Essen ist zum Feiern da"

Essen ist häufig Bestandteil einer Familienfeier. An und für sich ist daran nichts Schlimmes, doch für einen zwanghaften Esser können solche Feiern zu einem täglichen Ritual eskalieren. Die meisten echten Eßsüchtigen essen – ähnlich, wie ein Alkoholiker trinkt – entweder zum Trost, wenn sie sich schlecht fühlen, oder zum Feiern: ein Dreihundert-Gramm-Steak, wenn ich gefeuert werde; ein Dreihundert-Gramm-Steak, wenn ich eine Gehaltserhöhung bekomme.

Das „Gut-gemacht-Mama"-Syndrom

Manche Kinder essen zuviel, um ihren Eltern einen Gefallen zu tun. Dr. Paul Meier kann hier aus eigener Erfahrung berichten. „Ich bin in einer deutschen Familie aufgewachsen. Meine Mutter war eine wunderbare Köchin, und sie ist auch heute noch, mit achtzig Jahren, eine wunderbare Köchin. Und bei uns kam an alles gute Butter. Manchmal tat ich nicht Butter an mein Essen, sondern eher Essen an meine Butter.

Meine Mutter war eine begeisterte Hausfrau, die einen großen Teil ihrer Zeit damit zubrachte, wirklich gute Mahlzeiten und Nachtische zuzubereiten, wenn wir Kinder alle vier zu Hause waren. Es machte ihr Freude, daß wir ihre Kochkunst genossen. Wenn ich einmal oder zweimal um Nachschlag bat, machte sie das glücklich. Meine Bitte bedeutete für sie soviel wie ‚Gut gemacht, Mama!‘

Also aß ich zuviel, um meiner Mutter eine Freude zu machen. Weder sie noch ich haben es bewußt darauf angelegt, aber es wurde zu einer Art Abhängigkeit.“

Essen als Befriedigung des Liebes-Hungers

Die zwölfte Ursache für übermäßiges Essen besteht darin, daß Menschen Essen als Mittel zur Befriedigung ihres Liebes-Hungers benutzen. Da diese Ursache letztlich hinter *allen* Fällen von zwanghaftem Essen steht, widmen wir das gesamte nächste Kapitel dem wichtigen Schritt, zu lernen, wie Sie Ihrem hungrigen Herzen Nahrung geben können.

Zwölf verbreitete Gründe
für zwanghaftes Essen

1. Essen als zwanghafte Reaktion auf kulturellen Druck
2. Pfunde als Schutzwall gegen Liebe und Intimität
3. Essen als Sofort-Befriedigung
4. Essen als Beruhigungsmittel
5. Essen als Problem-Verdrängung
6. Essen als Strafe gegen sich selbst oder andere
7. Essen als Mittel gegen Depressionen oder Streß
8. Essen als Rebellion gegen sich selbst oder andere
9. Essen als Ausdruck eines Kontrollbedürfnisses
10. Essen aus falscher Wahrnehmung des eigenen Körpers
11. Essen als Auswirkung von emotionalen Erinnerungen an den Eßtisch der Eltern
12. Essen als Befriedigung des Liebes-Hungers

Nahrung für das hungrige Herz

„Meinen Sie, Sie könnten sich heute abend zu einer der Gruppentherapie-Sitzungen der Klinik durchringen?" fragte Dr. Hemfelt Barbara Jamison.

Barbara seufzte. Sie kam nun seit drei Wochen in die Beratung, und jedesmal wurde ihr die gleiche Frage gestellt. Und jedesmal hatte sie die gleiche Antwort gegeben: „Nein, ich glaube, das schaffe ich einfach nicht."

An diesem Nachmittag änderte sich ihre Antwort. Wir hatten Barbara helfen können, die zahlreichen Ursachen für ihr übermäßiges Essen zu durchschauen, von denen einige bis in ihre Kindheit zurückreichten. Sie war jetzt in der Lage, zuzugeben: „Ich habe ein ernstes Problem", statt abzuwiegeln: „Ja, ich esse ein bißchen zuviel, weil ich in letzter Zeit ein wenig niedergeschlagen bin."

„Also schön", sagte sie. „Wann trifft sich diese Elefantenrunde?"

Obwohl wir Barbara die genaue Zeit des Treffens nannten, kam sie zehn Minuten zu spät. Sie setzte sich schnell neben eine attraktive, blonde junge Frau, von der sie mit einem warmen Lächeln begrüßt wurde. Doch sie hatten keine Gelegenheit, sich zu unterhalten, denn schon wurde eine hochgewachsene blonde Frau namens Adriane als „Ehemalige" der Gruppe vorgestellt. Sie hatte sich bereit erklärt, noch einmal zu kommen und ihre Geschichte zu erzählen. Adriane war groß, fast einen Meter achtzig, so schätzte Barbara, hatte breite Schultern und war kräftig gebaut, aber sie war nicht im mindesten dick. Sie sah großartig aus in ihrem grau-roten Kleid und mit ihrer glatten Pagenfrisur.

Adriane kam ohne Umschweife zum Kern ihrer Geschichte. „Mein Vater hat mich passiv mißbraucht. Das heißt, er hat mich nie körperlich mißhandelt, er hat mich nie beschimpft; aber er hat mich passiv mißbraucht, indem er nichts tat. In all den Jahren meiner Kindheit hat mich mein Vater nicht ein einziges Mal umarmt, gedrückt, er hat nicht mit mir gespielt oder Zeit mit mir verbracht. Soweit ich mich erinnern kann, hat mein Vater niemals auch nur meinen Vornamen ausgesprochen.

Und irgendwie ignorierte meine Mutter die ganze Sache einfach – was immer dahintersteckte. Bis heute habe ich keine Ahnung, ob mein Vater als Kind mißhandelt wurde oder ob er sich vielleicht einen Sohn gewünscht hatte und darum seine Tochter ablehnte. Ich kann nur Vermutungen äußern. Immer wieder fragte ich mich verzweifelt: „Was ist nur so verkehrt an mir, daß mein eigener Vater mich nicht einmal beim Namen nennt?" Ich erinnere mich, wie ich nachts wach lag, in die schwarze Leere meiner Zimmerdecke starrte und dabei immer und immer wieder versuchte, mir darüber klarzuwerden, was ich verbrochen hatte – wie es denn möglich sein könnte, daß ich so ein Monster war und es noch nicht einmal wußte.

Ich gab mir mehr und mehr Mühe, um anderen zu gefallen: Ich wurde Mutters Stütze im Haushalt, übernahm das Kochen, sorgte für meinen kleinen Bruder. In der Schule bekam ich gute Noten. Als ich erwachsen war, wurde ich Lehrerin und fing an, Geschichten für Kinder zu schreiben. Und während all dieser Zeit wurden meine Gewichtsprobleme immer schlimmer.

Als ich bei über zweihundertzwanzig Pfund Übergewicht angelangt war, begab ich mich in ärztliche Behandlung. Zuerst bekam ich einen Darm-Bypass, wobei ein großer Teil meines Darms herausgenommen wurde. Dadurch verlor ich etwa fünfzig bis siebzig Pfund und blieb dann irgendwie stekken, also wurde mein Magen verkleinert. Da ich nun abnahm, bis ich nur noch etwa siebzig Pfund Übergewicht hatte, meinte ich, ich hätte meine Gewichtsprobleme unter Kontrolle. Schließlich war ich seit Jahren nicht mehr so schlank gewesen. Aber wissen Sie was? Nachdem ich all das

Gewicht verloren hatte, fühlte ich mich innerlich kein Stück besser. Oh, ich konnte mich leichter bewegen, schlief besser, und es war schön, mal wieder auf einem ganz normalen Stuhl sitzen zu können, aber das waren nur Äußerlichkeiten. Innerlich war ich nicht glücklicher geworden.

Schließlich begannen viele alte Aggressionen, die ich durch das übermäßige Essen unterdrückt hatte, aus mir herauszubrechen. Es war mir einfach körperlich nicht mehr möglich, meinen Zorn mit Essen hinunterzustopfen, weil mein Magen auf eine Größe verkleinert worden war, die das nicht mehr zuließ. Also kam meine Wut an die Oberfläche, und ich bekam diese schrecklichen Wutausbrüche gegenüber meinem Mann ..."

Hier wurde Adriane durch einen überraschten Ausruf aus ihrem Publikum unterbrochen. Sie grinste. „O ja, ich war verheiratet. Schwer zu glauben, nicht wahr? Natürlich hatte ich nicht zweihundertzwanzig Pfund Übergewicht, als Dick und ich heirateten, aber ich war schon auf dem Weg dahin. Dick ist immer ein sehr sanfter Mensch gewesen, der vieles annehmen konnte. Und ich glaube, selbst wenn ich diese schrecklichen Tobsuchtsanfälle bekam, regte ihn das nicht so sehr auf wie mich. Ich meine, so stand ich da – eine Frau, die freundliche Geschichten für Kinder schrieb, deren Mann ihr bester Freund und ein netter Kerl war, und dann verhielt ich mich auf so bestürzende und unannehmbare Weise.

Später, in der Therapie, lernte ich, daß tief in mir diese riesige Menge an Verletzungen steckte und daß sich unter diesen Verletzungen eine noch größere Menge an Zorn verbarg. Doch ich hatte es mir selbst immer unmöglich gemacht, mich mit diesen Verletzungen und diesem Zorn auseinanderzusetzen, weil ich diese Gefühle buchstäblich mit Essen hinuntergestopft hatte – so tief, daß ich keine Ahnung mehr davon hatte, daß sie da waren. Doch dann konnte ich plötzlich nicht mehr genug Essen hineinstopfen, um die Wut niederzuhalten, und alles kochte über. Manchmal ging alles tagelang oder gar wochenlang gut; und dann kam eines Tages Dick ins Zimmer, und ich hatte diesen gewissen Ausdruck auf dem

Gesicht, und ich griff ihn an und kratzte ihn und schlug ihn. War der Zorn erst einmal heraus, war ich ebenso bestürzt wie Dick, und ich bat ihn um Verzeihung. Danach ging es mir eine Zeitlang besser, doch irgendwann passierte es wieder. Wir fingen schon an zu denken, ich sei vielleicht von einem Dämon besessen. Zu dieser Zeit kam ich in die Therapie, in eine ganz ähnliche Gruppe wie diese, nur daß wir alle stationäre Patienten waren: Leute, deren Zustand so ernst war, daß wir eine unmittelbare Lebensgefahr für uns selbst oder andere darstellten, oder auch Leute, die aus therapeutischen Gründen aus einer schlechten Situation herausgeholt werden mußten. Es gab mehrere Bulimiker, Magersüchtige und Drogensüchtige in unserer Gruppe.

Nun, wie auch immer, ein Teil von mir wollte in der Klinik sein und erkannte, daß ich dort Hilfe bekam. Doch als meine Therapie mich dazu brachte, in diesen tiefen Taschen voller Schmerz herumzuwühlen, wollte ein anderer Teil von mir davonlaufen – nur raus hier! So rannte ich eines Morgens aus der Klinik und die Straße entlang. Zu meinem eigenen Schutz rief die Belegschaft die Polizei zu Hilfe, um mich zu suchen.

Nun, Sie müssen sich das vorstellen: Ich hatte damals lange, krause Haare, wog gut und gerne zweihundert Pfund und trug so ein Nachthemd mit blauen und purpurnen Blumen und rosa Puschen dazu. Also, so ein netter junger Polizist – er war bestimmt nicht älter als zweiundzwanzig und reichte mir vielleicht bis an die Schultern – hatte das Pech, derjenige zu sein, der mich fand. Ich ließ meine ganze Wut an ihm aus. Ich stieß so einen schnaubenden Schrei aus und stürzte mich auf ihn. Zum Glück trat er beiseite, sonst hätte ich ihn plattgewalzt. Er war mutig genug, hinter mir herzujagen, und einmal bekam er meine Handgelenke zu fassen. Ich trat ihm gegen die Schienbeine und riß mich los. Als er das nächste Mal auf mich zukam, fuhr ich ihm wie ein Stier, der sich auf den Torero stürzt, mit gesenktem Kopf direkt unter dem Arm in die Seite. Das spielte sich alles direkt an einer Hauptstraße mitten im dicksten Berufsverkehr ab, und die

Leute hupten mich wie wild an. Ich glaube, dann kam mir irgendwie der Gedanke, mich hinter einem Baum zu verstecken – aber einen Baum, hinter dem ich mich hätte verstecken können, gab es natürlich nicht. Schließlich kam ein Kollege ihm zu Hilfe, und sie brachten mich zurück in die Klinik."

Adriane und ihre Zuhörer mußten über die Bilder lachen, die ihre Geschichte heraufbeschworen hatte. Nach einigen Augenblicken sagte sie, immer noch kichernd: „Ich nehme an, die Moral von der Geschichte ist: wenn Sie davonlaufen wollen, dann seien Sie wenigstens so vernünftig, Trainingshosen und Laufschuhe anzuziehen. Aber im Ernst, ich hatte wirklich so viel Wut im Bauch. Ich spüre immer noch, wie die Intensität der ganzen Sache in mir hochkocht. Und ich hatte so entsetzliche Angst davor, mich damit auseinanderzusetzen, daß mir nichts mehr einfiel, als zu rennen.

Als ich diesen Polizisten sah, wirkte er auf mich wie eine Gestalt mit letzter Autorität, der ich widerstehen mußte. Als ich mich beruhigt hatte, arbeitete ich diese Krise auf und erkannte, daß ich in der Klinik bleiben mußte und wollte. Durch die Hilfe der Ärzte hier – Dr. Minirth und Dr. Meier und Dr. Hemfelt – lernte ich endlich, daß ich Vertrauen zu Männern haben konnte. Sie waren nicht alle wie mein Vater, und ich erlebte, daß es Menschen gab, die sich wirklich um mich kümmerten – und daß ich es wert bin, daß man sich um mich kümmert.

Das alles ist jetzt ein Jahr her. Heute ist also ein Jubiläum für mich."

Von allen Seiten wurde sie von Zurufen unterbrochen: „Herzlichen Glückwunsch!" „Alles Gute zum Jubiläum!"

„Danke. Vielleicht sollte ich es auch einen Geburtstag nennen, denn ich fühle mich wirklich wie eine neue Frau. Sehen Sie, zum ersten Mal in meinem Leben befaßte ich mich wirklich mit der Grundlage meines Problems, nicht nur mit den Symptomen."

Wieder applaudierte die Gruppe. Dann, während der allgemeinen Diskussion, die auf Adrianes Vortrag folgte, wurde

Barbara von ihrer Nachbarin angesprochen. „Hi, ich heiße Ginger. Tolle Geschichte, was?"

Barbara nickte. „Ja, das kann man wohl sagen. Und sie sieht fabelhaft aus – so selbstbeherrscht –, ich kann mir gar nicht vorstellen, daß sie diese Nummer mit dem Polizisten abgezogen haben soll." Barbara hielt inne und hätte vermutlich weiter geschwiegen, wäre nicht Gingers Lächeln so ermutigend gewesen. „Aber wissen Sie, um ehrlich zu sein, ich komme mit diesem Beziehungskram, von dem hier immer die Rede ist, nicht ganz mit. Ich meine, ich bin dick, weil ich zuviel esse. In allen Büchern, die ich bisher gelesen habe, wurde gesagt, das sei eine simple Rechenaufgabe: Wenn man mehr Kalorien aufnimmt, als man verbrennt, lagert man Fett an. Was hat das damit zu tun, ob mein Vater jemals meinen Namen ausgesprochen hat oder nicht?"

„Ja, mir ging es zuerst auch so. Ich meine, als Dr. Meier mir diesen Beziehungs-Fragebogen zum Durcharbeiten gab, sagte ich: ,He, das hat ja gar nichts mit Essen zu tun!', und er grinste mich nur leicht an und sagte: ,Ja, ich weiß. Aber ich möchte Sie ein bißchen besser kennenlernen. Also erzählen Sie mir von Mama und Papa und wie es war, als Sie klein waren ...'"

„Diese Frau hat sich ihr Leben bestimmt nicht so versaut wie Adriane", dachte Barbara, als sie sich fragte, wie wohl Gingers Geschichte aussah.

Als ob sie Barbaras Gedanken gelesen hätte, fuhr Ginger fort: „Ich vermute, meine Geschichte ist nicht ganz so dramatisch wie die, die wir gerade gehört haben – ich habe noch nie mit einem Polizisten Stierkampf gespielt. Aber meine ganzen Gewichtsprobleme und meine Eheprobleme haben mit dem Mist zu tun, den ich in meiner Kindheit erlebt habe.

Das ganze Problem bestand darin, daß meine Eltern mir nie erlaubt haben, mich emotional von zu Hause zu lösen. Es gab eine Menge Abhängigkeit in unserer Familie ..." Sie unterbrach sich mit einem Lachen. „Gib dich lange genug mit Psychologen ab, und du fängst auch schon an, wie einer zu reden! Aber mein Vater ist sehr autoritär, und meine Mutter hat außerordentliche Gewichtsprobleme. Wirklich außerordentlich. Also setzte mein Vater mich während meiner ganzen Kindheit auf ein strenges Diät- und Bewegungsprogramm, und meine Mutter erzählte mir von all ihren Eheproblemen – ich war für sie der ‚Sündenbock‘, dem sie ihre Probleme aufluden. Dr. Meier sagte, ich wäre emotional so etwas wie ein Ehepartnerersatz für beide gewesen. Mein Bruder heiratete und ging von zu Hause weg – für ihn war das kein Problem. Aber ich habe es nie geschafft, für längere Zeit wegzugehen. Ich habe zwei wirklich unglückliche Ehen hinter mir und bin nie mehr als ein paar Kilometer von zu Hause weggezogen.“

Barbara blinzelte. Ihr gefiel Gingers Offenheit und Freundlichkeit, aber durch ihre Geschichte wurde die Verwirrung nur noch größer. „Ich kann mir vorstellen, daß das ziemlich schwierig für Sie war“, meinte Barbara, „aber ich verstehe immer noch nicht, was es mit Ihrem Eßproblem zu tun hatte.“

„Nun, ich aß, um mich meinem Vater zu widersetzen – die Ärzte hier nennen das ein Kontrollproblem –, ich aß, um meiner Mutter eine Freude zu machen, und ich aß, um mich vor Männern zu schützen. Und dann, jedes Jahr vor dem Schuljahresbeginn – ich bin Geschichtslehrerin – ging ich zu den Weight Watchers und verlor etliche Pfunde, die ich aber bis zum Ende des Jahres wieder drauf hatte. Dann ging alles von vorne los. Doch die ganze Zeit über war – oder bin – ich mir bewußt, daß meine biologische Uhr tickt. Ich wünsche mir eine gute Ehe. Ich wünsche mir ein Zuhause. Ich wünsche mir Kinder. Aber hier sitze ich nun mit meinen fünfunddreißig Jahren und habe Probleme, mich von zu Hause zu lösen.“

Das Treffen näherte sich seinem Ende. Barbara nickte, als ob sie verstünde; aber dessen war sie sich ganz und gar nicht sicher.

„Hier, es wird Zeit zu gehen, aber ich möchte Ihnen noch etwas zeigen. Mir hilft es wirklich.“ Ginger holte eine kleine Karteikarte aus ihrer Brieftasche. „Die trage ich immer bei mir, um mich daran zu erinnern, daß ich meine emotionalen Probleme nicht durch Essen lösen kann. Wieviel ich auch in meinen Magen hineinstopfe, wenn ich wütend auf meine Eltern bin oder mich nach einem Ehemann und nach Kindern sehne – das Essen wird niemals in mein Herz gelangen und den Hunger stillen, den ich dort empfinde."

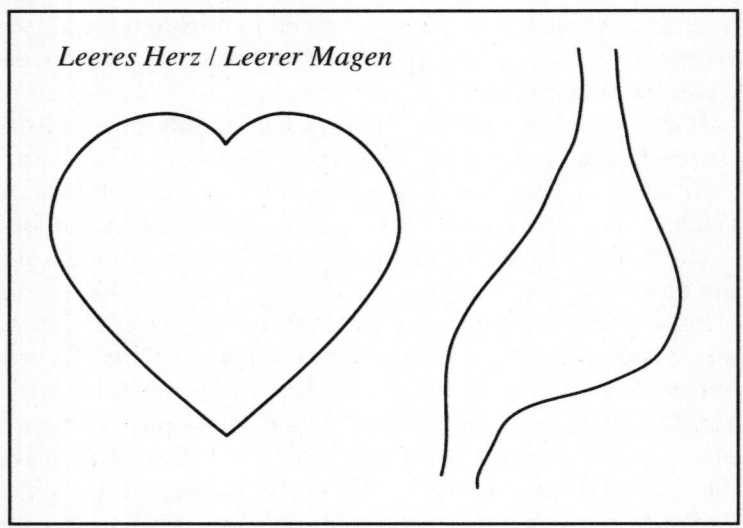

Leeres Herz / Leerer Magen

Liebes-Hunger

Möglicherweise beruht Ihr Problem, wie bei etwa neunzig Prozent unserer Patienten, auf einer Störung, die sich über mehrere Generationen erstreckt. Dann laufen Sie vielleicht mit einem Vakuum in Ihrem Herzen herum, wie es durch unser Modell „Leeres Herz/leerer Magen" illustriert wird – durch jene Zeichnung auf der Karteikarte, die Barbara von Ginger gezeigt bekam (siehe oben). Jedes menschliche Kind kommt mit dem Bedürfnis auf die Welt, geliebt zu werden. Wenn ihre Eltern emotional für sie da sind, werden Kinder mit einem gefüllten Herzen aufwachsen und dann als Erwachsene in der Lage sein, die Herzen anderer zu füllen.

Doch Kinder wie Ginger, die ihrer herzerfüllenden Kindheit beraubt wurden, werden gegen Ende der Kindheit oder im Jugendalter mit einem leeren Herzen herumlaufen – mit einem emotionalen Vakuum, das darauf wartet, gefüllt zu werden, zu saugen, zu ziehen, etwas in sich aufzunehmen. Wenn das Essen zum Gegenstand der daraus resultierenden Sucht wird, fangen solche Menschen an, sich vollzustopfen, wie Tiere sich ihren Schlund vollstopfen, ohne auf die ästhetischen Freuden des Geschmacks zu achten.

Menschen mit einem solchen Herzenshunger füllen ihren Magen – sei es ständig oder nur von Zeit zu Zeit – in dem Bestreben, ihr Herz zu füllen; doch was sie auch in ihren Magen hineinstecken oder aus ihm herauszwingen (in Fällen von Magersucht oder Bulimie), nichts davon kommt mit ihrem Herzen in Berührung. Ja, je mehr Mühe und Energie sie auf ihren Magen verwenden, desto weniger emotionale und psychische Energie können sie in solche Dinge investieren, die ihre Herzen wirklich füllen könnten. Auf dem sechsten Fußpfad zur Genesung, der in diesem Buch aufgezeigt wird, befassen wir uns mit positiven Möglichkeiten, das Herz zu füllen.

Es gibt zwei Möglichkeiten, die auf Sie zutreffen könnten: Wenn Sie aus einer gestörten Familie kommen (in der zum Beispiel ein Elternteil alkoholabhängig oder streng autoritär war), sind Sie vielleicht mit einem leeren Herzen ins Erwachsenenalter eingetreten. Oder wenn Sie aus einer normalen Familie kommen, aber als Erwachsener schwere Rückschläge erlitten haben, etwa eine enttäuschende Ehe, ein Versagen im Beruf, einen Todesfall in der Familie oder eine schwere Krankheit, dann leben Sie vielleicht jetzt mit einem emotionalen Defizit. Dieses Defizit kann sogar darauf beruhen, daß Sie schlicht erschöpft sind durch das konstante

Geben, das gute Dinge in Ihrem Leben Ihnen abverlangen: die Versorgung einer lebhaften, wachsenden Familie; beruflicher Erfolg, der immer höhere Ansprüche an Sie stellt; ehrenamtliche Tätigkeiten, die so viel von Ihrer Energie in Anspruch nehmen, daß Ihnen keine Zeit mehr bleibt, Ihre eigenen Batterien aufzuladen.

Das einfache Modell „Leeres Herz/leerer Magen" hat schon viele unserer Patienten dazu gebracht, wie Ginger zu sagen: „Jetzt kapiere ich! Der wirkliche Hunger ist die ganze Zeit hier im Herzen. Wie sehr ich den Magen auch vollstopfe oder entleere, die Probleme in meinem Herzen wird das nie berühren!" Viele Patienten zeichnen das Diagramm auf einer Karte auf und tragen es immer bei sich, wie es auch Ginger tat. Wir schlagen ihnen vor, immer dann, wenn der Wunsch nach übermäßigem Essen sie überkommt, darauf zu schauen und sich zu fragen: *Ist mein Magen hungrig, oder ist mein Herz hungrig?* Und auch in der Beratung schauen sie oft auf dieses Diagramm, um sich daran zu erinnern: *Wenn ich mich mit den Problemen meines Herzens befasse, befasse ich mich gleichzeitig mit meiner Eßstörung.*

Unser Modell beschreibt den Kern der meisten Eßstörungen; ein kleiner Prozentsatz dagegen beruht hauptsächlich auf körperlichen, hormonellen oder stoffwechselbedingten Problemen. Nur Ihr Arzt kann feststellen, ob Sie zu dieser Minderheit gehören. Wir empfehlen Ihnen, sich untersuchen zu lassen und mit Ihrem Arzt über diese Möglichkeit zu sprechen.

Inventur der Beziehungen

Da Barbara nun die feinen Verästelungen zwischen Essen und Beziehungsproblemen verstanden hat, ist Sie – ebenso wie Sie, unser Leser – bereit, einen gründlichen und genauen Blick auf alle Bereiche ihres Lebens zu werfen, sei es der Vergangenheit oder der Gegenwart. Wir gaben ihr einen ähnlichen Fragebogen, wie er auf den Seiten 72 und 73 abgedruckt ist, und nachdem wir eine Weile darüber gesprochen hatten, baten wir sie, den Bogen mit nach Hause zu nehmen, darüber nachzudenken und die Fragen zu beantworten – so tiefgehend und wahrheitsgemäß, wie sie es in einem Tagebuch tun würde.

„Versuchen Sie nicht, Ihre Antworten zu verbessern oder sich vorher zurechtzulegen", sagten wir ihr. „Richten Sie die Fragen einfach an sich selbst – sagen Sie Ihrem Unterbewußtsein, daß Sie die Wahrheit herausfinden wollen. Dann schreiben Sie zu jeder Frage ohne Pause, solange Sie können. Denken Sie nicht darüber nach, ob Sie sich verständlich ausdrücken oder nicht; halten Sie nur den Stift in Bewegung. Wenn Ihnen nichts anderes in den Sinn kommt als eine Einkaufsliste, schreiben Sie sie auf – schaffen Sie sie aus dem Weg; dann wird sich die tiefere Antwort schon zeigen, die sich dahinter verbirgt. Wahrscheinlich können Sie ungefähr zehn Minuten ohne Pause schreiben. Denken Sie daran – kein Verbessern. Solange sich Ihr Stift bewegt, machen Sie es richtig."

Beziehungen zur Herkunftsfamilie

Der erste Bereich von Beziehungen, der zu untersuchen ist, ist Ihre Herkunftsfamilie – die Familie, in der Sie aufgewachsen sind, egal, ob es sich dabei um Ihre leiblichen Eltern handelt oder um Adoptiv- oder Pflegeeltern. Oder vielleicht wohnten Sie zwar im gleichen Haus wie Ihre Eltern oder wie ein Elternteil, wurden aber in Wirklichkeit von Großeltern, einem Babysitter oder einem älteren Bruder oder einer älteren Schwester erzogen? Oder waren Sie selbst Vater oder Mutter in Ihrem Zuhause, selbst für Ihre leiblichen Eltern, wie es bei Ginger der Fall war?

Erinnern Sie sich nicht nur daran, wer diese Rollen einnahm, sondern auch daran, was Sie dabei empfanden. Haben Sie glückliche Erinnerungen? Oder werden Sie von Wut oder Verzweiflung erfüllt, wenn Sie daran denken, wie Sie behandelt wurden? Obwohl es unangenehm ist, kommt es besonders darauf an, Ihre unglücklichen Erinnerungen zu erforschen. Es gibt drei Arten der Mißhandlung, die Sie kennen sollten, um zu beurteilen, ob Ihre Herkunftsfamilie gestört war oder nicht.

Aktive Mißhandlung ist am leichtesten zu erkennen, denn sie ist gewalttätig und hinterläßt oft körperliche Spuren. Aktive Mißhandlungen sind etwa Schläge, sexuelle Verletzungen, verbale oder emotionale Gewalt oder übermäßig strenge Kontrolle.

Passive Mißhandlung ist schon schwieriger zu identifizieren, da sie aus Unterlassungssünden besteht und nicht aus aktivem Verhalten. Suchen Sie nach dem, was Ihnen fehlte. Um zu gesunden Erwachsenen heranzuwachsen, müssen Kinder Zeit, Aufmerksamkeit und Zuneigung von ihren Eltern empfangen. Wenn irgendeine dieser Qualitäten in Ihrer Herkunftsfamilie fehlte oder nur halbherzig gegeben wurde, lag eine passive Mißhandlung vor.

Die *Tyrannei der Süchte* schafft in einer Familie eine besondere Situation, die sowohl Elemente der aktiven als auch der passiven Mißhandlung enthalten kann. Mit Süchten meinen wir hier den Alkoholismus, den Jähzorn, die Arbeitssucht, den Perfektionismus – jedes alles verschlingende Verhalten der Eltern, das den Kindern Zeit, Aufmerksamkeit und Zuneigung raubte oder das zu Schlägen oder übermäßiger Kontrolle führte.

Beziehungen zu Angehörigen des anderen Geschlechts

Eine der wertvollsten Entdeckungen, die Sie machen können, sind wiederholte Verhaltensmuster in Ihren Beziehungen zum anderen Geschlecht. Eines der verheerendsten Verhaltensmuster ist die Form von Abhängigkeit, bei der jemand seine Identität und sein Selbstwertgefühl aus der Anerkennung seines Partners gewinnt. Für viele unserer

Patienten ist es eine lebensverändernde Erfahrung, ihre Neigung zur Abhängigkeit vom anderen Geschlecht zu erkennen, denn dadurch gewinnen sie auch Einsicht in ihr abhängiges Verhältnis zum Essen. Eine Frau in den Vierzigern lächelte zum ersten Mal richtig begeistert, seit sie in die Therapie gekommen war, als sie uns erzählte: „Jetzt wird mir einiges klar! Zum ersten Mal in meinem Leben sehe ich es schwarz auf weiß vor mir. Ich habe mir noch nie – noch nie! – einen Mann ausgesucht, der mir etwas gegeben hat. Das habe ich bisher nie erkannt. Ich meine, ich wußte, daß ich litt, aber ich verstand nicht, woran. Jetzt erst erkenne ich das Muster, daß ich mir ein ums andere Mal Männer aussuchte, die meine Fürsorge brauchten – die in ihrer eigenen Welt gefangen saßen. Ich versuchte immer, ihre Anerkennung zu gewinnen, aber sie haben mir niemals Liebe und Anerkennung gegeben."

Denken Sie über Ihre Beziehungen zu Angehörigen des anderen Geschlechts nach. Denken Sie so weit zurück, wie Sie können. Besonders wichtig ist, daß Sie sich auf Ihre ersten Erfahrungen mit Verabredungen konzentrieren, die Sie wahrscheinlich so etwa in der neunten oder zehnten Klasse machten. Diese ersten Erfahrungen waren wahrscheinlich Ihre ersten Versuche, außerhalb Ihrer Herkunftsfamilie menschliche Nähe zu finden. Vielleicht schien es Ihnen eine Frage des Zufalls oder des Glücks zu sein, mit wem Sie diese Verabredungen hatten, doch in Wirklichkeit waren da subtile Einflüsse am Werk. Die ersten Erfahrungen mit Freundschaft sind ein Versuch, die Intimität in der Herkunftsfamilie auf einen größeren Kreis zu übertragen, und dabei wählt man sich unterbewußt Situationen, die der in der Familie ähnlich sind. Haben Sie sich nette, liebevolle Freunde ausgesucht, die Ihnen etwas geben und frei und offen mit Ihnen reden konnten, oder waren Ihre Freunde von Ihnen abhängig, oder übervorteilten sie Sie? Listen Sie einfach alle Namen auf, die Ihnen einfallen, wenn Sie an diese Beziehungen zurückdenken, von Ihrer Schulzeit über die ersten Erwachsenenjahre bis heute. Dann umreißen Sie in Tagebuchform, woran Sie sich bei jeder einzelnen Beziehung erinnern. Was war schön? Was war schmerzhaft? Gibt es Faktoren, die sich wiederholen?

Beziehungen zu Familienmitgliedern und Freunden

Nun nehmen Sie Ihre gegenwärtigen Beziehungen innerhalb der Familie unter die Lupe. Legen Sie in Gedanken Ihre Hand auf die Türklinke Ihres Zuhauses. Wie fühlen Sie sich, wenn Sie durch diese Tür gehen? Betreten Sie einen warmen, angenehmen, sicheren Ort? Oder zieht sich dabei Ihr Magen zusammen?

Wenn Sie verheiratet sind, konzentrieren Sie sich auf die Beziehung zu Ihrem Ehepartner. Eine unserer Patientinnen, die mit einem Alkoholiker verheiratet ist, fand diese Übung besonders aufschlußreich. „Ich drückte auf den Garagentoröffner", sagte sie, „und ich merkte, daß ich mich entspanne, wenn Eds Auto nicht da ist. Wenn es da ist, krampft sich mein Magen zusammen."

Wenn wir mit Patienten über diesen Bereich ihrer Beziehungen sprechen, stellen wir ihnen oft die Frage: „Mit wem sind Sie verheiratet?" Das löst immer eine Überraschungspause aus, besonders wenn der Ehepartner mit im Sprechzimmer sitzt.

Doch die Frage richtet sich nicht auf die Identität. Was wir herausfinden möchten, ist: „An welcher Stelle sind Sie emotional am meisten engagiert?" Haben Sie die stärksten Empfindungen für Ihren Ehepartner? Für Ihre Eltern oder Kinder? Für Ihren Beruf? Oder fürs Essen? Liebes-Hunger kann dazu eingesetzt werden, Wärme und Geborgenheit in einer Ehe aufzubauen, und das ist gut so. Doch wir erleben allzuoft Fälle, in denen er zu einer übertriebenen Bindung an Eltern, an ein Kind, an irgend etwas außerhalb der ehelichen Beziehung oder gar an etwas Nichtmenschliches wie Essen geführt hat.

Das engste Liebesband muß zwischen Ehepartnern bestehen. Daraus resultiert auch eine geborgene Atmosphäre für die Kinder. In einer Familie, in der die Ehepartner nicht wahrhaft miteinander verheiratet sind, werden Störungen auftauchen. Für zwanghafte Esser ist dies ein besonders wichtiger Bereich, denn sie sind immer bis zu einem gewissen Grad mit dem Essen verheiratet.

Außer den Beziehungen in Ihrem Zuhause – wie zu Ihrem Ehepartner, Ihren Kindern, Ihrem Zimmerkameraden oder Ihren Eltern – nehmen Sie sich auch Ihre Freundschaften vor. Wer sind Ihre engen Freunde? Was tun Sie für Ihre Freunde? Was tun Ihre Freunde für Sie? Oft reagieren Patienten auf diese Frage mit verständnislosen Blicken und erstauntem Schweigen. Viele zwanghafte Esser haben ihr Leben so sehr durchs Essen vereinnahmen lassen, daß sie gar keinen Raum mehr für normale Freundschaften haben. Wichtig ist auch, zu verstehen, daß selbst in der besten Ehe jeder Partner gesunde Freundschaften nach außen braucht. Es ist großartig, wenn Sie Ihren Ehepartner als Ihren besten Freund betrachten, doch eine Frau braucht auch eine gute weibliche Freundin, mit der sie sich austauschen kann, ebenso wie der Mann einen männlichen Freund braucht, mit dem er Dinge unternehmen kann.

Beziehungen zu Autoritätspersonen

Als wir Ralph, unseren Berg-und-Talbahn-Esser, baten, seine Beziehung zu seinem Chef zu analysieren, stieß er auf ein wiederholtes Verhaltensmuster.

„Jedesmal, wenn ich befördert wurde", erzählte er uns, „veranstaltete ich ein Eßgelage. Wissen Sie, tief in mir dachte ich: „Ich bin es nicht wert. Wenn die wüßten, wer ich wirklich bin, würden sie mir diesen Job nicht geben." Und damit ging es los – ich verfiel in eine tiefe Depression wegen der Schuldgefühle, nicht der zu sein, für den die anderen mich hielten; und dann fing ich an, meine sämtlichen Krankheiten auszuleben, und mein Gewicht schraubte sich wieder nach oben.

Dann verschwand ich durch die Hintertür und ließ mich behandeln. Ich verschwand einfach und blieb sechs oder acht Wochen lang weg. Dann kam ich zurück, und sie fragten mich: ‚Wo sind Sie gewesen?‘ Ich antwortete nicht, worauf sie fragten: ‚Ist alles in Ordnung?‘ Und ich sagte: ‚Ja, danke.‘ Normalerweise war es dann zu spät, um die Beförderung zurückzunehmen. Ich war der Meinung, daß sie es tun sollten, und bot an zurückzustecken, aber sie sagten nein.

Doch jedesmal, wenn sie wieder von Beförderung reden, denke ich: ‚Die wollen mich nur auf dem Präsentierteller haben. Sie wollen mich befördern, damit sie mich feuern können.‘ Und ich gehe hin und stopfe mich mit Essen voll – besonders in den letzten drei Jahren, seit ich keine Drogen mehr nehme und keinen Alkohol mehr trinke. Von meinen Süchten konnte ich allein noch das Essen ausleben. Im Büro wußten sie nicht, was mit mir wirklich los war, aber die Schwankungen in meinem Gewicht waren nicht zu übersehen. Ein paar von ihnen fingen an, mich Yo-Yo zu nennen – das paßt sowieso ganz gut, da ich mit Nachnamen Yoland heiße.“

Erinnern Sie sich an die Beziehungen in Ihrem Leben, und schauen Sie sich die Autoritätspersonen näher an. Einiges wird sich hier mit dem ersten Punkt, den wir untersucht haben, überschneiden; denken Sie jedoch dieses Mal an diese Menschen in ihrer Eigenschaft als Autoritätsfiguren und weniger in ihrer fürsorgenden Elternrolle. Wie wurde in Ihrer Familie oder Klasse oder in Ihren Sportmannschaften die Kontrolle ausgeübt? Wurden Sie auf liebevolle Weise zurechtgewiesen? Oder wurden Sie im Zorn hart bestraft?

Um die Autorität in Ihrem Elternhaus zu beurteilen, müssen Sie verstehen, daß Autorität auf zweierlei Weise mißbraucht werden kann. Mangel an Kontrolle durch Eltern, die ihr Kind ignorieren, ist ebenso ein Mißbrauch wie übermäßige Kontrolle durch tyrannische Eltern. Wir geben unseren Patienten vier Richtlinien an die Hand, um zu beurteilen, ob sie mit ungebührlicher Härte erzogen wurden oder nicht.

1. Sind körperliche Verletzungen vorgekommen? Wurden Sie so hart geschlagen, daß Beulen oder blaue Flecken zurückblieben?
2. Kam die Strafe durch einen Machtkampf aufgrund der Unsicherheit eines Elternteils zustande?
3. Beinhaltete die Bestrafung eine Demütigung? Wenn ein Kind gezwungen wird, mitten in einem Einkaufszentrum die Hosen herunterzulassen, um den Hintern versohlt zu bekommen, dann ist das eine Mißhandlung.
4. War die Bestrafung über Gebühr hart? Eine magersüchtige Patientin erzählte uns: „Die Strafe entsprach nie dem Vergehen. Einmal bekam ich zwei Wochen Arrest, weil ich mich geweigert hatte, die Kruste von einem Stück Kuchen aufzuessen."

Neben den Erziehungsmethoden können auch andere Aspekte aus Ihrer Herkunftsfamilie Ihre Beziehungen zu Autoritätspersonen beeinflussen. Ein Beispiel dafür ist einer unserer eßsüchtigen Patienten, der leitender Angestellter einer Fluggesellschaft ist. Wenn er an eine neue Stelle kommt, schlägt er sich anfangs sehr gut, aber „dann fange ich an, überall Intrigen und Ellenbogenschiebereien zu sehen, bis ich es nicht mehr aushalte", sagte er. Als er seinen Beziehungs-Fragebogen ausfüllte, entdeckte er, daß diese paranoiden Empfindungen davon herrührten, daß er mit Geschwistern aufgewachsen war, die ihn ständig verpetzten, um sich bei ihren Eltern beliebt zu machen.

Die Beziehung zu sich selbst

Nun kommen wir zum schwersten Teil des Fragebogens. Nehmen Sie Ihre Beziehung zu sich selbst unter die Lupe! Wie sehen Sie sich selbst? Sind Sie sich selbst ein guter Freund? Wie es in einer alten Frage heißt: „Würden Sie einem Club beitreten wollen, der Leute wie Sie als Mitglieder akzeptiert?"

Dieser Teil des Fragebogens ist entscheidend, weil sich

hier allmählich Elemente einer niedrigen Selbsteinschätzung zeigen werden. Als Ralph sich daran erinnerte, wie der Spott seiner Klassenkameraden ihn dazu brachte, sich wie eine verdorrte Bohnenranke zu fühlen, erkannte er sofort, wie er durch seine Beziehung zu sich selbst und seine niedrige Selbsteinschätzung in den Kreislauf seiner Süchte geraten war.

Einer der häufigsten Gründe, aus denen Menschen zu uns in die Beratung kommen, ist, daß sie sich bessere Beziehungen zu anderen wünschen. Doch die Kausalkette verläuft so: Ich muß eine gute Beziehung zu mir selbst haben, bevor ich eine gute Beziehung zu anderen haben kann. Ich muß eine gute Beziehung zu anderen haben, bevor ich eine gute Beziehung zum Essen haben kann.

Oft geschieht es, daß ein Eßsüchtiger zu uns kommt und sagt: „Ich will nur, daß Sie mich von meiner Sucht heilen. Helfen Sie mir, mit dem Essen Frieden zu schließen." Aber das können wir nicht. Wir müssen die Eßprobleme identifizieren und uns dann durch alle Schichten bis zu den Kernproblemen durcharbeiten. Um unseren Patienten dabei zu helfen, tragen wir ihnen oft zwei Übungen auf. Erstens: Nehmen Sie sich ein Blatt Papier und vervollständigen Sie den folgenden Satz so ausführlich, wie Sie können: „Ich mag mich nicht, weil …" Wenn Sie diese Frage ehrlich beantworten, wird Ihnen das auf zweierlei Weise helfen. Zum einen können dadurch Bereiche zum Vorschein kommen, in denen Sie tatsächlich an sich arbeiten müssen. Doch was noch wichtiger ist: es wird Ihnen zeigen, in welchen Bereichen Sie sich unnötigerweise selbst herabsetzen.

Nun nehmen Sie sich ein weiteres Blatt Papier und schreiben Sie einen Vorstellungsbrief, in dem Sie sich einer Person empfehlen, die Sie noch nicht kennt und der Sie demnächst begegnen werden. Listen Sie großzügig all Ihre positiven Eigenschaften auf. Geben Sie sich bei dieser Übung die volle Erlaubnis, alle Selbstkritik fallenzulassen. Wenn möglich, lesen Sie diese Liste von Eigenschaften einem vertrauenswürdigen Freund oder Mitpatienten vor. Ein solcher Austausch mag Ihnen peinlich vorkommen, doch er ist ein wirksames Mittel, um Ihre neuen Selbstwahrnehmungen zu verstärken.

Dieser Teil des Fragebogens ist entscheidend für Ihre Heilung. Für mindestens einen unserer Patienten entschied er über Leben und Tod. Dr. Upton war ein fähiger Kinderarzt, der schon vielen Kindern das Leben gerettet hatte, doch sein Übergewicht war so extrem, daß es medizinisch als krankhafte Fettsucht eingestuft werden mußte. Beim Nachdenken über seine Beziehung zu sich selbst stellte Dr. Upton fest, daß er nie gelernt hatte, sich selbst zu mögen, weil er nie den Eindruck hatte, daß seine Eltern ihn mochten. „Plötzlich wurde mir klar, daß ich es in Ordnung fand, andere zu retten – ihnen so zu helfen, daß sie leben konnten –, mich selbst aber so sehr verabscheute, daß ich nicht glaubte, ein Recht auf Leben zu haben. Ich war dabei, durch meine Fettsucht Selbstmord zu begehen." Diese Einsicht war der Wendepunkt im Heilungsprozeß des Arztes.

Der populärmedizinische Schriftsteller und Referent John Bradshaw sagt: „Sie sind der einzige Mensch, den Sie niemals verlassen oder verlieren werden", also müssen Sie eine gute Beziehung zu sich selbst haben.

Beziehungen zum Essen

Damit sind wir bei den Beziehungen zum Essen. Ist das Essen Ihr Freund? Die meisten Eßsüchtigen reden über das Essen ähnlich wie Drogensüchtige über Drogen: „Ich hasse es. Ich hasse, was es aus mir gemacht hat. Aber es ist gleichzeitig mein bester Freund. Ich kann ohne es nicht leben." Schreiben Sie in Ihrem Tagebuch auf, inwiefern das Essen für Sie ein Freund und/oder Feind ist.

Oft ist es wichtig, daß Patienten diesen Teil des Fragebogens ebenso angehen wie den über die Beziehungen zum anderen Geschlecht, nämlich indem sie mit ihren frühesten Erinnerungen beginnen.

Schauen Sie sich das Fortschreiten Ihrer Eßsucht an. Unsere Patientin Sally ist ein Musterbeispiel für ein solches Fortschreiten der Sucht. Als Sally ein Kind war, neigte ihre Mutter gelegentlich dazu, Essen als Trostmittel zu gebrauchen, doch im großen und ganzen hatte Sally eine gesunde Beziehung zum Essen. Als Jugendliche begann Sally gewissermaßen zur Erholung zu essen, doch da sie aktiv war und einen regen Stoffwechsel hatte, blieb sie dabei schlank. Im College fing sie an, das Essen als Mechanismus zu gebrauchen, um mit den Belastungen durch Notendruck und junge Männer fertig zu werden. Die vielen Stunden, die sie beim Lernen sitzend zubrachte, trugen ebenfalls zu ihrem beginnenden Gewichtsproblem bei. In den ersten Jahren ihrer Ehe wandte sich Sally dem Essen zu, um sich über die häufige Abwesenheit ihres Mannes hinwegzutrösten, der als reisender Vertreter tätig war. Heute, in ihren mittleren Jahren, ißt Sally aus Zorn. Selbsthaß hat sie in eine ausgewachsene Eßsucht abgleiten lassen.

Denken Sie daran, daß Ihre Gefühle über das Essen (und Ihr Umgang mit dem Essen) genauso eine echte Beziehung bilden wie irgendeine Beziehung zu einem Menschen. Ihre Beziehung zum Essen beeinflußt alle Ihre Beziehungen zu Personen – einschließlich der Beziehung zu sich selbst. Welche Verhaltensmuster tauchen in Ihrer Beziehung zum Essen immer wieder auf? Wenn unsere Patienten die Geschichte ihres Essens wie eine Beziehung darstellen und wie den Verlauf einer Freundschaft oder einer Ehe aufzeichnen, erkennen sie plötzlich Muster – und auf diesen erkannten Mustern lassen sich Wege zur Heilung aufbauen.

Die Beziehung zu Ihrem Körper

Siebentens müssen Sie Ihre Beziehung zum eigenen Körper untersuchen. Gehen Sie wieder in der Zeit zurück und fragen Sie sich: Wie habe ich als Kind meinen Körper gesehen? Es ist interessant, darüber nachzudenken, wie Menschen auf die Selbstentdeckung eines kleinen Kindes reagieren. Wenn ein drei Monate altes Kind seine Zehen entdeckt, springt Papa auf, um die Filmkamera zu holen, und Mama applaudiert dazu, während Junior vergnügt mit den Füßchen um sich tritt. Entdeckt Junior sein eigenes Ohr und blubbert und gurgelt, reagiert die Familie mit entsprechenden „Ohs" und „Ahs". Doch wenn Junior ohne Windeln hereinspaziert kommt, um zu zeigen, was er entdeckt hat, herrscht plötzlich peinliche Stille. Also: Was für Botschaften bezüglich Ihres Körpers haben Sie empfangen, als sie klein waren?

Was hörten Sie dann als Jugendlicher in der Pubertät über Ihren Körper? Was sagte man Ihnen über Sexualität, Körperform und Körpergröße? Sagte man Ihnen, wenn Sie an dieser oder jener Stelle nicht groß oder klein seien, seien Sie kein richtiger Mann oder keine richtige Frau? In unserer stationären Abteilung erleben wir viele Frauen – körperlich und emotional schöne Frauen – bei denen ein Körperteil nicht ganz so aussah, wie er nach Meinung ihrer Eltern aussehen mußte. Man sagte ihnen: „Du bist keine richtige Frau. Du bist nicht sexuell anziehend. Kein Mann könnte dich anziehend finden." Als Kind oder Jugendliche nimmt man solche Botschaften auf, als seien sie die lautere Wahrheit.

Als Sie dann nach dem Schulabschluß oder auf dem College vielleicht ernsthaftere Beziehungen eingingen – auch innerhalb der Arbeitswelt –, was für Botschaften bekamen Sie darüber, ob Sie körperlich den allgemeinen Ansprüchen nun genügten oder nicht? Und, vor allen Dingen, fragen Sie sich in Ihrer Ehe: *Habe ich das Gefühl, daß mein Körper in Ordnung ist? Habe ich den Frieden mit meinem Körper gemacht? Gefällt meinem Ehepartner, wie ich aussehe?*

Wir fordern unsere Patienten auf, sich zu fragen: *Bin ich körperlos?* Fettsucht und Magersucht sind Methoden, den eigenen Körper zu verlassen, die Kontrolle und das Eigentumsrecht darüber aufzugeben. Die meisten Patienten brauchen einige Zeit, um sich mit diesem Gedanken zu beschäftigen, aber dann sagen sie uns: „Ich fühle mich, als sei ich immer in Schuhen herumgelaufen, die zu groß für mich sind. Wenn ich um eine Ecke biege, kommt mein Körper irgendwie nicht mit mir mit. Er paßt mir nicht." Auf der anderen Seite hören wir von unseren geheilten Patienten oft die Aussage: „Ich fühle mich, als sei ich in meinen Körper zurückgekehrt."

Haben Sie den Eindruck, daß Sie mit Ihrem Körper im Krieg stehen? Erst wenn der Friede erklärt ist, kann die Heilung beginnen.

Die Beziehung zu Gott

Zum Schluß nehmen Sie Ihre Beziehung zu Gott unter die Lupe – zu dem Einen, der bei vielen Programmen zur Überwindung einer Sucht eine so zentrale Rolle spielt.

Ralph gestand uns: „Ich habe ziemliche Probleme mit dem ganzen religiösen Zeug in dem Zwölf-Schritte-Programm der Selbsthilfegruppen" (siehe S. 273-275). „Ich gehe die zwölf Schritte jeden Tag durch, aber wissen Sie, dieser dritte Schritt, in dem es darum geht, die Entscheidung zu treffen, unseren Willen und unser Leben an die Fürsorge Gottes zu überantworten – na ja, ich hatte vorher noch nie in meinem Leben gebetet.

Jetzt tue ich das jeden Morgen, aber es ist schwer zu verstehen, wie sich das auf mein ganzes Leben anwenden läßt. Es war keine Schwierigkeit, es auf meine Alkohol- und Drogenprobleme anzuwenden, aber ich fange erst an, es auch auf meine Eßprobleme zu beziehen. Ich weiß, daß das etwas ist, woran ich arbeiten muß, aber es ist so neu für mich! Und ich weiß auch, daß es eine gewaltige Kraft gibt, an die ich angeschlossen sein kann – ich habe es ja bewiesen, indem ich von den Drogen wegkam. Nun muß ich es noch einmal beweisen, indem ich meine Ernährung unter Kontrolle bekomme, dann meine Arbeit – das wäre ein Fortschritt. Aber es ist schon eine große Veränderung, Gott überhaupt in irgendeiner Form in mein Leben zu lassen."

Zu den zwölf Schritten des „Overeaters-Anonymous"-Programms gehört es, seine Beziehung zu Gott in mehreren Bereichen zu überprüfen: Glauben Sie an eine Macht, die über Ihnen steht und in der Lage ist, Ihre seelische Gesundheit wiederherzustellen? Haben Sie eine bewußte Entscheidung getroffen, Ihren Willen an Gott auszuliefern? Haben Sie vor Gott Ihr Fehlverhalten zugegeben? Sind Sie bereit, Ihre Unzulänglichkeiten von Gott beseitigen zu lassen? Haben Sie versucht, durch Gebet, Bibellesen und Meditation Ihren bewußten Kontakt zu Gott zu verbessern?

Wenn Sie Ihren Beziehungs-Fragebogen durcharbeiten, werden Sie an vielen Punkten feststellen, wie Ihre verschiedenen Beziehungen aufeinander einwirken. Zum Beispiel werden Sie vielleicht sagen: „Oh, jetzt wird mir einiges klar – meine Beziehungen zu meiner Herkunftsfamilie haben meine Beziehungen zu Autoritätspersonen beeinflußt, die wiederum haben sich auf meine Beziehungen zu meinem Ehepartner ausgewirkt ..." So war es bei Barbara.

Zum ersten Mal waren die Papiere, von denen Barbara auf ihrem Bett umgeben war, keine aufgerissenen Lebensmittelverpackungen. Die vielen gelben Blätter ihrer Beziehungsinventur füllten sich rapide mit ausgegrabenen Erinnerungen, während ihr Stift sich übers Papier bewegte: Der kleine Timmy in der dritten Klasse. Abgesehen davon, daß er es gelegentlich nicht lassen konnte, ihr auf dem Schulhof Schimpfnamen an den Kopf zu werfen, ignorierten sie einander in der Schule. Doch weil der Garten seiner Eltern direkt an den ihrer Eltern angrenzte und sich dazwischen nur eine dünn gewachsene Hecke befand, war es nur natürlich, daß sie zu ihm rannte, wenn ihr Vater sie wieder einmal in ihrem Zimmer eingeschlossen hatte, oder später, wenn er Alkohol getrunken hatte und sie seinen Wutausbrüchen entkommen wollte. Und ihr schien, daß sie nie aus ihrem Fenster gestiegen war, ohne fünfzehn Cents in der Hand zu haben – ihre Mutter gab ihr immer Geld, wenn sie ihr nichts anderes geben konnte – und damit rannten sie und Timmy die Straße hinauf zum Schnellimbiß. Damals bekam man für fünfzehn Cents noch eine große Portion Pommes frites. Barbara hielt im Schreiben inne, um an ihren Fingern zu lecken, als ob das Salz immer noch daran klebte.

Und dann begann der Stift von neuem über das Papier zu fliegen, als sie sich an einen Schmerz erinnerte, der mehr als vierundzwanzig Jahre lang in ihr vergraben gelegen haben mußte. Timmy verschwand, sobald die Pommes frites aufgegessen waren. Er war der Kapitän seiner Baseball-Mannschaft und machte sich auf den Weg zum Training, während sie allein zurück durch ihr Zimmerfenster klettern mußte – nun nicht nur von ihren Eltern, sondern auch von Timmy im Stich gelassen.

Teenagerfreundschaften? Sie hielt inne und versuchte sich zu erinnern. Nicht ein einziger Name eines Jungen fiel ihr ein. Es mußte Jungen unter ihren Klassenkameraden gegeben haben, aber sie erinnerte sich an keinen Namen. Oh, der Klassensprecher – hieß er nicht Fred? Ja, Fred, aber der Nachname fiel ihr nicht ein. Sie erinnerte sich nur noch daran, daß er sich jedesmal abgewendet hatte, wenn sie auf dem Flur der Schule in seine Nähe kam. Seit Jahren hatte sie nicht mehr daran gedacht, was für eine Angst sie in diesem Alter vor Angehörigen des anderen Geschlechts gehabt hatte. Sie wußte nur noch, daß sie sehr schüchtern gewesen war und sehr, sehr hart für die Schule gearbeitet hatte, besonders für den Kunstunterricht.

Dann kam das College. Sie verließ ihr Elternhaus und konnte zum ersten Mal in ihrem Leben von der Angst vor den Gewalttätigkeiten ihres Vaters frei sein. Vielleicht fühlte sie sich deswegen frei, eine Freundschaft mit Calvin einzugehen. Außerdem wollte Calvin Prediger werden, er würde sich also anständig verhalten. Ein Prediger konnte schließlich nicht Alkoholiker sein. Ja, wenn sie weit genug zurückdachte – bis zu den ersten Tagen mit Calvin, als sie dachte, sie hätte einen Mann gefunden, der den Platz einnehmen könnte, den ihr Vater nie gehabt hatte –, dann erinnerte sie sich an manche guten Zeiten. Sie war so erfüllt gewesen, daß sie nicht einmal mehr ihre Eßgelage brauchte. Jedenfalls nicht bis zu den Belastungen der Examenswoche, als Calvin sie dabei erwischte, als sie mit einer dreifachen Portion Pommes frites aus der Cafeteria kam. Wahrscheinlich war es der schuldbewußte Ausdruck auf ihrem Gesicht, der ihren Versuch zunichte machte, ihm weiszumachen, sie seien für eine ganze Lerngruppe bestimmt.

Damals begegnete ihr zum ersten Mal der gesetzliche Ansatz, ihr Eßverhalten unter Kontrolle zu bekommen. Calvin sagte zu ihr: „Ich möchte, daß du diese Pommes frites in den Abfall wirfst und gleich jetzt um Vergebung bittest." Barbara konnte kaum glauben, daß sie sich immer noch an seine Worte erinnerte. Selbst seinen langen Zeigefinger, der auf den Abfallbehälter deutete, und sein knochiges Handgelenk, das aus seinem Pulloverärmel herausragte, hatte sie noch deutlich vor Augen.

Von da an verließ sie die Cafeteria niemals, ohne sich in beiden Richtungen umzuschauen, und sie fing an, ihre Mahlzeiten zu erbrechen, selbst wenn sie nicht zuviel gegessen hatte. Denn die Predigten gingen weiter: „Gott verlangt von uns gute Haushalterschaft. Es ist Sünde, Nahrungsmittel zu verschwenden, während Millionen hungern. Außerdem muß die Frau eines Predigers gut aussehen. Das ist ein gutes Zeugnis, und es ist gut für sein Image." Hatte er das wirklich gesagt? Oder war das nur die Botschaft, die bei ihr angekommen war? Wie auch immer, sie eignete sich große Fertigkeit an, ihr Tun zu verbergen, und als er sie ein einziges Mal verdächtigte, sich absichtlich erbrochen zu haben, erfand sie erfolgreich eine Grippeinfektion.

Ihre Hand wurde müde vom Schreiben. Barbara schaute sich noch einmal ihren letzten Absatz an. War das vielleicht der Grund, warum sie seit ihrer Collegezeit nicht mehr in die Nähe einer Kirche gekommen war? Was der Arzt über das Ineinanderwirken der Beziehungen gesagt hatte, stimmte. Nun fragte sie sich: War denn jeder Student an diesem College so kalt und gesetzlich gewesen wie Calvin? War Gott wirklich so? Würde Gott sie im Stich lassen, wie es Calvin getan hatte, oder glaubte sie nur, für Gott nicht mehr akzeptabel zu sein, seit ...? Sie begann von neuem zu schreiben.

Nun dachte sie über das Wort nach, das ihr von der Seite entgegensprang. *Im Stich gelassen.* Das hatte sie auch von Timmy gesagt. Und von ihrem Vater. Ihr Vater hatte sie wegen des Alkohols *im Stich gelassen.* Timmy hatte sie wegen Baseball *im Stich gelassen.* Calvin hatte sie wegen Gott *im Stich gelassen* – nachdem sie ihn durch sechs Seminare in englischer Literatur hindurchgepaukt hatte und er sie nicht mehr brauchte.

Und dann Tom. Sie hatte geglaubt, ihr Leben wirklich im Griff zu haben, als sie Tom kennenlernte. Sie hatte ihren College-Abschluß und einen Traumjob als Schaufensterdekorateurin in einem großen Warenhaus. Als nächstes wollte sie einen speziellen Kurs in Innenarchitektur absolvieren, und – wer weiß? – vielleicht würde sie eines Tages ihr eigenes Geschäft haben! Selbst das übermäßige Essen hatte nachgelassen. Mit den Weight Watchers kam sie gut zurecht, solange sie dabei blieb, und ihre Arbeit machte ihr so viel Spaß, daß sie mit anderen Dingen beschäftigt war als mit dem Essen. Aber Tom stand auf dem Standpunkt, daß sie nicht weiterarbeiten könnte, nachdem sie verheiratet waren. Er war dabei, als Pharma-Vertreter schnell aufzusteigen, und in seiner Firma wurde von den Ehefrauen der Mitarbeiter erwartet, daß sie mit ihren Männern an allen möglichen medizinischen Kongressen teilnahmen, die Ärzte bewirten halfen und sich freihielten, um zu diversen Verkaufskonferenzen zu reisen. Er würde in dieser Firma nie dahin kommen, wohin er wollte, wenn sie das Spiel nicht mit ihm spielte. Tom war alles, was ihr Vater und Calvin nicht gewesen waren. Sie war gern bereit, mehr als nur ihren Beruf für ihn aufzugeben. Zwei Wochen nach ihrer Hochzeit deutete Tom an, sie solle vor dem nächsten Medizinerkongreß zehn Pfund abnehmen und sich drei neue Kleider besorgen.

Aber all das akzeptierte sie. Sie konnte ja immer noch zu Hause malen und zeichnen. Und sobald sie einmal Kinder hätten, würde sie herrliche Zeiten damit verbringen, mit ihren Kindern zu basteln. Nur, daß Tom keine Kinder wollte, weil er so hart arbeitete und müde war, wenn er abends nach Hause kam! Er wünschte sich Ruhe, und er wollte, daß Barbara frei für ihn wäre. Und sie war eine gute Ehefrau gewesen, hatte ihre Aufgabe erfüllt und ihn durch drei Beförderungen hindurch unterstützt, bevor ihr Eßzwang wieder außer Kontrolle geriet. Als sie bei fünfundzwanzig Pfund Übergewicht angelangt war, konnte sie ihm bei seiner Karriere nicht mehr nützen, also zog er aus. Ließ sie im Stich!

Barbaras Stift hörte auf zu schreiben und begann zu zeichnen – das erste „Kunstwerk" seit Jahren. Sie zeichnete einen Regenbogen mit Wolken an jedem Ende, aus denen ein paar letzte Regentropfen auf ein Blumenbeet fielen. Das war ihr Regenbogen-Erlebnis. Alle Männer, die sie je gekannt hatte, hatten sie benutzt und dann im Stich gelassen, und zum Trost hatte sie sich ins Essen geflüchtet. Jedesmal! Sie war sicher, daß irgendwo in ihrem Schrank noch ein paar Wasserfarben sein mußten. Sie wollte ihren Regenbogen farbig malen!

Es gibt nicht nur eine Ursache

Wie Sie gesehen haben, sind die zwölf Ursachen für zwanghaftes Essen ineinander verwoben und überlappen sich. Es wäre eine seltene Erscheinung, wenn ein Eßsüchtiger auf nur einen Punkt der Liste, etwa den kulturellen Druck, weisen und sagen könnte: „Das bin ich; das ist mein Problem. Mehr steckt nicht dahinter."

In der Gruppentherapie benutzen wir oft einen bunten Wasserball als Beispiel. Wir halten den Ball inmitten einer im Kreis sitzenden Gruppe empor und fragen: „Welche Farbe hat er?" Die Leute auf einer Seite werden sagen: „Er ist rot", die auf der anderen Seite dagegen: „Er ist gelb." Links werden sie rufen: „Grün", während die auf der rechten Seite

Beziehungs-Fragebogen

Herkunftsfamilie. Wie waren in meiner Kindheit meine Beziehungen zu meinen leiblichen Eltern? Zu meinen Adoptiveltern? Zu meinen Großeltern? Zu meinen Ersatzeltern wie etwa Lehrern oder Trainern? Zu anderen Mitgliedern der erweiterten Familie? Gab es Unfreiheiten wie Alkoholismus oder Jähzorn, die mein Zuhause erschütterten?

Angehörige des anderen Geschlechts. Wer waren meine Freunde vom anderen Geschlecht, angefangen von der neunten oder zehnten Klasse oder früher? Woran erinnere ich mich bei jeder Beziehung? Was war schön? Was war schmerzhaft? Welche Situationen wiederholen sich?

Die gegenwärtige Familie. Wie ist meine Beziehung zu meinem Ehepartner? Zu meinen Kindern? Zu irgend jemand sonst, der in meinem Zuhause lebt? Zu meinen engen Freunden? Ist mein gegenwärtiges Zuhause ein warmer, sicherer, geborgener Ort?

Autoritätspersonen. Wie waren meine Beziehungen zu Autoritätspersonen in der Vergangenheit? In der Gegenwart? Zu meinen Eltern? Lehrern? Trainern? Militärischen Vorgesetzten? Ärzten? Chefs? Habe ich ständig das Gefühl, daß Autoritätspersonen nur darauf warten, daß ich einen Fehler mache? Daß die Leute es auf mich abgesehen haben? Wie reagiere ich auf Kritik, sei sie real oder eingebildet? Habe ich selbst schon eine Autoritätsstellung innegehabt? Wie fühlte ich mich dabei? War die Atmosphäre in meiner Gemeinde liebevoll oder streng autoritär? Wie ist mein Verhältnis zu Gott als Autoritätsperson?

Ich selbst. Wie sehe ich mich selbst? Bin ich mir selbst ein guter Freund? Würde ich mir mich selbst als besten Freund aussuchen? Habe ich akzeptiert, daß ich eine gute Beziehung zu mir selbst haben muß, bevor ich eine gute Beziehung zu anderen aufbauen kann?

Essen. Wie stehe ich zum Essen. Ist es bisher ein Freund für mich gewesen? Oder ein Feind? Was habe ich als Kind mit dem Essen erlebt? Wie war in meiner Teenagerzeit meine Beziehung zum Essen? Wie kam ich während meiner weiteren Ausbildung damit zurecht? Wie veränderte sich diese Beziehung, als ich heiratete? Bestrafe ich mich selbst durch Essen? Welche unterschiedlichen Rollen hat das Essen von der Kindheit an bis heute für mich gespielt? Hat das Essen in den letzten Jahren eine immer größere Bedeutung in meinem Leben? Bin ich süchtig nach Essen?

Mein Körper. Wie habe ich als Kind meinen Körper empfunden? Was wurde mir als Kind über meinen Körper gesagt? Wurde mein Geschlecht akzeptiert? Oder hat sich mein Vater eigentlich einen Jungen gewünscht, und dann wurde ich, ein Mädchen, geboren – oder umgekehrt? Wie sah meine Sexualerziehung in der Jugend und Pubertät aus? Wie empfinde ich heute meinen Körper? Fühle ich mich wohl in meinem Körper? Benutze ich Essen, um meinen Körper mit einer schützenden Isolierschicht zu umgeben, besonders, um meine Sexualmerkmale zu verhüllen?

Gott. Was hat man mir als Kind über Gott beigebracht? Wie stehe ich heute zu einer höheren Macht? Sehe ich Gott als eine Quelle bedingungsloser Liebe, oder sehe ich ihn als eine Quelle von Beurteilung und Kritik? Habe ich eine persönliche Beziehung zu Gott aufgenommen, um ihm zu erlauben, ganz eng in meinem täglichen Leben zu leben und zu wirken?

meinen: „Blau." Jede der Antworten ist berechtigt; jede Gruppe gibt zutreffend das wieder, was sie sieht. Doch man muß alle Seiten des Balles betrachten, um die Frage richtig beantworten zu können.

Eßstörungen sind wie ein solcher Wasserball. Paul Meier meint: „Meine Zwanghaftigkeit hat viele verschiedene Aspekte. Zum Teil lag der Grund für meine Gewichtszunahme darin, daß mein Stoffwechsel sich verlangsamte als ich älter wurde, zum Teil aber auch an meiner Selbstsucht – meinem Drang, mich gehenzulassen, wenn ich mich selbst bemitleidete, weil ich für das Medizinstudium so viel lernen mußte. Und zum Teil lag es an meinem unterbewußten Wunsch, meiner Mutter zu gefallen."

Sicherlich hat Ihnen ebenso wie Barbara das Ausfüllen Ihres Beziehungs-Fragebogens geholfen zu verstehen, warum Sie in sich eine Leere verspüren, die Sie durch zwanghaftes Essen auszufüllen versuchten. Nun ist es wichtig, daß Sie begreifen, wie der Teufelskreis der Abhängigkeit beschaffen ist, der mit Liebes-Hunger beginnt.

Der Teufelskreis
der Abhängigkeit

Stephanie Green betrat Dr. Hemfelts Sprechzimmer mit dem schlurfenden Gang einer Schlafwandlerin. Ihre Augen waren glasig, ihre Stimme schwerfällig und ausdruckslos. Ihr Mann Bob folgte ihr auf dem Fuße. Mit seiner Größe von reichlich ein Meter achtzig und seinem Gewicht von mehreren hundert Pfund streifte Bob beide Seiten des Türrahmens. Er ging geradewegs auf den blauen Lehnsessel zu, der neben dem stand, in dem Stephanie bereits schläfrig saß. Trotz der geräumigen Abmessungen des Sessels konnte sich Bob kaum hineinzwängen.

„Also wissen Sie, Doktor, ich weiß eigentlich nicht so recht, warum diese Versicherungsleute uns überhaupt hergeschickt haben. Sie dürfen ruhig wissen, daß der Tag, an dem dieser Lieferwagen unseren Joe Bob tötete, der schwärzeste Tag in unserem Leben war. Aber meine Frau hier und ich brauchen Ihre Beratung nicht."

Stephanie drehte ihren steif frisierten blonden Kopf. „Ich gebe offen zu, daß Joe Bob unser Lieblingsjunge war – obwohl wir noch drei andere Kinder haben. Und es war für uns zuerst ein schwerer Schlag. Schrecklich! Aber dann haben wir Madame Baize kennengelernt."

„Madame Baize?" Dr. Hemfelt schaute in seine Notizen. Die Greens waren vorher bei einem anderen Berater gewesen und plötzlich nicht mehr dorthin gegangen, aber der Name war nicht Baize.

„Madame Baize ist eine empfindsame – eine intuitive – na ja, eine Hellseherin. Und sie hat mir gezeigt, daß Joe Bob glücklich ist. Er ist freiwillig auf diese Weise gestorben, damit ich das Versicherungsgeld bekommen konnte." Sie seufzte bebend. „Es sieht diesem armen, lieben Jungen so ähnlich, daß er so an seine Mama und seinen Papa gedacht hat. In seinen ganzen dreiundzwanzig Jahren hat er uns nie Kummer gemacht. Und als er diese süße Sharon Jean heiratete, wohnten sie einfach weiter bei uns zu Hause. Wissen Sie, sie und das Baby waren mit Joe Bob zusammen in dem Wagen ..."

Stephanies Stimme versiegte, und sie ließ sich zurück in Ihren Sessel sinken.

Bob setzte die Geschichte fort. „Ja, das ist richtig. Und Mama und ich, wir sind der Meinung, das Beste, was wir mit diesem Geld machen können, das Joe Bob uns verschafft hat, ist, es für die Familie zu gebrauchen. Wir haben ein Fleckchen Land außerhalb von Austin, und wir werden uns ein schönes großes Haus bauen und für jedes unserer Kinder noch eines daneben, dann können wir alle zusammen sein, wie es sich Joe Bob gewünscht hätte."

Stephanie tauchte wieder aus ihrer Versunkenheit auf. „Genau wie die Familie von J.R. Ewing. Wir werden die ganze Familie zusammenhaben, wie auf der Southfork-Ranch in ‚Dallas'. Als ich die Sendung zum ersten Mal sah, wußte ich sofort, was ich wollte."

Dr. Hemfelt räusperte sich. „Aus diesem Formular, das Sie ausgefüllt haben, ersehe ich, daß Ihre Kinder eigene Familien haben. Was ist, wenn sie nun nicht alle zusammenleben wollen?"

Zum ersten Mal an diesem Morgen öffnete Stephanie ihre Augen. „Na, warum sollten sie das denn nicht wollen, das sagen Sie mir mal!"

Das Gespräch setzte sich fort und drehte sich immer wieder um Madame Baizes hellseherische Offenbarungen und Stephanie Greens Traum, der Fernsehserie „Dallas" nachzueifern, doch die offensichtlichsten Probleme im Leben dieser Leute kamen nicht einmal zur Sprache: Stephanies Medikamentenabhängigkeit und Bobs Gewicht von mehr als dreihundert Pfund.

„Nun, Herr und Frau Green, wenn ich ein praktischer Arzt

wäre und Sie mit einem gebrochenen Arm zu mir gekommen wären, dann hätte ich zuerst eine Röntgenaufnahme gemacht. Ich müßte wissen, was innen vor sich geht, bevor ich Ihnen helfen könnte. Was ich jetzt brauche, ist eine Röntgenaufnahme von Ihrer Familie. Ich muß mich mit Ihren Kindern unterhalten."

Die Greens waren einverstanden, und Bob kämpfte sich aus dem Sessel hoch.

Das Bild der Familie Green, das sich in den nächsten drei oder vier Wochen herauskristallisierte, war ein Bild von vielfältigen, langjährigen Abhängigkeiten. Dies war Stephanies vierte Ehe. In jüngeren Jahren war sie Alkoholikerin gewesen und hatte wiederholt ihre Kinder verlassen. Als die Kinder klein waren und es brauchten, daß ihre Mutter mit Nahrung, Liebe und geistlicher Unterstützung für sie sorgte, stieß sie sie weg. Nun, wo sie groß waren und Stephanies narzißtischer Persönlichkeit etwas zu geben hatten, wollte sie sie wiederhaben.

Beth, die Tochter, hatte dieser emotionalen Erpressung leicht nachgegeben. Da sie nahezu in Armut mit zwei Kindern und einem dem Glücksspiel verfallenen Ehemann in einem Wohnwagen wohnte, sagte sie: „Ich tue alles, was du willst."

Billy, der zweite Sohn, war wortkarg und schien sich nicht viel aus allem zu machen.

Doch Larry, der Älteste, der auf seinen dreißigsten Geburtstag zuging, ließ das Rückgrat erkennen, aus diesem Kreislauf der Abhängigkeit auszubrechen. Auf die Frage des Arztes hin schüttelte er den Kopf. „Nein, es war nicht der Unfall, der Mutters Pillensucht oder Vaters Eßgelage auslöste. Na ja, vielleicht wandten sie sich noch ein bißchen stärker dem Essen und den Pillen zu – schließlich hatten sie sich ganz und gar auf Joe und Sharon gestützt. Die beiden wohnten sogar für eine Weile bei ihnen, nachdem sie verheiratet waren. Als dann das Baby kam und sie in eine eigene Wohnung zogen, gingen sie immer noch mehrmals in der Woche zusammen einkaufen. Die Eltern bezahlten, und Joe und

Sharon gingen einfach mit. Natürlich waren die beiden auch drogenabhängig."

Nun war Dr. Hemfelt an der Reihe, den Kopf zu schütteln. „Und hat in der ganzen Zeit jemals irgend jemand Ihre Eltern auf ihre Abhängigkeit angesprochen? Haben sie jemals zugegeben, daß da ein Problem besteht?"

Larry lachte. „Machen Sie Witze? Können Sie sich vorstellen, wie es ist, meinen Vater in Wut zu bringen? Da stelle ich mich doch lieber vor einen wildgewordenen Elefantenbullen!"

Dr. Hemfelt schnitt eine Grimasse. „Nun, Larry, Sie haben den Nagel auf den Kopf getroffen. Wir nennen ein Problem wie dieses gern einen ‚Elefanten im Wohnzimmer'. Der Elefant sitzt da mitten im Wohnzimmer, und niemand spricht über ihn. Statt dessen schleichen alle um ihn herum. Und doch ist er ein enormer Eindringling – mitten in der Familie."

Larry lachte ironisch. „Junge, das ist ein treffender Vergleich für diesen Fall! Und ich weiß noch einen. Erinnern Sie sich an die Geschichte von des Kaisers neuen Kleidern? Also, ich bin nicht derjenige, der dem Kaiser sagt, daß er nackt ist."

Beim nächsten Besuch der Greens wußte Dr. Hemfelt, daß es für ihn an der Zeit war, dem Elefanten, der da in seinem blauen Sessel saß, auf den Zahn zu fühlen. In der Therapie gibt es immer einen kritischen Zeitpunkt, an dem der Therapeut seinem Patienten als Spiegel dienen muß – er muß den Spiegel hochhalten und sagen: „Das hier sehe ich vor mir. Sind Sie bereit, sich damit auseinanderzusetzen?"

„Bob, meinen Sie, Ihr Gewicht könnte mit den Depressionen und Familienproblemen zusammenhängen, von denen Sie mir erzählt haben?"

Bob zuckte die Achseln. „Also, ich weiß, wie ich mein Gewicht unter Kontrolle halte. Das meiste davon kommt vom Trinken. Ich werde einfach weniger Bier trinken, und das Gewicht wird zurückgehen."

Stephanie zuckte mit keiner Wimper.

Der Arzt ließ sich von Bobs ausweichender Antwort nicht abschrecken. „Bob, ich fürchte, die Situation ist viel ernster. Ich muß Ihnen sagen, was ich hier vor mir sehe. Ich sehe Eßsucht, Medikamentensucht, Beziehungssucht und Geldsucht. All diese Süchte sind sehr schlimm, aber sie können überwunden werden. Der Teufelskreis der Abhängigkeit kann durchbrochen werden. Aber erst müssen Sie sich eingestehen, daß diese Abhängigkeiten existieren. Wenn Sie Hilfe wollen, dann müssen Sie aufhören zu leugnen, daß Sie süchtig sind."

Der Elefant im Wohnzimmer donnerte nicht los. Er atmete nur sehr, sehr schwer, als er sich auf die Füße stemmte und, treulich gefolgt von Stephanie, zur Tür hinausstampfte.

Die Verleugnung durchbrechen

Verleugnung ist nicht immer so dramatisch oder so undurchdringlich wie im Falle der Greens, aber irgendeine Form von Verleugnung spielt im Teufelskreis der Abhängigkeit immer eine Rolle. Verleugnung hält den Teufelskreis der Abhängigkeit in Bewegung. Verleugnung hält eine Person davon ab, den Elefanten im Wohnzimmer wahrzunehmen. Verleugnung macht es unmöglich für einen Arzt, einem Süchtigen zu helfen, oder für den Süchtigen, sich selbst zu helfen.

Die meisten Menschen, selbst diejenigen, die bereitwillig zugeben, daß sie ein Problem haben, sind sich nicht darüber im klaren, wie tief ein Eßzwang geht. Das Paradoxe an der Situation ist, daß das Essen zwar ein Problem darstellt, aber nicht das eigentliche Kernproblem. Die Leute meinen, ihr Problem sei das Essen, während es in Wirklichkeit in Abhängigkeit, Liebes-Hunger oder Depressionen besteht. Und auf verdrehte Weise kann das Eingeständnis der Eßsucht eine besondere Form der Verleugnung sein, nämlich eine Verleugnung des tieferen Problems. „Wenn ich nur fünfzig Pfund abnehmen kann, dann werden meine Eheprobleme verschwinden!" Also muß die erste Station auf dem Weg zur Heilung das Durchbrechen der Verleugnung sein.

Spieglein, Spieglein an der Wand

Wenn Sie sich in Therapie befänden, dann würde an einem bestimmten Punkt der Therapeut einen Vorstoß machen, Ihnen als Spiegel zu dienen und zu sagen: „Das ist es, was ich sehe."

Menschen mit Eßstörungen sehen sich selbst als schwerer oder leichter, als sie in Wirklichkeit sind – und das ist ein Bestandteil der Verleugnung, dieses Schlüsselaspektes bei Süchten. Nehmen wir einen alkoholsüchtigen Menschen. Er nimmt sich selbst nie als wirklich betrunken wahr. In einem Behandlungszentrum für Alkoholiker wird die vom Patienten angegebene Trinkmenge automatisch mit drei multipliziert. Wenn der Patient sagt: „Ich trinke so etwa fünf bis sechs Bierchen am Abend", dann wird man im Behandlungszentrum davon ausgehen, daß es wahrscheinlich fünfzehn sind. Jede Sucht zerstört die Fähigkeit eines Menschen, sich selbst objektiv wahrzunehmen.

Und das gilt in gleichem Maße für Magersüchtige und übermäßige Esser. Wenn eine fünfundachtzig Pfund schwere Patientin ihrem Therapeuten sagt: „Ich muß noch ein wenig abnehmen", dann wird er sagen: „Mir ist klar, daß Sie das nicht wahrnehmen können, und wenn ich es sage, wird es auch nicht helfen, aber wir müssen uns darüber klarwerden, daß Sie in gefährlichem Maße abgemagert sind."

Wir erinnern uns alle an die Geschichte von Schneewittchen. Der Spiegel an der Wand hat die böse Königin nicht belogen, und sie ließ sich durch ihre Wut zu einem Mordversuch verleiten. Doch die Wahrheit, die Ihnen Ihr menschlicher Spiegel sagt, muß kein bedrohlicher Feind sein, der Sie wütend macht. Die Wahrheit kann der Schlüssel zu Ihrer Heilung sein. Nur wenn Sie die Wahrheit über Ihr Eßverhalten kennen, können Sie sich aus dieser Gefangenschaft befreien.

Obwohl also die böse Königin sich durch die Wahrheit, die sie in ihrem Spiegel sah, zum Mord verleiten ließ, und obwohl Bob Green aus der Therapie flüchtete, als er mit einem Spiegel konfrontiert wurde, der ihm seine vielfältigen Abhängigkeiten vor Augen führte, können Sie die Wahrheit über Ihre eigenen Abhängigkeiten dazu gebrauchen, die Verleugnung zu durchbrechen. Bobs Sohn Larry tut genau das. Er setzt die Therapie fort und macht gute Fortschritte, aus dem Teufelskreis der Abhängigkeit auszubrechen, in dem er gefangen war.

Der Teufelskreis der Abhängigkeit

Ein Problem zu verstehen, ist immer der erste Schritt dazu, es zu überwinden. Als Ralph, dem seine Kollegen den Spitznamen „Yo-Yo-Mann" gaben, zu uns kam, um sich bei seiner Eßsucht helfen zu lassen, hatte er die sechs Stufen der Abwärtsspirale einer Sucht noch nicht durchschaut, obwohl er seinen Alkoholismus mit Hilfe der Anonymen Alkoholiker bereits unter Kontrolle hatte.

Liebes-Hunger

Wir erklärten Ralph, daß Liebes-Hunger der Auslösemechanismus ist, der den Teufelskreis der Abhängigkeit in Gang setzt wie der erste Dominostein in einem Kreis aufgestellter Steine, der, wenn er umfällt, alle anderen nacheinander auch zu Fall bringt. Doch bei einem Kreis von Dominosteinen wäre die Sache vorbei, wenn alle umgefallen sind, im Teufelskreis der Abhängigkeit aber gehen die Stufen immer weiter im Kreis herum, stoßen einander an und ziehen den Süchtigen tiefer und tiefer in seine Abhängigkeit hinein.

Wie Sie festgestellt haben, als Sie den Beziehungs-Fragebogen im letzten Kapitel ausfüllten, beginnt Liebes-Hunger meistens in der Kindheit. Jeder Mensch, der in einer gestörten Familie aufgewachsen ist, wird wahrscheinlich einen beträchtlichen Liebes-Hunger entwickelt haben, bis er das Erwachsenenalter erreicht; doch auch im späteren Leben kann man in den Teufelskreis der Abhängigkeit geraten. Eine gescheiterte Liebesbeziehung, eine schwere Enttäuschung, ein Trauma am Arbeitsplatz, eine entstellende Krankheit – all diese Dinge können den Fall der Dominosteine auslösen.

Niedrige Selbstachtung (Emotionaler Schmerz)

Eine niedrige Selbstachtung weist als Symptom darauf hin, daß man eine Kindheit verbracht hat, die arm an Liebe war. Niedrige Selbstachtung wird als Schmerz empfunden, und man sucht nach einem Betäubungsmittel, um die Qual der fallenden Dominosteine zu dämpfen.

Kaum hatten wir dies Ralph erläutert, verstand er, wovon wir sprachen. „Ja, das weiß ich nur zu gut. Wissen Sie, gerade letzte Woche habe ich geträumt, ich wäre wieder in der dritten Klasse, und die anderen Kinder lachten über meine Kleidung. Ich spüre jetzt noch, wie ich innerlich zusammenschrumpfte."

Der süchtigmachende Stoff (Essen als Betäubungsmittel)

Auf der Suche nach einem Weg, den Schmerz erträglicher zu machen, greifen die Menschen zu einem Rauschmittel, das ihren Schmerz betäuben soll, wenn es auch nur für eine kurze Zeitspanne ist. Für manche ist das Alkohol; für andere Drogen, Sex, Jähzorn oder Verschwendung. Für noch andere – nämlich diejenigen, an die sich dieses Buch richtet – ist es das Essen.

Im zweiten Kapitel haben wir bereits erläutert, wie Essen

als Beruhigungsmittel wirken kann, indem es entweder einfach den Blutzuckerspiegel anhebt oder die Produktion gewisser neurochemischer Substanzen, der sogenannten Endorphine, steigert. Und wir haben erklärt, wie sich die ständige Beschäftigung mit Essen und Diäthalten einsetzen läßt, um jede geistige oder emotionale Auseinandersetzung mit anderen Faktoren im Leben des Betreffenden abzublocken. Wer das tut, benutzt Essen als Mittel zur Selbsthypnose. Schließlich gibt es noch das äußerste Extrem im Mißbrauch des Essens als Betäubungsmittel – nämlich so lange zu essen, bis man bewußtlos wird. Das ist genauso, wie wenn ein Alkoholiker bis zur Bewußtlosigkeit trinkt, weil die vorher auftretenden Stadien der Euphorie und Stumpfheit nicht mehr ausreichen, um seinen Schmerz zu lindern.

Zudem ist Essen nicht nur ein Betäubungsmittel, sondern gleichzeitig auch der Treibstoff, der den Teufelskreis mit all seinen schmerzhaften Folgen in Bewegung hält. Der Eßsüchtige benutzt Essen als Betäubungsmittel, um den Schmerz zu bekämpfen, und gleichzeitig als Mittel zur Selbstbestrafung, um Schmerz zu erzeugen. Diese Doppelfunktion des Essens kann dazu führen, daß eine Sucht sich fortsetzt wie eine Endlosschleife. Je mehr die Betreffenden essen, um ihren Schmerz zu bekämpfen, desto mehr bestrafen sie sich selbst.

Lange Zeit haben wir Trinker verurteilt, zwanghaftes Essen aber geduldet. „Schließlich", sagen die Leute, „essen wir ja alle – besonders auf Gemeindefesten –, und das Essen behindert nicht unser Handeln." Es stimmt, daß man normalerweise zuviel essen und trotzdem noch Auto fahren kann, aber es gibt veröffentlichte Fallstudien über zwanghafte Esser, die beim Fahren Eßgelage veranstalteten und sich dann plötzlich in einer Stadt weitab von ihrer Route wiederfanden.

Ob jedoch ein Eßsüchtiger nun dieses extreme Stadium erreicht oder nicht, er muß sich in jedem Fall darüber klarwerden, daß er emotional nicht weniger geschädigt ist als ein Alkoholiker. Emotional kann das Essen sogar noch schlimmer sein. Bei den meisten Alkoholikern gibt es Zeiten, in denen sie nicht betrunken sind. Viele Alkoholiker haben zwischen ihren Trinkgelagen lange trockene Phasen. Doch die Eßsüchtigen haben nur selten eine Zeit, in der sie nicht vom Essen besessen sind. Es ist nicht ungewöhnlich für einen zwanghaften Esser, täglich oder gar mehrmals täglich zu seinem Rauschmittel zu greifen – und in der Zwischenzeit unaufhörlich daran zu denken. Selbst in Zeiten, in denen er Diät hält und abnimmt, drehen sich all seine Gedanken nur um die Abwesenheit des Essens.

Ralphs Gesicht leuchtete auf, und wir konnten sehen, daß er eine neue Ebene des Verständnisses erreicht hatte. „Ja, ich verstehe. Meine Yo-Yo-Esserei war genau das gleiche wie meine trockenen Phasen beim Trinken. Und dann wurde ich mit der einen oder der anderen Sucht wieder rückfällig – oder vielleicht mit beiden gleichzeitig." Er schwieg einen Moment nachdenklich. „Essen als Betäubungsmittel …", nickte er. „Ja, ich wußte, daß ich manchmal trank, um zu vergessen. Mir war nie klar, daß ich aus dem gleichen Grund aß … aber es stimmt. Wenn ich mich lange genug auf Omas Bohnen und Eier konzentrierte, dann hörten die höhnenden Stimmen allmählich auf.

Und später – ich glaube nicht, daß ich jemals meine Mutter in dieser psychiatrischen Klinik besucht habe, ohne hinterher ein Eßgelage zu veranstalten. Was für ein verlorenes Spiel – das Essen läßt einen für eine Weile das alles vergessen; aber wenn man dann aufwacht, sind die schmerzhaften Erinnerungen wieder da – dazu die Schuldgefühle wegen dessen, was man sich gerade selbst angetan hat."

Essen ist jedoch nicht die einzige orale Abhängigkeit, die es gibt. Eine weitere ist zwanghaftes Reden, ebenso zwanghaftes Kauen – von Kautabak, Kaugummi oder einfach durch Zähneknirschen. Rauchen, verbale Aggressivität – das zwanghafte Bedürfnis, jedes Gespräch zu dominieren –, Vulgarität, beißender Sarkasmus, beißender Humor oder zwanghaftes Lügen: all dies sind Versuche, auf oralem Wege eine innere Sehnsucht zu befriedigen.

Als wir diese vielfältigen Abhängigkeiten Ralph gegenüber erwähnten, schüttelte er den Kopf. „Junge, ich habe versucht, in drei Riesenrädern gleichzeitig zu fahren – oder vielleicht auch gleichzeitig in drei Gondeln in ein und demselben zu sitzen. Ich habe nie kapiert, daß meine Probleme mit Drogen, Alkohol und Essen in Wirklichkeit nur ein einziges Problem waren." Er schwieg einen Moment. „Aber jetzt ist mir das klar. Wenn die anderen Kinder mich quälten, lief ich heim zu Oma, und sie gab mir etwas zu essen. Jahre später, als mich niemand mehr verspottete, aß und trank ich immer noch, weil ich immer noch auf dem Riesenrad saß."

Wenn der Teufelskreis der Abhängigkeit außer Kontrolle gerät, bekommt der zwanghafte Esser die Konsequenzen zu spüren.

Konsequenzen

Fettleibigkeit raubt Lebensfreude. Wer Übergewicht hat, wird feststellen, daß seine Aktivitäten drastisch eingeschränkt sind. Sport und körperliche Erholung werden ihm lästig, schwierig und schließlich unmöglich. Das bringt einen eigenen Teufelskreis mit sich. Auch Reisen werden schwieriger, wenn nicht gar unmöglich, wenn der Betreffende nicht mehr bequem in die Sitze von Bussen oder Flugzeugen paßt. Und in extremen Fällen kann es so weit kommen, daß selbst leichte Hausarbeit oder Treppensteigen als „zuviel Arbeit, um der Mühe wert zu sein", empfunden werden. Auf unserem ersten Fußpfad werden wir die gesundheitlichen Gefahren des Übergewichts im einzelnen erörtern. Hier mag es genügen zu sagen, daß die Auswirkungen der Fettleibigkeit auf Ihre Gesundheit katastrophal sind und daß fortgesetztes übermäßiges Essen mit Sicherheit Ihr Leben verkürzen wird.

Immer wieder berichten Patienten auch davon, daß sie wegen ihrer Fettleibigkeit im Beruf benachteiligt sind. Statistische Untersuchungen zeigen, daß übergewichtige Menschen seltener eingestellt bzw. befördert werden oder seltener

Gehaltserhöhungen bekommen. Erinnern Sie sich an die Mythen über Fettleibigkeit, von denen wir gesprochen haben – „Übergewichtige sind faul. Übergewichtige sind ineffizient. Übergewichtige sind dumm." So unfair sie auch sein mögen, diese Mythen sind verbreitet und können zu drastisch niedrigeren Gehältern für dicke Leute führen.

Und als ob das noch nicht genug wäre, leiden dicke Menschen auch unter zwischenmenschlicher Ablehnung in romantischen Beziehungen, Freundschaften und häufig sogar innerhalb ihrer Familien. All dies bringt die Dominosteine noch schneller zu Fall, indem es die Selbstachtung noch weiter absinken läßt.

Wir können die Konsequenzen der zwischenmenschlichen Ablehnung nicht stark genug betonen. Die Einsamkeit bringt mehr Patienten zu uns als irgendeine andere Folge der Fettleibigkeit. Denken Sie an Ihren Beziehungs-Fragebogen. Fragen Sie sich: *Isoliere ich mich und weiche ich Menschen aus? Weichen die Menschen mir aus?*

Wir warteten auf Ralphs Reaktion auf unsere Erörterung der Konsequenzen seiner Abhängigkeit. „Ich glaube, in dem Punkt habe ich Glück gehabt – erst zog mich die Armee ein und ließ mich den Speck abstrampeln. Den Motorrad-Jungs war es egal. Und mein Chef in der Computerfirma hält mehr von mir als ich selbst. Oh –", er hielt plötzlich inne und warf den Kopf hoch, „das ist es, nicht wahr? Ich schlucke diese Mythen schon selber, wenn ich mir nicht zutraue, befördert zu werden, stimmt's? Komisch, was man selbst über sich denkt, ist schwerer zu ändern als das, was andere über einen denken!"

Wir stimmten Ralphs Analyse zu, denn es sind die inneren Konsequenzen der Spirale, die den Süchtigen in Schuld- und Schamgefühle treiben.

Menschen, die im Teufelskreis der Abhängigkeit gefangen sind, ächzen unter einer Last aus falschen, selbstauferlegten Schuld- und Schamgefühlen. Oft sind es die Eltern, die ein Kind in diese Haltung der Scham bringen, indem sie ihm immer wieder sagen: „Du solltest dich schämen!" „Diese Belohnung hast du gar nicht verdient!" „Schäm dich!" Doch der ernste, ja gefährliche Punkt ist erreicht, wenn ein Mensch sich selbst sagt: *Ich verdiene es nicht, glücklich zu sein. Ich verdiene es nicht, ein sexuelles Wesen zu sein. Ich verdiene es nicht, gesund zu sein. Ich verdiene es nicht, finanziell gesichert zu sein.* Ralph ergänzte unsere Liste aus seiner eigenen Erfahrung: „Ich verdiene es nicht, erfolgreich zu sein. Ich verdiene diese Beförderung nicht."

Solche Scham kann entweder aus falschen Schuldgefühlen hervorgehen, die wegen Dingen entstehen, auf die wir keinen Einfluß hatten, oder aus übertragenen Schuldgefühlen, etwa wenn das Kind eines Alkoholikers sich wegen seines trinkenden Vaters schuldig fühlt. Zwanghafte Esser haben eine doppelte Last an Schuldgefühlen zu tragen, weil sie sich für ihre Fettleibigkeit und ihr übermäßiges Essen selbst und obendrein für die Verhältnisse in ihrer Ursprungsfamilie schämen. Beides fließt zusammen, und das Gefühl der Scham nimmt überwältigende Ausmaße an. Welche Auswirkungen diese Last der Scham hat, läßt sich daran ablesen, daß die meisten Ärzte der Auffassung sind, das auf irgendeiner Ebene alle Süchte durch Scham bedingt sind.

Die letzten Dominosteine kommen zu Fall, wenn die falschen oder übertragenen Schuldgefühle die Scham anstoßen, so daß beide Schwung bekommen und zum Selbsthaß führen.

87

Selbsthaß

Das Beispiel des König Ödipus zeigt, daß Selbsthaß zu selbstzerstörerischem Handeln führt – er trug die Schuld, Unheil über sein Volk gebracht zu haben, und die Scham, unwissentlich Inzest mit seiner Mutter begangen zu haben. Wie der König von Theben sich mit eigenen Händen die Augen herausriß, um sich zu bestrafen, wird sich ein Süchtiger in diesem Stadium buchstäblich gegen sich selbst wenden. Der Betroffene verspürt die falschen Schuldgefühle, und die Scham wird unerträglich. Er muß sie entweder bekennen und so einem anderen aufladen oder in sich tragen und ihr wachsendes Gewicht sich selbst aufladen. Und an dieser Stelle wird jemand, der sich selbst haßt, sich gegen sich selbst wenden und sich für die Selbstzerstörung entscheiden. Von dem Stadium der Scham, in dem er sagt: *Ich verdiene es nicht, glücklich zu sein,* geht der Süchtige nun weiter zu der Aussage: *Ich verdiene es nicht zu leben.*

„Ich wußte, daß es, rein körperlich gesehen, pures Glück war, daß ich noch am Leben war – so wie ich meinen Körper mißbrauchte", sagte Ralph. „Aber wenn ich mit meiner Harley mit Geschwindigkeiten, bei denen selbst den anderen Jungs angst und bange wurde, über die verrücktesten Strecken fuhr, hatte ich nie eine Ahnung, daß dahinter ein emotionaler Todeswunsch steckte."

Wir nennen Süchte manchmal emotionalen Krebs. Bei Krebs richtet der Körper seine eigenen Wachstumsprozesse gegen sich selbst und beginnt, sein eigenes Gewebe aufzufressen. Emotionaler Krebs kann ebenso zerstörerisch und tödlich sein.

Je mehr sich Süchtige schämen, desto mehr sagen sie sich selbst: *Ich habe kein Recht, meinen Zorn gegen andere zu richten,* und richten ihn deshalb gegen sich selbst. Dieser Selbsthaß höhlt eine hungrige Leere im Herzen des Süchtigen aus, vergrößert die Höhle des Liebes-Hungers und stößt um sich, um wieder einmal die Dominosteine zu Fall zu bringen.

Oft ist es geradezu wie eine Erleuchtung, wenn einem

Patienten das Verständnis für den Teufelskreis der Abhängigkeit aufgeht. Wenn das Licht des Begreifens durch die dunklen Wolken der Furcht und Depression bricht und den Himmel mit seinem vielfältigen Leuchten erfüllt, sagen die Patienten oft: „Jetzt verstehe ich! Das ist genau der endlose Kreislauf, in dem ich gefangen war – und ich wußte nicht, was mit mir los war. Jetzt ist mir klar, warum ich da nie herausgekommen bin!"

Und das Ermutigendste an dieser lebensverändernden Erfahrung ist, daß der Patient weiß, daß er nicht verrückt oder abnormal ist. Er leidet nur unter der unvermeidlichen Wirkung des Kreises. Den Patienten wird klar, daß es kein Wunder ist, daß sie nie frei wurden, solange sie immer nur gegen eine oder zwei Stationen des Kreises ankämpften (normalerweise gegen die zweite Station – den süchtigmachenden Stoff, das Essen).

Ein Mensch sagt vielleicht: „Ich packe es an. Diese Völlerei hat jetzt ein Ende." Doch wenn der Betreffende sich nur mit einem einzigen Punkt des Kreislaufes befaßt, häufen sich die anderen (die Konsequenzen jahrelang gestörten Eßverhaltens, Liebes-Hunger, Schuld- und Schamgefühle, Selbsthaß) weiterhin auf, bis der Schmerz so groß wird, daß nur noch die Flucht zurück zum süchtigmachenden Stoff bleibt.

Für Menschen mit einem starken christlichen Hintergrund kann das besonders schwer sein. Sie gelangen bis zur vierten Station (Schuld- und Schamgefühle) und sagen: „Ich werde einfach zu Gott beten, daß er meine Schuld und Scham wegnimmt, und dadurch wird mein zwanghaftes Essen wie von selbst verschwinden." Es ist wahr, daß Gott die Schuld fortnimmt, mit der alle Menschen als Angehörige einer gefallenen Rasse auf die Welt kommen. Doch dies ist nur eine Station in dem Kreislauf, und wenn wir uns nicht auch mit den anderen fünf Stationen befassen, wird der Betroffene wieder in den Kreislauf hineingezogen werden.

„Es war nie ein großes Problem für mich, mit dem süchtigmachenden Stoff, wie Sie es nennen, fertig zu werden", sagte Ralph. „Wenn ich mich einmal entschlossen hatte, mir die

Medikamente oder das Essen abzugewöhnen, dann konnte ich einen kalten Entzug machen. Aber ob das gut war oder nicht, weiß ich nicht. Vielleicht wurde es dadurch sogar schwerer für mich, mir über all die emotionalen Probleme klarzuwerden. Doch so, wie Sie es erklären, ergibt es wirklich einen Sinn."

Wir gaben Ralph eine Skizze des Teufelskreises der Abhängigkeit mit nach Hause, damit er seine Selbstanalyse fortsetzen konnte, wann immer verborgene Erinnerungen an die Oberfläche kamen. Wir rieten ihm eindringlich, das geschehen zu lassen, die Erinnerungen weder heraufzuzwingen noch schmerzliche Erinnerungen zu unterdrücken. Dieses Verständnis für sich selbst würde die Grundlage für seine Heilung sein, deshalb durfte es nicht künstlich beschleunigt werden.

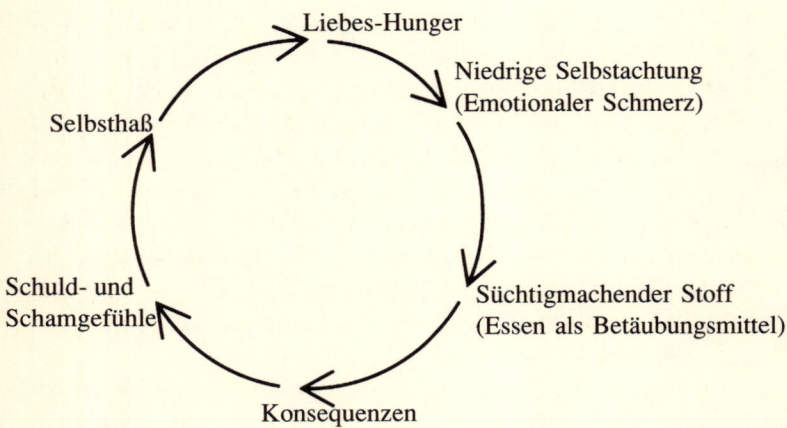

Die Stufen zwanghaften Essens

Wie der Teufelskreis der Abhängigkeit, so ist auch der Akt des zwanghaften Essens selbst eine verrückte Spirale. Wie die meisten Abhängigkeiten ist zwanghaftes Essen chronisch und fortschreitend. Es fängt vielleicht harmlos an, doch im Laufe der Monate und Jahre läßt sich ein unaufhaltsames Fortschreiten beobachten. Am Anfang spielt das Essen vielleicht nur eine Rolle, um sich zu erholen oder um etwas zu feiern. Dann fangen Menschen an, jedes Wochenende Gelage zu halten, dann jeden Abend, und irgendwann stellen sie fest, daß sie ständig übermäßig essen.

Dieser Ablauf ist nicht absolut zu sehen. Wie beim Alkoholismus gibt es auch beim zwanghaften Essen Leute, die nur zeitweise ihrer Sucht nachgeben. Tage- oder wochenlang essen sie mäßig, dann halten sie ein Gelage, bleiben wieder tage- oder wochenlang mäßig, bis sie erneut aus der Spur geraten. Doch in den meisten Fällen liegt das Muster einer stetig abwärtsführenden Spirale vor.

So war es bei Barbara, die in ihrer Kindheit anfing zu essen, um ihre Angst und Isolation zu lindern. Unter dem Druck am College verschlimmerten sich diese Phasen des übermäßigen Essens und Entleerens. In ihrer Ehe beschleunigte sich das Fortschreiten dann plötzlich dramatisch. In dem Jahr, bevor Tom sie verließ, schoß ihr Gewicht ins Unermeßliche, und Barbara zog sich von ihrer Umgebung zurück. Im ersten Kapitel sahen wir Barbara in der schnell fortschreitenden Spätphase einer Eßsucht; sie hatte den Gipfelpunkt der Achterbahn überschritten, und ihr Sturz nach unten war außer Kontrolle.

Die beschleunigenden Faktoren des Teufelskreises der Abhängigkeit, den wir gerade beschrieben haben, waren vorwiegend emotionaler Natur, aber übermäßiges Essen kann auch körperlich abhängig machen. Die Ernährungswissenschaftlerin Dr. Sharon Sneed erinnert uns daran, daß nach dem fünfundzwanzigsten Lebensjahr unser Stoffwechsel-Grundumsatz alle zehn Jahre um zwei Prozent abnimmt.

Wenn zum Beispiel ein Mensch mit zwanzig Jahren 2 000 Kalorien am Tag verbraucht, müßte er seine Energieaufnahme bis zum fünfzigsten Lebensjahr auf 1 880 Kalorien senken, um sein Gewicht zu halten. Die Energieaufnahme um 120 Kalorien pro Tag zu senken, scheint keine große Schwierigkeit zu sein, aber im Laufe eines Jahres multiplizieren sich schon 100 Kalorien pro Tag zu zehn Pfund Gewicht.

Dr. Paul Meier hatte genau dieses Problem. „Ich bin ungefähr einen Meter fünfundneunzig groß. Auf dem College hatte ich immer zehn bis fünfzehn Pfund Untergewicht, und ich konnte essen, was ich wollte; ich nahm einfach nicht zu. Meine Freunde zogen mich auf, weil ich so dünn war. Also trainierte ich Gewichtheben und nahm Proteintabletten und konnte so mein Gewicht steigern und halten, solange ich sportlich aktiv blieb. Als ich anfing, Medizin zu studieren, saß ich nur noch herum und lernte hundert Stunden in der Woche, und plötzlich nahm ich zehn Pfund im Jahr zu."

Ein verbreitetes Problem für Frauen ist der Mythos „Ich kann nach einer Schwangerschaft nicht abnehmen." In Wirklichkeit hat sich die werdende Mutter während der Schwangerschaft lediglich daran gewöhnt, zwei- bis dreihundert Kalorien mehr am Tag zu sich zu nehmen, und wahrscheinlich vier- oder fünfhundert Kalorien mehr während der Stillzeit. Sie hat sich angewöhnt, mehr zu essen, und es ist schwer, diese Gewohnheit wieder abzulegen.

Diese einfachen Gewohnheiten können übermäßiges Essen verursachen. Viele Patienten sind deprimiert darüber, daß ihr Gewicht, das bisher nie ein Problem für sie war, mit zunehmendem Alter und veränderten Sorgen plötzlich außer Kontrolle zu geraten scheint. Diese Entmutigung kann zu einem sinkenden Selbstwertgefühl führen, und wenn dazu noch Belastungen in der Familie oder im Beruf kommen, kann das einen Menschen, der bisher kein zwanghafter Esser war, dazu bringen, eine emotionale Abhängigkeit vom Essen zu entwickeln und die ersten Stufen der Eßsucht zu betreten.

Besondere Sucht-Auslöser

Jede Sucht hat ihre Auslöser – bestimmte Substanzen oder Situationen, die bei dem Süchtigen einen unbeherrschbaren Drang nach seinem Suchtverhalten verursachen. Bei Eßsüchtigen sind Zucker und Schokolade die häufigsten Auslöser, doch das ist individuell verschieden; Barbara etwa sprach besonders auf Pommes frites an.

Zucker

Von allen stimmungsverändernden, süchtigmachenden Nahrungsmitteln ist Zucker das verbreitetste, sowohl in dem Sinne, daß er die größte Anzahl von Menschen betrifft, als auch in dem Sinne, daß er in unserer Ernährung am häufigsten vorkommt. Denken Sie an den unnötigen Überfluß an Zucker in Süßigkeiten, Frühstücksflocken, Fertiggerichten, Säuglingsnahrung und Getränken, um nur einiges zu nennen.

Zu der Allgegenwart des Zuckers kommen erschwerend seine stark stimmungsverändernden Eigenschaften. Viele Menschen sagen, daß Zucker besser gegen Depressionen und Langeweile hilft als irgendein anderes Nahrungsmittel und überdies ein schneller Energielieferant ist. Leider sind diese verlockenden Wirkungen nur kurzlebig: Glucose wird im Körper schnell umgewandelt, so daß der Körper nach mehr Zucker verlangt und sich die Suchtspirale zu drehen beginnt.

Die meisten Leute kennen seit langem die anregende Wirkung des Zuckers. Doch neueste Untersuchungen zeigen, daß Zucker auch ein Beruhigungsmittel sein kann. Mary, eine Kindergärtnerin, wandte sich mit ihrem Problem an Dr. Sneed: „Ich bin für einen ganzen Raum von Fünfjährigen verantwortlich, und ich kann einfach nach dem Mittagessen nicht wach bleiben. Gestern bin ich tatsächlich eingenickt und erwischte sie zehn Minuten später beim Fingermalen mit den Wasserfarben."

Dr. Sneed bat die Kindergärtnerin, eine Woche lang über die Nahrungsmittel, die sie zu sich nahm, Buch zu führen, und entlarvte dann den Orangensaft, den Mary täglich zum Mittagessen trank, als den Übeltäter. „Ein Glas natürlicher Orangensaft enthält eine stattliche Dosis Zucker", erklärte Dr. Sneed. „Orangensaft besteht aus Fructose. Haushaltszucker besteht zur Hälfte aus Fructose und zur Hälfte aus Glucose. Die Glucose wird sehr schnell verarbeitet – man nennt das aktiven Transport. Die Fructose oder der Fruchtzucker wird durch einen Prozeß namens Diffusion absorbiert. Deshalb gerät die Fructose langsamer und kontrollierter in den Blutkreislauf."

Sharon Sneed erklärt weiter: „Man kann nicht regelrecht wissenschaftlich beweisen, daß der Mensch immer mehr Zucker braucht, je mehr er davon ißt, aber manche Ernährungswissenschaftler halten das in Anbetracht aller Daten für eine haltbare Theorie. Im übrigen ist es wichtig, sich klarzumachen, daß chemisch gesehen Zucker gleich Zucker ist. Ob es sich nun um Honig, braunen Zucker, weißen Zucker, Melasse oder auch Apfelsaft handelt, man tut gut daran, seinen Zuckerverbrauch unter Kontrolle zu halten und auf stimmungsverändernde oder andere körperliche Wirkungen zu achten, die er auf den Stoffwechsel ausüben kann.

Viele Mitglieder der „Overeaters Anonymous" (OA – Anonyme Eßsüchtige) identifizieren Zucker als auslösendes Nahrungsmittel. Vielleicht achten sie ansonsten nicht so streng auf ihre Ernährung, aber sie haben herausgefunden, daß sie sich von Zucker fernhalten müssen. Je mehr sie davon essen, desto mehr brauchen sie. Sobald sie erneut Zukker zu sich nehmen, geraten sie wieder auf den glitschigen Abhang des Teufelskreises der Abhängigkeit.

Schokolade

Schokolade ist der zweithäufigste Auslöser, und über diese Substanz sind einige faszinierende Untersuchungen angestellt worden. Wenn Menschen ihre Gefühle für Schokolade beschreiben, gebrauchen sie meistens den Ausdruck „lieben": „Ich liebe Schokolade." Interessanterweise haben Wissenschaftler jetzt festgestellt, daß diese Wortwahl gar nicht so abwegig ist. Das „New York State Psychiatric Institute" veröffentlichte eine Studie von Dr. Donald Klein und Dr. Michael Liebowitz, die zeigt, daß im Körper eines verliebten Menschen eine Substanz namens Phenylethylamin produziert wird. Schokolade enthält eine geballte Ladung Phenylethylamin. Wenn also jemand sagt, daß er Schokolade „liebt", dann ist das nicht nur eine Metapher.

Und eine weitere Untersuchung, die Dr. Sharon Sneed in ihrem Buch über die Streßbelastung in den Tagen vor der Menstruation zitiert, deutet darauf hin, daß Frauen, die unmittelbar vor ihrer Monatsblutung Heißhunger auf Schokolade verspüren, möglicherweise eigentlich nach dem hohen Magnesiumgehalt der Schokolade lechzen. In solchen Fällen scheint die Einnahme von Magnesiumpräparaten die Lust auf Schokolade zu verringern.

Situationen

Zwanghafte Esser müssen auch Situationen identifizieren, die einen Anfall von Eßsucht auslösen, und sich dagegen wappnen. Wir werden später noch ausführlicher darüber sprechen, wie man mit solchen Situationen umgehen kann. Im Moment ist es wichtig, daß Sie die Situationen erkennen, die möglicherweise Ihr Eßverhalten beeinflussen.

Die meisten zwanghaften Esser setzen Familienzusammenkünfte an die Spitze ihrer Gefahrenliste, besonders an Festtagen. Das gemeinsame Essen in der Familie ist von vielen Mythen umwoben, wie etwa von dem oft unausgesprochenen Gedanken: „Eine Familie, die sich zusammen überfrißt, bleibt auch zusammen." Für Menschen aus gestörten Familien können Feiertage wie der Muttertag oder der Vatertag ein gewaltiges Problem darstellen. Einer unserer Patienten berichtete, wie er am Montag nach dem Muttertag an einem Treffen der „Anonymen Eßsüchtigen" teilgenommen hatte: „Es gab zwei Gruppen unter uns: die Lächelnden und die Stöhnenden. Ich war ganz gut damit fertig geworden. Ich hatte schon vorher über den Feiertag nachgedacht, ihn sogar mit meinem Arzt durchgespielt. Ich wußte, was ich sagen und was ich essen würde. Es war nicht allzu schlimm. Ungefähr der Hälfte der Leute im Raum war es ebenso ergangen wie mir. Die anderen sagten: ‚Na ja, es war ziemlich schrecklich. Ich habe verloren. Aber nächstes Jahr werde ich es besser machen!'"

Partys und Festessen, besonders solche, die mit dem Beruf oder der Firma zu tun haben, können durch den sozialen Druck, zu essen, zu trinken und zu feiern, eine besondere Gefahr darstellen – schließlich zahlt der Chef die Rechnung. In Wirklichkeit muß jedoch der zwanghafte Esser dafür bezahlen, denn er muß die Konsequenzen tragen.

Schon an einem Schnellimbiß vorbeizufahren kann ein Auslöser sein. Wenn Ihr Heimweg von der Schule oder von der Arbeit (auf dem Sie vielleicht ohnehin müde, hungrig oder deprimiert sind) Sie an einem Schnellimbiß vorbeiführt, dem Sie nicht widerstehen können, müssen Sie verschiedene Möglichkeiten in Betracht ziehen. Ändern Sie Ihre Route. Versuchen Sie es mit Fahrgemeinschaften oder öffentlichen Verkehrsmitteln. Nehmen Sie einen leichten, nahrhaften Imbiß zu sich, bevor Sie losfahren. Oder hören Sie sich unterwegs eine Kassette an, die Sie von dem Auslöser ablenkt. Besonders empfehlenswert sind Kassetten mit vorgelesenen Romanen oder Sachbüchern. Eine Freundin von uns hat diese Methode angewandt, um ihre Kenntnis aller englischsprachigen Klassiker aufzufrischen, und gleichzeitig fünfzehn Pfund abgenommen. Dr. Meier hört sich Aufnahmen der King-James-Bibel an.

Die Auslösefunktion der Fernsehwerbung, die wir schon im zweiten Kapitel erörtert haben, gilt ebenso für die Werbung im Radio und auf der Kinoleinwand. Neben den optischen und akustischen Auslösern dürfen wir auch die Geruchsauslöser nicht vergessen. Der Geruch eines Nahrungsmittels kann ein starker Auslöser sein: gebratenes Hähnchen, Kaffee, Pizza.

Schließlich kann auch der Einkauf im Lebensmittelladen ein tückischer Auslöser sein. Die Versuchung könnte gar nicht größer sein: Die Lebensmittel liegen uns, nach allen Regeln der Verkaufskunst verlockend arrangiert, vor Augen. Der Käufer muß durch die Gänge gehen und die Regale studieren und ist überdies von vornherein darauf eingestellt, daß es in Ordnung ist, etwas zu kaufen. Ja, ich muß sogar etwas kaufen – es ist schließlich meine Aufgabe, etwas zu essen nach Hause zu bringen! Es gibt verschiedene Techniken, die einen Lebensmittelladen für zwanghafte Esser weniger gefährlich machen können: Erstens, gehen Sie niemals mit leerem Magen einkaufen. Wenn sie nur nach der Arbeit einkaufen können, nehmen Sie vorher einen leichten Imbiß zu sich. Zweitens, machen Sie sich eine Einkaufsliste – und halten Sie sich daran! Dadurch sparen Sie Geld und gehen dickmachenden Spontankäufen aus dem Weg. Drittens, wenn Ihre Kinder im Laden um Kekse oder Süßigkeiten betteln, lassen Sie sie zu Hause oder setzen Sie sie bei Freunden ab. Diesem Druck brauchen Sie sich nicht auszusetzen. Und schließlich, wenn Sie es einfach nicht schaffen können, lassen Sie Ihren Ehepartner oder einen Freund für Sie oder mit Ihnen einkaufen. Es ist ja nicht für ewig – nur so lange, bis Sie aus dem Teufelskreis der Abhängigkeit ausgebrochen sind.

Die meisten unserer Leser werden sich, wie auch die meisten unserer Patienten, wahrscheinlich auf einigen dieser Seiten selbst wiedererkannt haben und nun darauf aus sein, ihre Heilung in Angriff zu nehmen. Aber vielleicht sagen Sie jedoch: „Ja, mir ist klar, daß es eine ganze Menge kranker Menschen gibt, und für die ist das alles bestimmt eine große Hilfe, aber nicht für mich – ich esse einfach nur gern. Ich esse zuviel, weil es mir Spaß macht. Diesen psychologischen Kram brauche ich nicht!" Dann laden wir Sie ein, tiefer zu schürfen. Vielleicht gibt es alte Wunden, alte Probleme, die so lange im verborgenen gelegen haben, daß sie Ihnen gar nicht bewußt sind, deren Wurzeln aber dennoch verhindern, daß Sie erfolgreich abnehmen.

Dr. Sneed meint: „Wann immer ein Patient zu mir sagt: ‚Ich esse einfach nur gern' räume ich ein: ‚Schön, vielleicht ist es so.' Aber ich glaube, ich erweise dem Patienten einen schlechten Dienst, wenn ich nicht wirklich nachbohre, um zu sehen, ob sich da etwas hinter der Maske verbirgt. Im übrigen sind die Gefahren der Fettsucht für die körperliche Gesundheit so schwerwiegend, daß auch Leute, die einfach nur gern essen, sich darüber Gedanken machen sollten."

Jeder, der in einer Familie aufgewachsen ist, in der es Alkoholismus, Arbeitssucht oder Perfektionismus gab – mit anderen Worten, in einer auf irgendeine Weise gestörten Familie –, behält eine Narbe zurück, die wir Liebes-Hunger nennen. Und dieser Liebes-Hunger muß befriedigt und das leere Herz gefüllt werden, bevor die Sucht durchbrochen werden kann.

Solange der Süchtige im Teufelskreis der Abhängigkeit gefangen ist, kann er nichts anderes tun als den Schmerz gegen sich selbst richten. Im zweiten Teil dieses Buches, der sich mit der Heilung befaßt, wollen wir Ihnen zeigen, wie Sie dem Schmerz entrinnen und den Liebes-Hunger auf gesunde Weise stillen können.

Zweiter Teil:
Zehn Fußpfade
zur Genesung

Der erste Fußpfad:
Bereiten Sie den Erfolg vor

Zu den schönsten Erlebnissen auf einer Reise durch England gehört eine Wanderung über die öffentlichen Fußpfade. Die schmalen Pfade schlängeln sich durch üppiges Grün, durch blumenübersäte Wiesen, vorbei an mit Beeren beladenen Hecken oder schattigen Hainen, die an Weiden angrenzen, und manchmal sogar quer durch private Gärten hindurch. Die Verhaltensregeln sind einfach: Bleiben Sie auf den Wegen, und hindern Sie Ihren Hund daran, das Vieh zu jagen! Warum gestatten englische Bauern und Landbesitzer diese Invasion auf ihren Grund und Boden? Und warum gehen sie dabei so weit, ihre Zäune mit bequemen Überstiegen zu versehen und Hinweisschilder mit gelben Pfeilen zu bemalen, um zu dem angenehmen Zeitvertreib einzuladen, auf Fußpfaden zu wandern? Diese Pfade beruhen auf uralten Wegerechten, die den Leuten seit Jahrhunderten zustehen, und das Gesetz verlangt, daß sie offengehalten werden müssen, solange sie benutzt werden. Wenn ein Fußpfad ein Jahr lang nicht benutzt worden ist, hat der Grundbesitzer das Recht, ihn zu schließen und die Überstiege und Hinweisschilder zu entfernen. Um diesen nationalen Schatz zu erhalten, haben sich inzwischen in England zahlreiche „footpath societies" gebildet, die auf den Fußpfaden wandern, damit sie geöffnet bleiben.

Wir vergleichen die zehn Stufen unseres Heilungsprogramms für Eßsüchtige gerne mit einem Fußpfad-Abenteuer. Manchmal ist der Pfad steinig – manche der Hügel sind steil und haben gefährliche Klippen –, aber die Aussicht von der Spitze ist unvergleichlich. Hier finden Sie die Karte, die Sie brauchen, damit Ihre Reise erfolgreich wird. Doch jeder erfahrene Fußpfadwanderer kann Ihnen ein Lied davon singen, daß man vom Pfad abkommen kann oder auch meinen kann, man sei vom Pfad abgekommen – auch wenn man eine noch so gute Karte vom Fremdenverkehrsbüro hat. Der Trick besteht darin, sich die Landschaft anzuschauen, nochmals die Karte zu überprüfen und dann selbst eine vernünftige Entscheidung zu treffen, wenn man keinen anderen Wanderer findet, den man fragen kann. Bald wird man dann sicher wieder auf einen dieser beruhigenden gelben Pfeile an einem Zaunpfahl stoßen.

Dieser Teil des Buches ist eine Sammlung gelber Pfeile, die Sie auf den Fußpfaden zur Heilung leiten sollen. Fröhliches Wandern!

Vorbereitungen für die Wanderung

Der erste Schritt zu einer erfolgreichen Reise ist eine solide Vorbereitung, die Sie zum Teil schon beim ersten Abschnitt dieses Buches hinter sich gebracht haben: Sie haben die Gründe, warum Sie zwanghaft essen, identifiziert, Ihre Beziehungen nach suchtfördernden Verhaltensmustern durchforstet, die Funktionsweise des Teufelskreises der Abhängigkeit kennengelernt und die Verleugnung durchbrochen. Nun möchten wir, daß Sie sich auf die Vorbereitung zur Diät konzentrieren, zur Suchtkontrolle (das Thema des nächsten Kapitels). Wir sagen unseren Patienten oft, daß eine erfolgreiche Diät nur dann möglich ist, wenn sie unseren Aufforderungen auf der Checkliste zur Diätbereitschaft (S. 121) nachgekommen sind.

Vergewissern Sie sich,
daß Sie alle Ihre Abhängigkeiten identifiziert haben

Die meisten Menschen, die sich zwanghaft verhalten, leiden gleichzeitig unter mehreren Abhängigkeiten. Ein zwanghafter Esser kann gleichzeitig verschwendungssüchtig und jähzornig sein, wenn auch die einzelnen Zwanghaftigkeiten in unterschiedlichem Maße entwickelt sein mögen. Bevor Sie den Fußpfad „Diät" betreten, gehen Sie noch einmal Ihre Inventuren durch. Haben Sie alle Fragen so vollständig wie möglich beantwortet? Erkennen Sie jetzt Muster, die Sie beim ersten Mal übersehen haben? Es ist nicht notwendig, daß Sie mehr als ein Problem finden, aber es ist sehr wichtig, daß Sie genau wissen, womit Sie es zu tun haben; also nehmen Sie sich etwas Zeit zur Überprüfung.

Nun kommt es auf Ihre Bereitschaft an, sich von Ihrer Abhängigkeit oder Ihren Abhängigkeiten zu trennen. Zuerst klingt das wie eine klassische Zwickmühle. Vielleicht fühlen Sie sich wie einer unserer Patienten, der einmal sagte: „Moment mal! Sie erzählen mir, ich kann nicht geheilt werden, bevor ich damit aufhöre. Aber ich kann nicht damit aufhören, bevor ich geheilt bin!"

Wenn die meisten Menschen das Maß an Verständnis erreicht haben, über das Sie jetzt verfügen, wenn Sie dieses Buch bis hierher Schritt für Schritt durchgearbeitet haben, können sie ihre Abhängigkeiten in ausreichendem Maß unter Kontrolle bringen, um die ersten Schritte zur Heilung zu tun. Einige wenige unserer Patienten sind dazu nicht in der Lage. Denjenigen, die nicht zu einer zeitweiligen Abstinenz fähig sind, empfehlen wir eine stationäre Behandlung. Hier in der Minirth-Meier-Klinik haben wir eine spezielle stationäre Abteilung für Eßstörungen. Wenn Sie das Gefühl haben, daß Ihre Sucht unbeherrschbar ist, dann sprechen Sie mit Ihrem Arzt über eine solche Möglichkeit.

Die meisten Menschen jedoch sind wie Troy, ein Alkoholiker, der uns am Anfang einen Kuhhandel vorschlug: „Ich

103

werde ein Jahr lang zu Ihnen in die Beratung kommen. Wenn Sie mir bis zum Ende dieses Jahres helfen können zu verstehen, warum ich soviel trinke, dann höre ich damit auf. "

Wir erklärten ihm, daß wir im Heilungsprozeß nicht weitergehen könnten, solange er nicht aufhört zu trinken, da der fortgesetzte Mißbrauch jeglichen therapeutischen Erfolg fortspülen würde. „Wenn Sie weiterhin Alkohol mißbrauchen, während Sie in der psychologischen Beratung sind, werden Sie das, was sich in der Therapie tut, nicht richtig verarbeiten können. "

Troy konnte einsehen, daß dieser Ansatz vernünftig ist. Er war in der Lage, lange genug trocken zu bleiben (mit nur zwei Rückfällen), um ein Stadium der emotionalen Heilung zu erreichen, von dem aus dauerhafte Abstinenz für ihn möglich wurde. Bei zwanghaften Essern ist es wegen der stimmungsverändernden Wirkung des Essens genauso.

Behalten Sie immer im Auge, daß die emotionalen Probleme und die Probleme im Eßverhalten so eng miteinander verwoben sind, daß es unmöglich ist, an nur einem dieser Bereiche zu arbeiten – das wäre so, als wollten Sie aus einem Stoff, der nur Längsfäden, aber keine Querfäden hat, ein Hemd machen.

Vergewissern Sie sich,
daß Sie die Verleugnung durchbrochen haben

Wenn Menschen von einer Tragödie erfahren, dann lautet ihre Reaktion übereinstimmend: „Nein! Das kann nicht wahr sein!" Es ist menschlich zu meinen, wenn wir etwas nicht wahrhaben wollen, dann sei es nicht geschehen. Aber diese Verleugnung hat nur als Abwehrmechanismus eine Berechtigung, um einen Menschen über den ersten schrecklichen Ansturm der Trauer hinwegzubringen.

Wie wir im vorigen Kapitel gesehen haben, muß die Verleugnung durchbrochen werden, bevor die Heilung beginnen kann. Sie müssen sagen: „Ich leide an Eßsucht", um den ersten Schritt zum Verständnis und zum Verlassen des Teufelskreises der Abhängigkeit zu tun. Mit der Pforte der Verleugnung öffnen wir die Pforte zu allen Fußpfaden. Es gibt keine Heilung, wenn diese erste Pforte verschlossen bleibt.

Unsere Patienten weisen häufig eine oder mehrere der folgenden sieben Formen der Verleugnung auf. In jedem dieser Bereiche gibt es zwei Stufen. Es gibt die bewußte Verleugnung, bei der ein Patient zu sich selbst sagt: *Ich kenne die Wahrheit, aber ich gebe sie nicht zu.* Ein solcher Patient schaut dem Therapeuten gerade in die Augen und belügt ihn über seine Gefühle, verrät sich aber auf mancherlei Weise. Ebenso gibt es unbewußte Verleugnung. Ein Patient, der unbewußt leugnet, könnte einen Lügendetektortest überstehen. Er ist geradezu in einem Zustand des Gedächtnisschwundes. Wenn er sagt: „Meine Vergangenheit war normal und glücklich", glaubt er, daß er es tatsächlich so meint. Wenn dieser Gedächtnisschwund durch die Therapie durchbrochen wird, kommen die Erinnerungen zurück und können behandelt werden.

Stellen Sie fest, ob Sie mit den häufigsten Aussagen aus jedem Bereich der Verleugnung übereinstimmen, die wir auf den Seiten 107 bis 110 aufgelistet haben. Viele dieser Aussagen sind das, was John Bradshaw „rationale Lügen" nennt. Zuerst klingen sie wie gesunde, rationale Aussagen, doch in Wahrheit sind sie emotionale Lügen, die die Notwendigkeit verdecken, zurückzugehen und Schmerzen auszugraben.

Einer der besten Wege, um ganz sicherzugehen, daß kein Rest von Verleugnung zurückbleibt, der Ihre Fortschritte sabotieren könnte, besteht darin, Ihre Sucht schriftlich voll einzugestehen. Nehmen Sie sich ein sauberes Blatt Papier, vielleicht sogar Ihr persönliches Briefpapier, wenn Sie möchten, und schreiben Sie einen Brief an sich selbst. Teilen Sie sich selbst genau mit, wie Sie Ihre Sucht jetzt verstehen, warum Sie süchtig sind und was Sie dagegen tun wollen. Machen Sie reinen Tisch: *Ich bin eßsüchtig. Ich will diese Sucht aufgeben. Ich werde mein Äußerstes versuchen, um eine völlige Heilung zu erreichen.* Unterschreiben Sie das, wie Sie auch einen Brief an Ihren besten Freund unterschreiben würden, und setzen Sie das Datum darauf.

Einer unserer Patientinnen gefiel diese Idee so gut, daß sie den Brief sogar an sich selbst abschickte. Sie berichtete, als der Brief drei Tage später in ihrem Briefkasten gelandet sei, habe sie ihn aus einer frischen Perspektive lesen können und das als äußerst befreiend erlebt.

Bekennen Sie das Problem vor Gott und anderen

Die „Anonymen Eßsüchtigen" gehen nach einem zwölfteiligen Heilungsprogramm vor, bei dem der fünfte Schritt darin besteht, „vor Gott, vor uns selbst und vor einem anderen Menschen die genaue Art unseres Fehlverhaltens" einzugestehen. Das Bekenntnis vor Gott ist ein wichtiger Schritt zum Ausbruch aus der Verleugnung. Wenn wir unsere Probleme zu Gott bringen, können wir sie so sehen, wie er sie sieht, und diese neue Perspektive wird uns helfen, die Verleugnung zu durchbrechen.

Wenn wir dann das Problem aus dieser neuen Perspektive betrachtet haben, müssen wir es formulieren. Wir müssen zu Gott etwas sagen wie: „Gott, so sieht meine Situation mit diesem Verhalten aus. Ich gebe zu, daß es falsch ist, und ich gebe zu, daß ich daran arbeiten muß."

Der letzte Schritt besteht darin, unsere Fehler voreinander zu bekennen. In Jakobus 5,16 werden wir aufgefordert, unsere Sünden voreinander zu bekennen und füreinander zu beten, „daß ihr gesund werdet". Das Endergebnis dieses Prozesses ist Freiheit und Weisheit; Gott hat verheißen, daß das Erkennen der Wahrheit Sie freimachen wird, und in Psalm 51,8 sagt der Psalmist zu Gott: „Siehe, dir gefällt Wahrheit, die im Verborgenen liegt, und im Geheimen tust du mir Weisheit kund."

Typische Verleugnungs-Aussagen

Kreuzen Sie in jeder Kategorie die Aussagen an, die Sie sich selbst sagen. Dann unternehmen Sie eine bewußte Anstrengung, mit diesen Lügen aufzuhören.

Verleugnung der Tatsache, daß Gewicht und Äußeres ein Problem für Sie sind

☒ „Ich kann jederzeit abnehmen, wenn ich will; ich habe mich nur nicht zu einer Diät entschlossen."

☐ „Ich esse wie jeder andere auch. Aber mein Stoffwechsel ist langsam, und meine Familie hat einen schweren Knochenbau."

☐ „Mein Gewicht macht mir nichts aus. Die Leute merken es gar nicht – sie beurteilen mich nach dem, was in mir steckt."

☐ „Mein Arzt sagt, daß ich abnehmen muß, aber was wissen schon Ärzte? Wenn ich nicht an Übergewicht sterbe, dann an Krebs oder Umweltverschmutzung oder indem ich vor einen Bus laufe. Da gehe ich doch lieber ein Eis mit Schokoladensoße essen."

☒ „Wenn ich bereit bin, abzunehmen, werde ich es anpacken und durch Willenskraft schaffen."

Verleugnung des Schmerzes in der Ursprungsfamilie

☐ „Vorbei ist vorbei. Ich habe vergessen, wie es in meiner Kindheit in meiner Familie zuging."

☐ „Natürlich war es nicht leicht in meiner Familie. Aber ich habe diesen Schmerz vergraben, und niemand kann mich dazu bringen, ihn wieder auszugraben." Diese Einstellung nennen wir „militante Verleugnung". Der Schmerz ist vergraben, aber das ist vergleichbar mit vergrabenen toxischen Chemikalien. Die Kanister sind zwar nicht zu sehen, aber schließlich steigt ihr giftiger Inhalt doch wieder an die Oberfläche.

☐ „Meine Eltern haben ihre Sache gemacht, so gut

sie konnten. Ich kann ihnen keinen Vorwurf für das machen, was aus mir geworden ist."

□ „Die Leute sagen mir, ich müßte lernen, zu meiner Mutter nein zu sagen. Sie ruft mich jeden Tag an, aber ich genieße diese Geborgenheit. Sie versucht, mir beim Abnehmen zu helfen. Sie hält mir jeden Tag Vorträge und beklagt sich nie über die teuren Ferngespräche."

Verleugnung des Schmerzes in gegenwärtigen Beziehungen

□ „Ich liebe meine Frau. Sicher, wir kämpfen wie Katze und Hund – aber tun das nicht alle?" (Ihr Verleugnungsmechanismus wird Ihnen stets weiszumachen versuchen, daß der Status quo normal sei.)

□ „Ich könnte mir keinen besseren Ehemann wünschen. Er arbeitet viel und ist oft außer Haus, aber das liegt nur daran, daß er gut für uns sorgen will. Unsere Beziehung hat nichts mit meinem Gewicht zu tun."

☒ „Es gibt keinen Zusammenhang zwischen meinem Eßverhalten und meinen Beziehungen zu anderen Menschen.

☒ „Ich weiß, ich habe Angst vor Verabredungen mit dem anderen Geschlecht und davor, im Beruf selbstsicher aufzutreten. Aber ich sage mir immer wieder, wenn ich nur abnehmen würde, dann würde alles besser klappen." (Das ist der alte Versuch, das Pferd vom Wagen ziehen zu lassen – der Patient kehrt die Dinge um. Doch die Beziehungen müssen in Ordnung kommen, bevor man das Eßverhalten in den Griff bekommen kann.)

□ „Meine Beziehungen zu Hause und bei der Arbeit sind eine Katastrophe. Aber was hat das mit der Tatsache zu tun, daß all die verschiedenen Diäten nie funktioniert haben? Ich weiß, daß ich eines Tages die richtige Diät finden werde, die wirklich funktioniert." (Diese Einstellung nennen wir „magisches Denken" – die richtige Formel wird es bringen.)

Verleugnung des Liebes-Hungers

☑ „Ich bin ein glücklicher Mensch. Ich verstehe nicht, warum Sie darauf beharren, meine emotionalen Bedürfnisse seien unbefriedigt, nur weil ich dieses Übergewicht habe." (Dies ist ein Signal für eine sogenannte lächelnde Depression. Viele unglückliche Menschen setzen ein Lächeln auf, das beinahe strahlend genug ist, um nicht nur anderen, sondern auch sich selbst etwas vorzumachen.)

☐ „Ich würde sagen, ich habe so ziemlich die Liebe empfangen, die ich verdiene. Von meinen Eltern habe ich nicht viel bekommen, aber das war wohl mein Fehler — ich habe ihnen wohl nie viel Freude gemacht."

Verleugnung des Zorns

☐ „Sie sagen, ich esse aus Zorn. Aber wie könnte ich auf meinen Mann zornig sein? Im Gegenteil, für mich steht er auf einem Sockel. Ich glaube, ich verdiene seine Liebe gar nicht; wie könnte ich ihm also etwas vorwerfen?" (Wann immer ein Ehepartner auf einem Sockel steht, ist Zorn vorhanden, denn wie bei Kindern auf einer Schaukel muß einer immer unten sein, wenn der andere oben ist.)

☐ „Ich bin nicht zornig auf meine Frau. Mit unserer Ehe ist nicht viel los. Um ehrlich zu sein, wir schlafen nicht mehr miteinander, aber ich bin nicht zornig." (Mangel an körperlicher oder verbaler Zärtlichkeit verrät immer Zorn.)

Verleugnung der Tatsache, daß ich Hilfe verdiene

☐ „Ich habe mich nie hübsch gefühlt. Ich kann mir kaum vorstellen, daß Gott möchte, daß ich einen gesunden und attraktiven Körper habe."

☐ „Das Leben ist immer hart für mich gewesen. Ich lese und höre von Leuten, die ihr Leben von Grund auf verändern, aber ich habe den Eindruck, so etwas habe ich einfach nicht verdient." (Wenn eine Verleugnung auf einem so stark abgesunkenen Selbstwertgefühl beruht, steht man vor einem der am schwersten zu öffnenden Tore zu einem Heilungs-Fußpfad.)

Verleugnung der Verleugnung

☐ „Ich kenne mich selbst besser als irgendein anderer. Ich brauche keine Hilfe von außen, um mit diesem Gewichtsproblem fertig zu werden."

☐ „Man sollte in der Lage sein, seine eigenen Probleme zu lösen. Ich verspreche mir nichts davon, schmutzige Wäsche in aller Öffentlichkeit auszuhängen."

☐ „Ich verleugne nichts – es ist nur einfach nichts da."

Vergewissern Sie sich, daß Sie Ihre auslösenden Nahrungsmittel und Situationen identifiziert haben

Ein entscheidender Schritt zur Abstinenz besteht darin, Ihre auslösenden Nahrungsmittel und Situationen zu identifizieren. Wenn Sie nicht sicher sind, auf welche Auslöser Sie ansprechen, gehen Sie noch einmal in Ihrem Beziehungs-Fragebogen den Abschnitt über Ihre Beziehung zum Essen durch. Welche Muster wiederholen sich hier? Wenn Ihnen die Antworten nicht sofort ins Auge springen, versuchen Sie tiefer zu graben. Nehmen Sie ein weiteres Blatt Papier und schreiben Sie spontan weiter. Welche Nahrungsmittel vermitteln mir das größte Glücksgefühl? Welche Nahrungsmittel entspannen mich am meisten? Wenn ich ein Freßpaket für eine Woche auf einer einsamen Insel zusammenstellen müßte, welche Nahrungsmittel würde ich einpacken? Vor welchen Situationen habe ich Angst, so daß ich esse, um sie zu überstehen?

Es kann sein, daß Ihr Bewußtsein seine eigenen Auslöser überhaupt nicht kennt, aber Ihr Unterbewußtsein kennt sie. Geben Sie ihm die Möglichkeit, Ihnen zu verraten, was Sie wissen müssen. Erinnern Sie sich an Joey, der von seinem selbstsüchtigen Vater als Sklave mißbraucht wurde? Als er sich über die Tatsache klar wurde, daß seine Anfälle von Eßsucht immer dann ausgelöst wurden, wenn er im Fernsehen oder in der Wirklichkeit selbstsüchtige Väter sah, war das ein wichtiger Faktor für seine Genesung. Die gleiche Erfahrung werden Sie machen, wenn Sie Ihre eigenen Auslöser identifizieren.

Sichern Sie sich die Unterstützung Ihrer Familie

Eine der häufigsten Ursachen für das Scheitern von Diäten ist die Sabotage durch die Familie: Ehemänner, die ihrer Frau ihre Lieblingseiskrem mitbringen; Kinder, die um frischgebackene Kekse betteln; Mütter, die dem Diäthaltenden sein dickmachendes Lieblingsessen kochen. Stellen Sie sich auf diese Möglichkeit ein und wappnen Sie sich mit einem Abwehrplan. Füllen Sie Ihren Kühlschrank mit Wassermelonen oder fettarmem Joghurt statt mit Eiskrem. Kaufen Sie den Kindern abgepackte Kekse von einer Sorte, die Sie nicht mögen. Bitten Sie Ihren Ehepartner, für Sie Mahlzeiten zuzubereiten, die Ihrer Diät nicht im Wege stehen.

Bereiten Sie Ihre Familie behutsam darauf vor, mit Ihren neuen Spielregeln zu kooperieren. Die schlichte Ankündigung „Hier wird sich in Zukunft einiges ändern!" wirkt auf Ihre Familie bedrohlich – besonders, da es ums Essen geht, von dem vielfältige emotionale Bindungen ausgehen. Verändern Sie die Gewohnheiten Ihrer Familie behutsam. Statt die Pilze in Butter zu dünsten, verwenden Sie Rinderbouillon, aber lassen Sie sich nicht lange über die Gesundheitsgefahren gebratener Speisen aus. Entfernen Sie die Verpackung von der Diätmargarine, und keiner wird den Unterschied bemerken. Kochen Sie leichte Gerichte, aber reden Sie nicht darüber, daß es sich um Diätrezepte handelt.

Eine unserer Patientinnen füllte zwei Wochen lang den Milchkrug mit zweiprozentiger Milch statt mit Vollmilch. Niemand bemerkte es. Dann ging sie zu einprozentiger Milch über. Die anderen merkten immer noch nichts. Die meisten Menschen können einfache Gewohnheitsveränderungen in zwei Monaten oder weniger durchsetzen, und die Leute mögen jedes Essen, wenn es nur gut zubereitet ist – vorausgesetzt, man gibt ihnen keine Informationen, die sie als negativ betrachten: „Das ist ein Diätgericht." „Das ist gesund." „Du mußt dich einfach daran gewöhnen."

Bei vielen Patientinnen erleben wir, daß sie ihr zwanghaftes Essen auf ihre Mutterrolle schieben. Sie sagen, sie kaufen die Schokoladenkekse für ihre Kinder, aber dann gehen sie nach Hause und essen die halbe Packung selbst auf. Sie sagen, sie backen die Kekse, „weil ich eine gute Mutter sein will", aber den halben Teig essen sie selbst. Oder sie essen ihn nicht und fühlen sich dann jämmerlich, solange die Kekse im Haus sind. Nur wenige Leute können ständig Schokoladenkekse im Haus haben, ohne jedesmal, wenn sie an der Keksdose vorbeikommen, ein verzehrendes Verlangen zu verspüren, einen Griff zu tun. Warum sollten Sie sich dem aussetzen? Ihre Familie braucht diese Süßigkeiten eigentlich sowieso nicht. Manchmal ist es angemessen, Schokoladenkekse zu machen, aber wir müssen sie nicht ständig im Haus haben.

Vergewissern Sie sich,
ob Sie aus den richtigen Motiven eine Diät machen wollen

Fangen Sie keine Diät an, um Liebe oder Anerkennung zu gewinnen. Halten Sie nicht Diät um Ihres Mannes oder Ihrer Mutter oder Ihres Freundes willen. Vergewissern Sie sich, daß Sie es für sich selbst tun, sonst werden Sie unbewußt Zorn gegen die Person hegen, für die Sie die Diät auf sich nehmen, und dieser unterdrückte Zorn wird immer wieder Rückfälle auslösen.

Der gesunde Standpunkt, von dem aus man am besten eine Diät beginnt, lautet: „Ich bin liebenswert und geliebt, so wie ich bin." Damit haben Sie die Freiheit, um Ihrer selbst willen abzunehmen.

Vielleicht sagt jemand: „Na ja, im Moment bin ich nicht besonders liebenswert, aber wenn ich zwanzig Pfund abgenommen habe, werde ich liebenswert sein." Doch selbst wenn jemand so sein Gewicht erfolgreich los wird, hat sich an dem emotionalen Kräftespiel nichts geändert. Wer sich nicht liebt, solange er zweihundertfünfzig Pfund wiegt, der wird sich selbst auch nicht trauen, wenn er nur noch hundertfünfzig Pfund wiegt. Die Narben der Kindheit, die ihn dazu trieben, sich auf zweihundertfünfzig Pfund zu mästen, werden bei einem Gewicht von hundertfünfzig Pfund immer noch dasein.

Wenn das geschieht, greift die Desillusionierung um sich. Wer aus falschen Motiven Diät hielt, wird schließlich sagen: „Ich dachte, ich könnte Liebe gewinnen, indem ich abnehme. Ich habe abgenommen, aber die Liebe habe ich nicht gewonnen. Also kann ich genausogut wieder hingehen und essen."

Setzen Sie sich realistische Ziele

Zwar deuten manche Untersuchungen darauf hin, daß neunzig Prozent aller Amerikaner sich selbst als übergewichtig betrachten, aber in Wirklichkeit sind nur fünfundzwanzig Prozent in nennenswertem Maße dickleibig. Denken Sie an den kulturellen Druck, von dem im zweiten Kapitel die Rede war, und vergewissern Sie sich, daß Sie sich mit Hilfe Ihres Arztes Ziele für Ihre Diät setzen, die für Ihren Körper richtig sind. Die Tabellen der Lebensversicherungen können dabei eine hilfreiche Richtlinie sein, aber es gibt auch noch andere Faktoren zu bedenken.

Eine der neuesten Theorien in der Gewichtskontrolle ist die „Set-Point"-Theorie. Nach dieser Theorie hat jeder Mensch einen genetisch festgelegten Punkt, an dem sein Gewicht am gesündesten ist und am leichtesten zu halten ist. In einer idealen Welt würden wir alle mit dem Erwachsenwerden unseren „Set-Point" erreichen und dabei bleiben. Leider wissen wir alle, daß es im wirklichen Leben nicht so ist. Doch wir können uns unser ganzes Leben lang viel Ärger mit der Gewichtskontrolle ersparen, wenn wir unseren „Set-Point" herausfinden und dieses Gewicht halten, anstatt zu versuchen, wie unser Lieblingsfilmstar oder unser Lieblingssportler auszusehen.

Die Gefahr bei der Set-Point-Theorie besteht jedoch darin, daß manche Leute meinen, da sie immer dick waren und ihre Familie immer dick war, sei dies eben der Set-Point, den ihnen das Schicksal beschert hat. Es stimmt, Sie sind mit einem bestimmten Körpertyp und einer bestimmten Knochenstruktur auf die Welt gekommen, und das bedeutet, daß es einen Gewichtsbereich gibt, in dem Ihr Körper am besten arbeitet. Es bedeutet jedoch nicht, daß Sie unausweichlich dazu verurteilt sind, ein bestimmtes Gewicht zu haben.

Um eine Vorstellung von dem ungefähren Bereich Ihres Set-Points zu gewinnen, nehmen Sie sich noch einmal Ihren Beziehungs-Fragebogen vor und gehen Sie Ihre Beziehung zu Ihrem Körper durch. Wie ist Ihre Gewichtskurve bisher verlaufen: Auf und nieder? Eine stetige Zunahme? Ein plötzlicher Sprung nach einem emotionalen Trauma?

Nun fragen Sie sich: Zu welchen Zeiten in meinem Leben war ich am glücklichsten? Wann war ich am leistungsfähigsten? Wann war ich gesundheitlich am besten auf der Höhe? Wieviel wog ich zu diesen Zeiten?

Ein weiterer Faktor beim Setzen realistischer Ziele ist Ihr Anteil an Fettgewebe. Die meisten Ärzte sind der Auffassung, daß bei einem Mann fünfzehn bis zwanzig Prozent des Körpergewichts aus Fett bestehen sollten; bei einer Frau zwanzig bis siebenundzwanzig Prozent. Der beliebte „Kneif-test" ist ein Versuch, den Anteil des Fettgewebes festzustel-len. Leider sind solche einfachen Do-it-yourself-Tests nicht sonderlich genau. Um den Prozentsatz des Fettgewebes ex-akt zu bestimmen, muß an mindestens drei Stellen gemessen werden, normalerweise am Bauch, am Oberarm und am Oberschenkel. Ärzte, Fitneß-Therapeuten und Trainer sind oft dazu ausgebildet, solche Messungen vorzunehmen.

Dr. Minirth gibt seinen Patienten eine einfache Formel als Richtlinie an die Hand. „Frauen sollten neunzig Pfund wie-gen, plus neun Pfund für je fünf Zentimeter Größe über ein Meter fünfzig. Männer sollten fünfundneunzig Pfund wie-gen, plus elf Pfund für je fünf Zentimeter Größe über ein Meter fünfzig." Auch dies ist keine absolute Regel, sondern eine hilfreiche Richtlinie.

Auch bei der Geschwindigkeit, mit der Sie abnehmen, müssen Sie sich realistische Ziele setzen. Ralph verlor sein Übergewicht in vier Wochen und eilte damit den anderen in seiner Gruppe weit voraus. Das verschaffte ihm ein Erfolgs-erlebnis, machte es aber dafür um so schwerer, das richtige Gewicht zu halten.

Für die meisten Menschen, die ihre Diät zu Hause durch-führen, ist ein Gewichtsverlust von zwei Pfund in der Woche ein vernünftiges Ziel. Sie müssen sich jedoch klarmachen, daß es völlig normal ist, wenn Sie zu Beginn Ihrer Diät schneller abnehmen, vielleicht fünf Pfund in den ersten ein oder zwei Wochen, und dann in der nächsten Woche vielleicht nur ein Pfund. Aus diesem Grund empfehlen viele Ärzte, nicht jeden Morgen auf die Waage zu steigen. Ein zeitweili-ger Stillstand in der Gewichtsabnahme kann die Moral eines Diäthaltenden untergraben und einen Anfall von Eßsucht auslösen. Eine langsame und allmähliche Abnahme ist am wirksamsten und schonendsten, denn so hat Ihr Körper die Möglichkeit, sich auf das neue Gewicht einzustellen.

Vergewissern Sie sich, daß Ihnen die medizinischen Risiken des Übergewichts bewußt sind

Als wir über die richtigen Motive für das Diäthalten sprachen, wiesen wir darauf hin, daß es wichtig ist, daß Sie Ihre Diät für sich selbst machen. Das Motiv, ein langes, gesundes Leben haben zu wollen, ist ein hervorragender Grund zum Diäthalten. Und ein Verständnis für die medizinischen Risiken des Übergewichts kann Ihnen dieses Motiv näherbringen.

Hohes Übergewicht bringt acht medizinische Komplikationen mit sich:

Herzerkrankungen

Übergewicht erhöht das Risiko für Herzanfälle und Herzversagen. Die Probleme können auf der linken Seite des Herzens auftreten, weil das Herz das Blut durch so viel Gewebe pumpen muß, oder auf der rechten Seite, weil das Herz aufgrund des hohen Gewichtes nicht mehr in der Lage ist, den Brustkorb mit seinem hohen Gewicht zu heben. Übergewichtige Menschen haben Schwierigkeiten mit der Sauerstoffaufnahme, weil die Blutgefäße in der Lunge zusammengepreßt werden und die rechte Herzhälfte die Pumpleistung nicht mehr erbringen kann. Das führt auch zu Schlaganfällen aufgrund von Bluthochdruck.

Krebs

Dickleibigkeit erhöht das Krebsrisiko, besonders im Dickdarm, in der Brust und im Uterus. Das liegt hauptsächlich an der Östrogenproduktion, die durch das Fettgewebe gesteigert wird.

Fettprobleme

Hohe Triglyceridwerte führen zu Erkrankungen der Bauchspeicheldrüse und des Herzens. Hohe Cholesterinwerte führen zu Herzkrankheiten und Problemen mit der Gallenblase.

Erwachsenendiabetes

Achtzig Prozent aller Menschen, die an Erwachsenendiabetes leiden, haben Übergewicht. Zum überwiegenden Teil könnten die an dieser Krankheit Leidenden sich selbst heilen, indem sie ihr Idealgewicht erreichten, auf ihre Ernährung achteten und ausreichend Sport trieben.

Gelenk-, Bänder- und Rückenprobleme

Solche Probleme treten bei schweren Menschen weitaus häufiger auf. Die Knie, die Fußgelenke und der Rücken sind besonders gefährdet.

Schwangerschaftskomplikationen

Übergewichtige Mütter haben häufiger große, schwer zu gebärende Babys und neigen zu Schwangerschaftsdiabetes, Blutdruckproblemen und Krämpfen. Dickleibigkeit ist ein Risiko für Mutter und Kind.

Operationsrisiken

Dicke Patienten haben bei Operationen mehr Schwierigkeiten. Ihre Schnitte heilen nicht gut, sie sind anfällig für Infektionen, stellen für den Anästhesisten Risikopatienten dar und sind stärker durch Blutgerinnsel gefährdet.

Altern

Wegen all dieser Belastungen für den Körper haben übergewichtige Menschen Schwierigkeiten mit dem Altern.

Vergewissern Sie sich,
daß Ihr Arzt mit Ihrer Diät einverstanden ist

Eine Diät ist eine Veränderung der Lebensweise, und jede Veränderung der Lebensweise – auch wenn es eine gesunde Veränderung ist – setzt den Körper einer Belastung aus. Deshalb ist es wichtig, daß Ihr Arzt Sie gründlich untersucht, bevor Sie mit einer Diät beginnen.

Zu den Risikofaktoren, auf die zu achten ist, gehören frühere Herzanfälle oder Schlaganfälle, Blutgerinnsel, Leber- oder Nierenerkrankungen, Krebs, falls er nicht im Rückgang ist, akute psychische Störungen und jugendlicher Diabetes. Das Übergewicht stellt für Patienten mit diesen Erkrankungen immer noch ein weit höheres Risiko dar als eine mögliche Diät, aber sie sollten sich dabei genau überwachen lassen.

Vergewissern Sie sich, daß Sie verstehen,
warum frühere Diäten nicht funktioniert haben

1864 veröffentlichte Dr. William Banting das erste Diätbuch, *Letters on Corpulence* (Briefe über die Korpulenz). Hundert Jahre später waren Diäten und Diätbücher zu einem wichtigen Wirtschaftszweig geworden. In den sechziger Jahren erlebten wir eine Hochkonjunktur des schnellen Gewichtsverlustes und der Modediäten, etwa der von den Medizinern Stillman, Atkins und Pritikin empfohlenen Diäten oder der Beverly-Hills-Diät. Solche Diätvorschriften fordern etwa dazu auf, nur Proteine zu sich zu nehmen oder vielleicht ausschließlich Proteine und Fett oder an einem Tag nur Bananen zu essen, am nächsten nur grünes Gemüse. Manchen Leuten gelang es tatsächlich, mit diesen Methoden abzunehmen, aber die Wirkung war nur von kurzer Dauer, weil derlei Diäten nichts dazu beitragen, die Eßgewohnheiten der Menschen zu ändern – was der Kern jedes langfristigen Programms sein muß.

Dr. Sharon Sneed warnt vor solchen Diäten: „Bei jeder Diätvorschrift, die davon redet, daß man nur Speisen von einer bestimmten Nahrungsmittelgruppe zu sich nehmen soll, ist Mißtrauen angebracht. Es ist immer wieder nachgewiesen worden, daß Sie all diese verschiedenen Nahrungsmittel wegen der Nährstoffe, die sie Ihrem Körper zuführen, brauchen. Diese Nährstoffe können Sie nicht durch eine Vitaminpille ersetzen. Keine Vitaminpille ist soviel wert wie eine ausgewogene Ernährung."

Manche der beliebten Diäten und Diätprogramme der Vergangenheit waren unausgewogen, ungesund oder schlicht eine Unverschämtheit, wie etwa die Beverly-Hills-Diät, die uns weiszumachen versuchte: „Essen Sie keine Kartoffeln; sie verwandeln sich in Ihrem Magen zu Wodka." Viele andere jedoch, wie etwa die der Weight Watchers, bieten eine vernünftige Methode zur Gewichtsabnahme auf der Grundlage einer reduzierten Energieaufnahme. Doch in der mannigfaltigen Geschichte der Diäten und Diätprogramme gibt es bisher nichts, was mit dem umfassenden, das Problem von allen Seiten angehenden Programm, das wir hier vorstellen, vergleichbar wäre.

Zum ersten Mal werden Sie nicht auf einem einzigen geraden Weg gehen, der die lebenswichtige Landschaft links und rechts ignoriert. Statt dessen werden Sie einer Karte folgen, auf der sich die Pfade, die zur körperlichen, emotionalen und geistlichen Genesung führen, immer wieder kreuzen.

Vergewissern Sie sich,
daß Sie wirklich frei werden wollen

Lord Byrons Gedicht „Der Gefangene von Chillon" erzählt die Geschichte von François Bonnivard, eines schweizerischen Patrioten, der sechs Jahre lang in einem Schloß am Genfer See gefangen saß. Als man ihn schließlich befreite, stellte der Gefangene fest, daß er gelernt hatte, „die Verzweiflung zu lieben":

Die schweren Mauern schienen mir zu sein
wie eine Klause – ganz für mich allein!
Und beinah' schien es mir, als ob sie kämen,
um mir die zweite Heimat fortzunehmen.

...

In Stille hatten wir gelernt zu wohnen –
gar Freunde wurden meine Ketten mir,
so sehr macht uns ein langes Miteinander
zu denen, die wir sind – so daß mir gar
die neue Freiheit ein Beschwernis war.

(II. 377-380, 388-390)

Um auf lange Sicht die Herrschaft über Ihr Gewicht zu erlangen, müssen Sie diese Herrschaft genügend wollen, um
bereit zu sein, die emotionalen und geistlichen Fesseln zu zer-
reißen, mit denen Sie sich vielleicht schon arrangiert haben.
Wenn das geschafft ist, dann werden Sie wahrhaftig Ihre
letzte Diät begonnen haben. Der Erste Weltkrieg wurde
„Der Krieg, alle Kriege zu beenden" genannt. Leider stellte
sich heraus, daß das nicht zutraf. Unser umfassender Genesungsplan jedoch *kann* für Sie die „Diät, alle Diäten zu beenden" werden. Nein, Sie können nicht wieder hingehen und
sich den Bauch vollschlagen, wenn Sie Ihre zehn Fußpfade
hinter sich haben – das wäre nicht Sieg, sondern Niederlage.
Der Sieg wird darin bestehen, daß Sie in der Lage sind, Ihr
körperliches oder emotionales Verlangen nach Völlerei zu
kontrollieren, und Sie werden wissen, wie Sie einen drohen-
den Rückfall erfolgreich abwehren können. Dann werden
Sie in Frieden und Freiheit mit Ihrem Körper und Ihrem Appetit leben können.

Checkliste zur Diätbereitschaft

Bevor Sie die Fußpfade zur Genesung betreten ...

1. Vergewissern Sie sich, daß Sie all Ihre Abhängigkeiten identifiziert haben.
2. Vergewissern Sie sich, daß sie die Verleugnung durchbrochen haben.
3. Vergewissern Sie sich, daß Sie Ihre auslösenden Nahrungsmittel und Situationen identifiziert haben.
4. Sichern Sie sich die Unterstützung Ihrer Familie.
5. Vergewissern Sie sich, ob Sie aus den richtigen Motiven eine Diät machen wollen.
6. Vergewissern Sie sich, daß Sie sich realistische Ziele setzen.
7. Vergewissern Sie sich, daß Ihnen die medizinischen Risiken des Übergewichts bewußt sind.
8. Vergewissern Sie sich, daß Ihr Arzt mit Ihrer Diät einverstanden ist.
9. Vergewissern Sie sich, daß Sie verstehen, warum frühere Diäten nicht funktioniert haben.
10. Vergewissern Sie sich, daß Sie wirklich frei werden wollen.

Der zweite Fußpfad:
Essen Sie so,
daß der Erfolg sich zeigt

Barbara hatte weder eine Vorstellung davon, was für eine Diät sie machen wollte, noch hatte sie ausreichend Kenntnisse über Ernährung, um selbst gesunde Nahrungsmittel auszuwählen. Deshalb empfahlen ihr die Ärzte, Dr. Sharon Sneed zu konsultieren. Also ließ sich Barbara von ihrem Hausarzt gründlich untersuchen, um sicherzugehen, daß ihrer Diät keine gesundheitlichen Probleme im Wege standen, und ließ sich einen Termin bei Dr. Sneed geben. In Dr. Sneeds Wartezimmer blätterte Barbara einen Stapel Zeitschriften durch. In jeder davon war ein Artikel über Diät enthalten. Einige der Zeilen, die ihr ins Auge sprangen, waren die folgenden:

▷ Zu jedem gegebenen Zeitpunkt nehmen zwanzig Prozent der amerikanischen Bevölkerung an einem Diätprogramm teil. Das ist jeder fünfte Amerikaner!
▷ Jede Woche nehmen mehr als eine Million Menschen an Diätgruppen teil.
▷ Die Diätindustrie macht jedes Jahr mindestens zehn Milliarden Dollar Umsatz.
▷ Der typische Teilnehmer eines kommerziellen Diätprogramms ist eine Frau zwischen dreißig und fünfzig Jahren, die zwischen 139 und 158 Pfund wiegt.

Barbara war sich nicht sicher, ob sie diese Information tröstete oder nicht. Es war gut zu wissen, daß sie nicht alleine war, und gewiß unterstrich es den kulturellen Aspekt des Problems. Andererseits war das Problem so weit verbreitet, daß sie sich fragte, ob es denn wirklich eine Lösung geben könnte. Ihr fiel jedoch auf, daß in keinem der Artikel von den emotionalen, geistlichen und psychologischen Seiten des Problems die Rede war, auf die die Ärzte in der Klinik so großen Nachdruck gelegt hatten. Davon hänge alles ab, hatten sie gesagt, und Barbara hoffte, daß sie recht hatten. Doch nun brauchte sie die Informationen über Ernährung und Diäten, mit denen sie Ihre Abhängigkeit unter Kontrolle bringen konnte.

Dr. Sneed begrüßte Barbara in ihrem Sprechzimmer. Lächelnd sagte sie: „Ich habe sieben Jahre lang private Ernährungsberatungen durchgeführt. Heute kommen alle möglichen Informationen über Ernährung heraus – Informationen, die das Leben so vieler Menschen verändern könnten. Doch als ich diese Praxis eröffnete, gelangte davon nur sehr wenig an eine breitere Öffentlichkeit. Damals gab es auf diesem Gebiet eine Reihe Veröffentlichungen von ziemlich unprofessionellen Leuten, aber niemand sagte das, was meiner Meinung nach eigentlich gesagt werden mußte.

Also eröffnete ich eine Privatklinik. Hauptsächlich kamen die Patienten zu mir, um abzunehmen, aber häufige Begleiterscheinungen waren Bluthochdruck, hohe Triglycerinwerte, Rückenschmerzen und orthopädische Probleme. Seit ich mit der Beratungstätigkeit angefangen habe, habe ich ungefähr dreitausend Patienten mit den verschiedensten Ernährungsproblemen betreut, und ich arbeite als Beraterin mit Ärzten zusammen."

Barbara war beeindruckt, und um so mehr, als sie die beiden von Dr. Sneed verfaßten Bücher auf dem Schreibtisch bemerkte. „Also schön", beschloß Barbara, „ich werde mir das einmal anhören. Vielleicht können mir ihre Informationen wirklich helfen."

Bei Dr. Sneeds ersten Worten hatte Barbara den Eindruck, die Beraterin wüßte genau, was sie draußen im Wartezimmer gelesen hatte. „Weil so viele Menschen Diät halten und weil sie Modediäten und andere erfolglose und unratsame Diäten durchgeführt haben, fürchte ich, daß der Ausdruck ‚Diät' zu einem Synonym für Entsagung geworden ist. Aber Diät hat nichts mit Entsagung zu tun. Diät bedeutet, daß Sie Ihr Leben unter Kontrolle bringen, daß Sie Ihr Leben ins Gleichgewicht bringen. Schlechte Gewohnheiten abzulegen und gute Gewohnheiten anzunehmen hat nichts mit Entsagung zu tun. Es bedeutet lediglich, daß Sie die Auswahl und die Menge der Nahrungsmittel bestimmen, die Sie zu sich nehmen, statt daß das Essen über Sie bestimmt."

„Klingt gut", sagte Barbara.

Gesunde Ernährung – gesunder Mensch

Gute Ernährung und Fitneß, führte Dr. Sneed aus, helfen Ihnen, auf der Höhe Ihrer Gesundheit zu bleiben. Wenn Sie sich besser fühlen, sind Sie in allen Bereichen Ihres Lebens besser motiviert. Eine gesunde Ernährung verlängert Ihre Lebenserwartung, doch was noch wichtiger ist, sie steigert Ihre Lebensqualität. „Das Ziel meiner Arbeit ist nicht nur, den Leuten zu helfen, länger zu leben, sondern besser zu leben", sagte Dr. Sneed.

Dann bat sie Barbara, daran zu denken, wie sie das letzte Mal einen 25-kg-Sack Hundefutter gekauft hatte. „Erinnern Sie sich, was für eine Plackerei es war, den Sack auch nur aus Ihrem Auto herauszubekommen? Machen Sie sich die Tatsache klar, daß Sie dieses Gewicht tagaus, tagein mit sich herumschleppen, wenn Sie fünfzig Pfund Übergewicht haben. Stellen Sie sich vor, wieviel besser Sie sich fühlen werden, wenn Sie diese fünfzig Pfund schwere Last in der Garage lassen können und nicht mehr die ganze Zeit auf sich nehmen müssen.

Als erstes gab Dr. Sneed Barbara einige allgemeine Informationen darüber, was zu einer gesunden Ernährung gehört. Sie reichte ihr eine Broschüre – ähnlich wie unsere Ausführungen auf S. 142 bis 145 –, die die Ernährungsempfehlungen des „National Research Council and Nutrition Board" enthalten. Diese Tabelle zeigt die Grundlagen einer guten Ernährung auf. Eine gesunde Ernährung wird oft „Essen als Präventivmedizin" genannt, weil sie eine wertvolle Vorbeugung gegen Herz-Kreislauf-Erkrankungen, Diabetes, Schlaganfall und Krebs darstellt – von den ästhetischen Gründen ganz zu schweigen, die dafür sprechen, sich eine schlanke Figur zu bewahren.

Nach Angaben von Dr. Sushma Palmer, dem Leiter des „Food and Nutrition Board", werden in der amerikanischen Ernährung gegenwärtig 37 Prozent des Energiebedarfs durch Fett gedeckt, davon 13 Prozent durch gesättigte Fettsäuren. Kohlenhydrate liefern typischerweise 45,5 Prozent des Energiebedarfs, aber der durchschnittliche Amerikaner nimmt pro Tag nur 2,5 Portionen Brot und Getreideprodukte und nur 2,7 Portionen Obst und Gemüse zu sich.

Barbara merkte schon, daß es Hausaufgaben für sie geben würde. Wenn sie darüber nachdachte, leuchteten ihr all diese Informationen ein, und es würde ihr nicht schwerfallen, sie zu befolgen, wenn sie sich erst einmal daran gewöhnt hatte. Zunächst würde sie die Tabelle an ihrem Kühlschrank anbringen und häufig darauf nachschauen müssen. Sie blickte von dem Blatt in ihrer Hand auf und nickte Dr. Sneed zu. „Gut, ich werde es versuchen. So schlimm klingt es gar nicht."

„Nein, es ist überhaupt nichts Schlimmes dabei. Ich verspreche meinen Patienten immer, daß sie besser essen werden als je zuvor in ihrem Leben, wenn sie sich an eine richtig zubereitete gesunde Ernährung gewöhnen. Natürlich haben sie anfangs immer ihre Zweifel. Es dauert meistens etwa drei Wochen, bis ich die begeisterten Rückmeldungen bekomme.

So, nun wollen wir von den allgemeinen Regeln für eine gute Ernährung weitergehen zu der Art und Weise, wie Sie essen müssen, um Ihr optimales Körpergewicht zu erreichen. Ich nenne dies meine ‚Zwölf schnell wirksamen Regeln für das Abnehmen und Schlankbleiben'."

Regel Nr. 1:
Kalorien zählen

„Auch wenn wir uns heute nicht mehr so ausschließlich auf das Kalorienzählen konzentrieren, wie es vor zwanzig Jahren in den Diäten üblich war, spielen die Kalorien immer noch eine große Rolle. Sie sind letztlich entscheidend dafür, wieviel sie in einem gegebenen Zeitraum ab- oder zunehmen." Dr. Sneed zeigte Barbara ein Bild von einer Wippschaukel auf einem Dreieck:

kontrollierte Portionen	große Portionen
fettarme Nahrungsmittel	fettreiche Nahrungsmittel
mehr Sport	kein Sport

(-)   KALORIENGLEICHGEWICHT   **(+)**

Gewichts-
abnahme

Gewichts-
zunahme

„Diese einfache Illustration zeigt, wie Gewichtsabnahme und Gewichtszunahme auf eine Gleichung bezogen sind, in der das Kaloriengleichgewicht die entscheidende Größe ist. Wenn Sie größere Portionen zu sich nehmen, müssen Sie auf der anderen Seite der Schaukel ein Gegengewicht schaffen. Wenn Sie zum Beispiel große Portionen zu sich nehmen, müssen Sie das ausgleichen, indem Sie entweder fettarme Nahrungsmittel essen oder mehr Sport treiben."

Dann gab Dr. Sneed Barbara eine Kalorientabelle. „Aber beachten Sie", gab sie Barbara zu bedenken, „daß Kalorie nicht gleich Kalorie ist." Ernährungswissenschaftler empfehlen heute nicht mehr, die Kalorien nur zu zählen, sondern auch zu wissen, wo sie herkommen. Im allgemeinen sollten mindestens 55 Prozent Ihrer Kalorien aus Kohlenhydraten stammen, etwa 30 Prozent aus Fett und 15 Prozent aus Proteinen. Wenn Sie den Fettanteil reduzieren wollen, sollten diese Kalorien durch Kohlenhydrate ergänzt werden. Dann würde sich also Ihre Energieaufnahme aus nach wie vor 15 Prozent Proteinen, aber 20 Prozent Fett und 65 Prozent Kohlenhydraten zusammensetzen.

Regel Nr. 2:
Fett macht fett

„Denken Sie daran, Barbara", sagte Dr. Sneed, „Fett ist nur dazu da, als Brennstoff zu dienen – als gelagerter Brennstoff. Solange es nicht gebraucht wird, sitzt es also nur in unserem Körper herum – ohne zu seiner Erhaltung Energie zu benötigen. Ich vergleiche den Fettbedarf mit den großen Öltanks, die wir in Ölproduktionsgebieten sehen." Sie zeigte Barbara eine Karte mit drei Kästchen:

4 Kalorien	4 Kalorien	9 Kalorien
1 g Protein	1 g Kohlenhydrate	1 g Fett

Jedes der Kästchen zeigt, wie viele Kalorien jeweils ein Gramm eines der Grundnährstoffe liefert. Wie Sie sehen, liefern Protein und Kohlenhydrate jeweils vier Kalorien pro Gramm, während ein Gramm Fett neun Kalorien liefert, also mehr als das Doppelte. Fett ist konzentrierte Energie für den menschlichen Körper, und es ist ein Schutz vor Unterernährung. Doch bei uns in der westlichen Welt ist nicht Unterernährung das Problem, sondern Überernährung. Wegen der reichhaltigen Nahrungsmittel, die wir zu uns nehmen, haben wir zu viele Fettablagerungen.

Deswegen müssen wir uns auch nicht an der gegenwärtig so beliebten Hexenjagd auf die gesättigten Fettsäuren beteiligen. Es sind nicht nur die gesättigten Fettsäuren, die uns schaden, es ist die hohe Fettaufnahme in unserer Ernährung insgesamt. Zum Beispiel haben die vielgepriesenen Margarinen mit mehrfach ungesättigten Fettsäuren exakt den gleichen Kaloriengehalt wie Butter. Margarine und Butter enthalten exakt gleich viel Fett. Der Unterschied besteht nur darin, daß das eine ein mehrfach ungesättigtes Produkt ist und das andere ein gesättigtes Produkt mit ein wenig Cholesterin. Wenn Sie normalgewichtig und gesund sind und nicht an Herz-Kreislauf-Erkrankungen oder einem zu hohen Cholesterinspiegel leiden (über 200 mg/dl), spielt es eigentlich keine Rolle, ob Sie einen Teelöffel Butter oder einen Teelöffel Margarine zu sich nehmen – worauf es ankommt, ist, daß Sie nicht zwei Teelöffel von einem dieser Produkte essen.

Je mehr wir darüber lernen, wieviel Schaden das viele Fett in unserer Ernährung anrichtet, desto mehr können wir gegen Erkrankungen tun, die früher als unheilbar galten. Neueste Forschungen zeigen, daß selbst eine so schwerwiegende Erkrankung wie die koronare Herzkrankheit (bis zu einem gewissen Grade) reversibel ist, wenn der Patient eine strenge Diät einhält, bei der nur zehn Prozent des Kalorienbedarfs durch Fett gedeckt werden.

Es gibt drei Möglichkeiten herauszufinden, wie groß der Anteil Ihres Kalorienverbrauchs ist, den Sie durch Fett decken, und zu lernen, wie Sie Ihre Ernährung auf dreißig Prozent Fett oder weniger einstellen können.

1. Mit Hilfe einer Nährstofftabelle (erhältlich bei Ihrer Krankenkasse) und den Informationen auf den Verpackungen der Lebensmittel können sie Ihre tägliche Fett- und Kalorienaufnahme feststellen. Dann verwenden Sie die folgende Gleichung:

$$\text{Prozentsatz an Fett} = \frac{\text{g Fett pro Tag x 900}}{\text{gesamter Kalorienverbrauch}}$$

2. Wenn Sie verpackte Lebensmittel essen, lesen Sie die Etiketten und wenden Sie die folgende Gleichung an:

$$\text{Prozentsatz an Fett} = \frac{\text{g Fett pro Portion x 900}}{\text{Kalorien pro Portion}}$$

Diese Gleichung können Sie sogar schon im Lebensmittelgeschäft anwenden. Nehmen Sie Ihren Taschenrechner mit, um zu entscheiden, welches tiefgekühlte Gericht, welchen Käse und welches Brot Sie kaufen möchten. Das ist eine der hilfreichsten Waffen in Ihrem Kampf um weniger Fett. Solange Sie konsequent Lebensmittel auswählen, deren Energiemenge zu weniger als dreißig Prozent aus Fett besteht, und nur sehr wenig Produkte wie Butter und Öl zu sich nehmen, die zu fast hundert Prozent aus Fett bestehen, liegen Sie wahrscheinlich richtig.

Eine dritte Möglichkeit besteht darin, daß Sie versuchen, alles Fett aus Ihrer Ernährung zu verbannen. Wenn Sie niemals Öl, Butter, Gebratenes oder fette Soßen essen, wird Ihre Ernährung vermutlich nur noch ungefähr zehn Prozent Fett enthalten – aufgrund der Fette, die von Natur aus in Lebensmitteln vorkommen. Das scheint der einfachste Weg zu sein, besonders für Leute, die es nicht so sehr mit dem Rechnen haben, aber es bedeutet, daß Sie niemals fettes Fleisch, fetten Käse, Vollmilchprodukte oder auch nur verpackte Lebensmittel wie Kartoffelchips essen dürfen. Vielleicht erscheint Ihnen da ein Taschenrechner doch als eine kluge Investition.

Obwohl dieses Buch nicht von Cholesterin handelt, ist es doch für die Planung einer gesunden Ernährung wichtig, sich mit diesem Thema zu befassen. Cholesterin ist nicht wie andere Fette; es ist eine andere chemische Verbindung aus gesättigten oder mehrfach ungesättigten Fettsäuren. Nahrungsmittel können wenig Fett, aber viel Cholesterin enthalten. Ein Ei zum Beispiel enthält nicht besonders viel Fett, aber sehr viel Cholesterin. Cholesterin ist die wachsartige Substanz, die sich auf der Innenwand Ihrer Arterien ablagern und so die gefürchtete Arteriosklerose verursachen kann. Besonders, wenn Sie erblich vorbelastet sind, kann das zu einer Verhärtung der Arterien und zur koronaren Herzkrankheit führen.

Im allgemeinen sollte der Cholesterinwert bei Erwachsenen unter 200 mg/dl liegen. Geben Sie sich jedoch nicht damit zufrieden, nur Ihren Cholesterinwert zu kennen. Sie sollten auch wissen, wie hoch bei Ihnen der Wert der Lipoproteine hoher Dichte (HDL) liegt. Diese Substanzen stellen einen Schutz vor Herzkrankheiten dar. Ihre HDL-Cholesterin-Ratio sollte bei 4,0 oder niedriger liegen.

Aus Ihrer Nährstofftabelle können Sie ersehen, in welchen Nahrungsmitteln Cholesterin enthalten ist und in welchen nicht. Doch allgemein läßt sich sagen, daß Sie, wenn Sie ein Cholesterinproblem haben, auf Eigelb, Innereien (Leber, Hirn, Nieren), fettes Fleisch und gesättigte Fettsäuren verzichten sollten, da sich im Übermaß genossene gesättigte Fettsäuren im Körper in Cholesterin verwandeln. Gesättigte Fettsäuren finden sich in fettreichen Milchprodukten wie Vollmilch, Butter und Käse. Das gleiche gilt für gehärtete Produkte, tropische Öle (Kokos- und Palmöl) und Kaffeeweißer.

Denken sie daran, Fett macht fett. Es ist die dichteste Konzentration von Kalorien, die Sie zu sich nehmen können. Viele Leute tun einfach zwei Dinge, um abzunehmen: *weniger Fett essen und Sport treiben*. Fett ist schlecht für Ihr Herz, schlecht bei anderen körperlichen Problemen und schlecht für Ihr Programm zum Abnehmen und Schlankbleiben.

Ballaststoffe bestehen im wesentlichen aus löslichen Fasern wie etwa Pektinen, Haferkleie und den Fasern, die sich in vielen Früchten finden, und nichtlöslichen Fasern wie Zellulose, Hemizellulose und den Fasern in Weizenkleie und Pflanzenschalen. Lösliche Fasern tragen dazu bei, den Cholesterinspiegel zu senken, indem sie sich im Darm mit den Gallensäuren verbinden. Gallensäuren bestehen aus Cholesterin; die löslichen Fasern verbinden sich mit diesen Gallensäuren, um Sie über den Stuhl aus Ihrem Körper abzuführen. Dies ist die einzige Möglichkeit des Körpers, Cholesterin loszuwerden. Wenn Sie 5 g Haferkleie pro Tag durch Ihre Ernährung aufnehmen, können Sie Ihren Cholesterinspiegel um fünf Prozent senken.

Nichtlösliche Fasern finden sich vorwiegend in den Schalen von Weizen, Reis und Gemüsepflanzen. Sie durchlaufen Ihren Verdauungsapparat praktisch unverändert. Die Theorie hinter einer ballaststoffreichen Ernährung ist, daß durch die Fasern die Nahrung schneller durch das Verdauungssystem läuft und somit die Zeit für die Fettresorption reduziert wird. Außerdem füllen die Ballaststoffe Ihren Magen und verschaffen Ihnen ein stärkeres Gefühl der Sättigung. Zum Besten Ihrer Gesundheit sollte Ihre Ernährung 25 g grobe Ballaststoffe pro Tag enthalten. Während einer Abmagerungskur läßt sich das kaum bewerkstelligen, es sei denn, Sie achten sorgfältig darauf, täglich Getreide zu essen oder einigen Ihrer Nahrungsmittel ein paar Teelöffel Kleie zuzufügen. Damit beugen Sie nicht nur wirksam Verdauungsproblemen vor, sondern reichern Ihre Nahrung mit all den Ballaststoffen an, die Sie brauchen.

Regel Nr. 4:
Zügeln Sie Ihren Appetit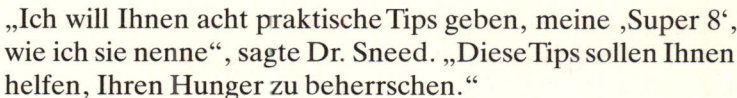

„Ich will Ihnen acht praktische Tips geben, meine ‚Super 8‘, wie ich sie nenne", sagte Dr. Sneed. „Diese Tips sollen Ihnen helfen, Ihren Hunger zu beherrschen."

1. Bewegung in Maßen hilft, den Appetit zu reduzieren. Auf das Thema Bewegung werden wir noch viel ausführlicher zu sprechen kommen, deshalb wollen wir es für den Augenblick dabei belassen.

2. Eine Ernährung mit einem etwas höheren Proteingehalt – etwa fünfzehn bis zwanzig Prozent Ihrer gesamten Kalorienaufnahme – scheint das Hungergefühl zu lindern, weil Proteine langsamer verdaut werden. Dabei sollten Sie hochwertige, fettarme Proteine bevorzugen, wie etwa Magermilch, Hüttenkäse, Fisch, Geflügel oder mageres Fleisch.

3. Essen Sie ballaststoffreiche Kost, denn sie quillt in Ihrem Magen auf und stillt den Hunger.

4. Essen Sie weniger Zucker. Zucker scheint den Hunger zu verstärken, indem er den Insulinspiegel im Blut erhöht, was ungefähr zwei Stunden nach der Zuckeraufnahme zu einem Abfall des Glucosespiegels führt.

5. Essen Sie häufig, um den Glucosespiegel stabil zu halten. Ein abruptes Absinken des Glucosespiegels, der dann wieder aufgefüllt werden muß, ist nicht wünschenswert.

6. Essen Sie nicht zuviel. Schon nach einer oder zwei überreichlichen Mahlzeiten macht sich der Körper das übermäßige Essen zur Gewohnheit. Außerdem ist man oft nach überreichlichem Essen hungriger als nach maßvollem Essen.

7. Trinken Sie heiße Getränke. Heiße Getränke scheinen befriedigender zu sein als kalte. Wenn Sie eine Diät in Betracht ziehen, bei der man nur Flüssiges zu sich nimmt, wählen Sie eine, die auch heiße Suppen vorsieht. Bevorzugen Sie koffeinarme und koffeinfreie heiße Getränke.

8. Meiden Sie Alkohol und Koffein. Sowohl Alkohol als auch Koffein wirken appetitanregend und sollten während des Abnehmens gemieden werden.

Regel Nr. 5:
Kontrollieren Sie die Größe Ihrer Portionen

Ein Teller pro Mahlzeit ist genug. Man sollte nicht mehr als eine Tasse Stärke oder Gemüse mit geringem Kaloriengehalt auf einmal zu sich nehmen, und auf keinen Fall mehr als 120 Gramm Fleisch pro Mahlzeit. Wir müssen uns an die Portionsgrößen gewöhnen, mit denen wir unser Gewicht halten können. Sie müssen Ihr eigener Ernährungsberater werden. Wenn Sie nicht an einer speziellen medizinischen Komplikation wie Diabetes oder einer Herzkrankheit leiden, müssen Sie in Ihrer Ernährung auf nichts völlig verzichten, wenn Sie erst einmal Ihr Zielgewicht erreicht haben. Sogar Schokoladenkuchen können Sie ab und zu in angemessener Menge essen. Die meisten zwanghaften Esser liegen bei der Bemessung ihrer Portionen falsch. Ihre Portionen sind zu groß, besonders wenn es sich um ihr suchtauslösendes Nahrungsmittel handelt.

Regel Nr. 6:
Ergänzen Sie während des Abnehmens fehlende Nährstoffe

Solange Sie eine strenge Diät einhalten, ist es sehr schwierig, Ihrem Körper alle Nährstoffe zuzuführen, die er benötigt. Ergänzen sie deshalb Ihre Ernährung durch ein mäßig gehaltvolles Vitamin- und Mineralpräparat. Sie brauchen keine riesigen Mengen davon; das würde Ihnen beim Abnehmen nicht helfen und könnte in manchen Fällen sogar schädlich sein. „Besorgen Sie sich ein gutes, gebräuchliches Vitaminpräparat, das zusätzlich noch andere Nährstoffe enthält", sagte Dr. Sneed zu Barbara. Darüber hinaus, so erläuterte sie, nehmen viele Leute gerne noch zusätzlich Vitamin C ein. Wahrscheinlich schadet es nichts, bis zu 250 mg Vitamin C pro Tag zu sich zu nehmen. Einige der neuesten Berichte zeigen, daß Vitamin C möglicherweise eine gewisse positive Wirkung für die Abwehr von Krankheiten und Virusinfektionen hat. Diese großen Dosen haben jedoch nichts mit der Vorbeugung gegen Skorbut zu tun, was der ursprüngliche Grund für die Empfehlung von Vitamin C war.

Bei weniger Rindfleisch und mehr Fisch und Geflügel in der Ernährung kann es zu einer leichten Unterversorgung mit Mineralien kommen, besonders mit Eisen, Chrom und Zink. Zwei Mineralien, mit denen besonders Frauen sich ausreichend versorgen müssen, sind Kalzium und Eisen. Eine Frau sollte 10 bis 18 mg Eisen zusätzlich zuführen, aber nicht mehr.

Regel Nr. 7:
Kaufen Sie richtig ein

Wenn Sie die falschen Zutaten in Ihrer Küche haben, wird es sehr schwierig sein, richtig zu essen. Eine gesunde Ernährung beginnt im Einkaufswagen.

Brot und Getreideprodukte. Kaufen Sie Vollkornprodukte, wo immer möglich, denn sie liefern mehr Ballaststoffe und normalerweise mehr Spurenelemente. Beim Abnehmen können leichte Brotsorten mit vierzig Kalorien pro Scheibe eine große Hilfe sein, da Sie sättigend sind und in zwei Scheiben nur so viele Kalorien enthalten wie andere Brotsorten in einer. Nahrungsmittel aus der Gruppe Brot und Getreide sind allgemein sehr fettarm und sollten nicht gemieden werden, wie viele Diätmythen in der Vergangenheit glauben machen wollten.

Fleisch. Fisch, nicht gebraten, und Huhn ohne Haut, ebenfalls ungebraten zubereitet, sind normalerweise die beste Wahl. Wenn Sie jedoch das dunklere Fleisch des Huhns mit einem besonders mageren und beschnittenen Filetsteak vergleichen, gibt es kaum einen Unterschied, was den Gehalt an Cholesterin, Fett oder Kalorien angeht.

„Rindfleisch ist in Verruf geraten", sagte Dr. Sneed, „weil die Leute viele Jahre lang die falschen Stücke gewählt haben. Man bevorzugte die fetteren Stücke, wie den Kamm, den

Bug, das Rib-Eye-Steak, das T-Bone-Steak oder das Porterhouse-Steak. Vorzuziehen ist das Schwanzstück. Eine gute Wahl sind auch das Sirloin-Steak und das Lendenfilet. Lendengerichte wie Filet Mignon – ohne den Speck, fürchte ich – sind sehr zu empfehlen, weil dies ein Muskel ist, der zwar von Natur aus zart, aber im allgemeinen nicht mit Fett durchwachsen ist. Auch Kalbfleisch ist eine gute Wahl, weil es von einem jungen, mit Milch ernährten Tier stammt und nicht sehr durchwachsen ist. Selbst magerer Schinken und magerer Schweinebraten kann, was den Cholesteringehalt angeht, dem dunkleren Hühnerfleisch ohne Haut sehr ähnlich sein. Lassen Sie sich durch die schlechte Auswahl, die andere getroffen haben, nicht von gutem Essen abhalten. Und denken Sie daran, daß im Übermaß genossenes Essen niemals eine gute Wahl ist."

Milchprodukte. „Allgemein möchte ich zu Milchprodukten sagen, daß viel zu viele Ärzte Patienten mit Cholesterin- oder Gewichtsproblemen raten, Milchprodukte zu meiden. Das ist der schlechteste Ratschlag, den ich je gehört habe", sagte Dr. Sneed. „Nichts ist besser für Sie als ein Glas entrahmte Milch oder ein fettarmer Joghurt. Erwachsene brauchen Milch, besonders erwachsene Frauen. Osteoporose ist eine häufige Krankheit bei Frauen, weil sie nicht ausreichend mit Kalzium versorgt werden. Was wir meiden müssen, ist das Fett in der Milch. Niemand, der älter als zwei Jahre ist, sollte Vollmilch trinken, es sei denn, er oder sie leidet ernsthaft an Untergewicht.

Das folgende Diagramm kann Ihnen helfen, den Fett- und Kaloriengehalt der Milch im Gedächtnis zu behalten."

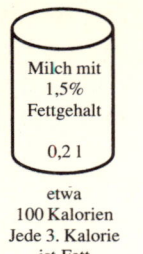
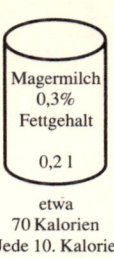

Vollmilch 3,5% Fettgehalt	Milch mit 1,5% Fettgehalt	Magermilch 0,3% Fettgehalt
0,2 l	0,2 l	0,2 l
etwa 130 Kalorien Jede 2. Kalorie ist Fett	etwa 100 Kalorien Jede 3. Kalorie ist Fett	etwa 70 Kalorien Jede 10. Kalorie ist Fett

Besondere Vorsicht ist jedoch bei Käse angebracht. Ein Blick in Ihre Nährwerttabelle wird Ihnen zeigen, daß manche Käsesorten siebzig Prozent oder gar über neunzig Prozent Fett enthalten können. Käse steht unverdientermaßen in dem Ruf, ein gesundes Lebensmittel zu sein, doch in Wirklichkeit enthält er extrem viele gesättigte Fettsäuren. Obwohl es auch fettärmere Käsesorten wie zum Beispiel Mozzarella und bestimmte Käsezubereitungen gibt, ist Käse nicht zu empfehlen und sollte sehr sparsam verwendet werden. Wenn Sie Cheddar oder einen anderen Vollfettkäse verwenden, wählen Sie eine besonders aromatische Sorte und nehmen dafür etwas weniger. Wir empfehlen besonders Hüttenkäse und Joghurt-Käse aus fettarmem Joghurt.

Fette und Öle. Wie schon erwähnt, enthalten Fette und Öle dieselbe Menge an Fett und Kalorien. Margarine besteht aus mehrfach ungesättigten Fettsäuren, Butter aus gesättigten Fettsäuren. Wenn Ihr Cholesterinspiegel bei etwa 180 mg/dl oder weniger und Ihre HDL-Cholesterin-Ratio unter 4,0 liegt, schadet es nichts, wenn Sie Butter essen. Manche Physiologen ziehen Butter vor, weil sie ein Naturprodukt ist.

Unter den einfach ungesättigten Ölen ist Olivenöl am besten zur Senkung des Cholesterinspiegels geeignet, aber alle Öle haben denselben Kaloriengehalt und sind austauschbar. Entscheidend ist auch hier die Menge – verwenden Sie so wenig wie möglich.

Dressings, Gewürze und Soßen. Wieder sprach Dr. Sneed

mit großem Nachdruck. „Man sollte sich nur selten ein fettreiches Salatdressing oder Mayonnaise genehmigen, denn darin sind einfach zuviel Kalorien und zuviel Fett enthalten. Wenn Sie zum Beispiel in ein Fast-food-Restaurant gehen und meinen, Sie treffen eine kluge Wahl, wenn Sie den Geflügelsalat bestellen, dann aber ein fettes Dressing verwenden, dann fügen Sie Ihrem Salat dreihundert zusätzliche Kalorien zu. Wenn Sie sich dann ausrechnen, wieviel Gramm Fett Sie zu sich genommen haben, wären Sie mit einem Hamburger vermutlich noch besser gefahren. Verwenden Sie also stets ein fettarmes Dressing. Wählen Sie ein Dressing, das 25 Kalorien pro Teelöffel oder weniger enthält, und verwenden Sie eine leichte, cholesterinfreie Mayonnaise.

Bestellen Sie im Restaurant keine Soßen außer dem klaren Fleischsaft oder einer dünnen, natürlichen Soße. Wenn Sie Lust auf eine Sahnesoße oder eine dicke, braune Soße haben, bereiten Sie sie sich zu Hause aus fett- und kalorienarmen Zutaten zu.

Obst und Gemüse. Wählen Sie Ware aus, die frisch aussieht und eine kräftige Farbe hat. Dunkelgrüner Blattsalat und anderes Grün sind von den Nährstoffen her viel empfehlenswerter als blasser Eisbergsalat. Sie sollten auch darauf achten, daß die Ware nicht verdorben ist, denn verdorbene Lebensmittel können Ihrem Körper Schadstoffe zuführen. Beschaffen Sie sich eine gute Gemüsebürste und reinigen Sie Ihr Gemüse so gut wie möglich, und dann lassen Sie die Schale dran. Die Außenhülle der meisten Gemüse enthält Zellulose, eine jener nichtlöslichen Fasern, die dazu beitragen, daß die Nahrung schneller durch den Verdauungstrakt transportiert wird.

Verarbeitete und abgepackte Lebensmittel. Wenn Sie dergleichen kaufen, müssen Sie Ihr eigener Ernährungsberater sein. Vor allen Dingen achten Sie darauf, daß nicht zu viele Zusatzstoffe darin enthalten sind. Wenn Sie abgepackte Lebensmittel kaufen, lesen Sie die Etiketten. Meiden Sie zu viele künstliche Zutaten und wenden Sie unsere Regel an, nur Produkte zu kaufen, die dreißig Prozent Fett oder weniger enthalten.

Getränke. Bei einer Diät zum Abnehmen ist in der Kalorienverteilung kein Platz für alkoholische Getränke, da Alkohol Ihren Appetit anregen kann. Auch Fruchtsäfte sind wegen ihres hohen Zuckergehaltes nicht zu empfehlen. Tee und Kaffee, besonders die koffeinfreien Sorten, sind die erste Wahl. Kräutertees sind gut. Doch am allerbesten trinken Sie Wasser. Achten Sie darauf, pro Tag sechs bis acht große Gläser klare Flüssigkeit zu trinken.

Regel Nr. 8:
Essen Sie zu Hause, wann immer möglich

Die neusten Statistiken zeigen, daß die Amerikaner dreißig Prozent ihrer Mahlzeiten außer Haus einnehmen. Dabei ist es interessant festzustellen, daß mit der Häufigkeit des Essens in Restaurants auch die Häufigkeit der Dickleibigkeit zugenommen hat. Restaurant-Essen ist allgemein kalorienhaltiger als Hausmannskost, weil Produkte mit vielen Kalorien leicht zu verarbeiten, sättigend und wohlschmeckend sind. Wenn Sie zu Hause essen, bekommen Sie gesünder zubereitetes Essen und können bei gleicher Kalorienaufnahme mehr essen.

Regel Nr. 9:
Wenn Sie essen gehen, treffen Sie eine kluge Wahl

Wenn Sie essen gehen, müssen Sie sich an dieselben Grundsätze halten wie zu Hause. Stellen Sie sich keinen Freibrief aus zu bestellen, was immer Sie wollen. Sie müssen immer noch vor verborgenen Fetten auf der Hut sein. Die meisten Leute gehen mindestens einmal in der Woche essen, und ein Bruch Ihrer Diät einmal in der Woche wird jeden Gewichtsverlust unmöglich machen. Nur wer sechsmal im Jahr oder seltener essen geht, darf im Restaurant ein Auge zudrücken.

Tips für gesunde Bestellungen im Restaurant:

▷ Beteiligen Sie sich an der Wahl des Restaurants.
▷ Überlegen Sie sich, was Sie brauchen, bevor Sie das Restaurant betreten.
▷ Bestellen Sie als erster an Ihrem Tisch, damit Sie nicht durch die Wahl anderer beeinflußt werden.
▷ Bestellen Sie keine Extras wie alkoholische Getränke, Vorspeisen oder Desserts.
▷ Bestellen Sie die gleichen Speisen, die Sie auch zu Hause zubereitet hätten.
▷ Hüten Sie sich vor den verborgenen Fetten in gebratenen Speisen, fettem Fleisch, Käse, Soßen, Mayonnaise.

Regel Nr. 10:
Stoppen Sie die Berg-und-Talbahn

Wenn Ihr Gewicht Ihr ganzes Leben lang wie eine Berg-und-Talbahn auf- und abgestiegen ist, sollten Sie Ihr Verhalten überdenken. Viele Ärzte sind der Ansicht, daß es für den Körper eine geringere Belastung darstellt, einfach dick zu bleiben, als erst zuzunehmen und sich dann zwanzig oder dreißig Pfund abzuhungern, die man dann wieder anfuttert. Neuere Untersuchungen haben ergeben, daß es von Mal zu Mal schwieriger wird, das Gewicht, das man wieder zugenommen hat, auch wieder loszuwerden. Irgend etwas geschieht mit den Fettzellen, das bewirkt, daß sie ihr Fett nicht wieder so leicht hergeben. Ringen Sie sich also jetzt dazu durch, Ihre Lebensweise so zu verändern, daß Sie langsam und stetig abnehmen.

Regel Nr. 11:
Kontrollieren Sie Ihre Auslöser

Menschen lassen sich durch viele Signale zum Essen anreizen, die überhaupt nichts mit einem Nahrungsbedürfnis zu tun haben. Der Schritt durch die Wohnungstür kann für

140

jemanden, der von einem langen, harten Arbeitstag nach Hause kommt, ein Signal zum Essen sein, selbst wenn er gerade erst eine späte Kaffeepause mit einem Käsesandwich gemacht hat.

Auch Lebensmittel in Ihrem Küchenschrank können eine Versuchung zum Essen auslösen. Wenn Sie dickmachende Lebensmittel im Haus haben müssen, verstauen Sie sie hinten in der Speisekammer, auf dem untersten Regalbrett oder hinten im Kühlschrank. Nur die unbedenklichen Lebensmittel sollten vorne stehen.

Andere Versuchungen können durch Aktivitäten entstehen, die zum Essen anreizen, wie etwa Fernsehen, Lesen, Telefonieren oder Autofahren. Machen Sie es sich zur Regel, wenn Sie etwas essen, nicht gleichzeitig etwas anderes zu tun.

Eine weitere gefährliche Situation besteht, wenn Sie das Essen für andere vorbereiten. Wenn Sie es nicht umgehen können, weiterhin für andere das Essen zu machen, während Sie abnehmen, sollten Sie diese Arbeit dann erledigen, wenn Ihre Widerstandskraft nicht durch Hunger oder Müdigkeit geschwächt ist. Versuchen Sie, morgens, wenn Sie keinen Hunger haben, einen Eintopf zuzubereiten. Dann brauchen Sie ihn nur noch aufzuwärmen, wenn Ihre Familie nach Hause kommt. Wenn Ihre Kinder während des Tages kleine Zwischenmahlzeiten haben wollen, bereiten Sie auch die schon am Morgen zu. Bewahren Sie sie in einer geschlossenen Schüssel auf, die ausschließlich für die Kinder bestimmt ist. Wenn die Kinder dann am Nachmittag Hunger haben, können sie sich einen kleinen Beutel mit Karotten oder Rosinen holen.

Regel Nr. 12:
Salz ist out – Gewürze sind in

Pro Tag sollten Sie nicht mehr als drei Gramm Kochsalz zu sich nehmen. Eine einfache Faustregel, um das zu überprüfen, ist: Wenn etwas salzig schmeckt, dann ist es wahrscheinlich auch salzig. Gewürze sind in. Gewürze sind problemlos zu verwenden, und gut gewürztes Essen braucht kein Salz. Oft können Sie auch durch geschickten Einsatz von Gewürzen Butter und andere dickmachende Zutaten einsparen. Die traditionelle Methode, Lebensmittel schmackhaft zu machen, bestand darin, sie mit Pfeffer und Salz zu bestreuen und mit Butter zu übergießen. Pfeffer können Sie weiterhin verwenden, aber Sie sollten neue Würzmethoden kennenlernen, um das Salz und die Butter einzusparen. Eine gesunde Ernährung muß nicht fade schmecken. Sie können alle Kräuter und Gewürze verwenden, nach denen Ihnen der Sinn steht.

Wie sieht eine gesunde Ernährung aus?

1. Reduzieren Sie den Anteil an Fett in Ihrer Ernährung auf weniger als 30 Prozent der gesamten Kalorienaufnahme. Wenn Sie nachprüfen wollen, wieviel Gramm Fett Sie zu sich nehmen, können Sie das anhand der Angaben in der Nährstofftabelle (erhältlich bei Ihrer Krankenkasse) feststellen. Der Fettgehalt sollte weniger als 30 Prozent der gesamten Kalorienaufnahme betragen, unabhängig davon, ob Sie Ihr Gewicht halten oder abnehmen wollen.

▷ Verteilen Sie Ihren Fettverbrauch gleichmäßig auf Nahrungsmittel mit gesättigten, mehrfach ungesättigten und einfach ungesättigten Fettsäuren (siehe die folgenden Definitionen).
Cholesterin: Findet sich hauptsächlich in Produk-

---

ten tierischen Ursprungs, etwa im Eigelb (im Eiklar ist kein Cholesterin enthalten), in Leber, Hirn und anderen Innereien und in Fleischfetten. Cholesterin wird auch in der Leber produziert. Den genauen Cholesteringehalt der verschiedenen Nahrungsmittel finden Sie in Ihrer Nährstofftabelle.

Gesättigte Fettsäuren: Gelten als die gefährlichste der drei Fettarten. Gesättigte Fettsäuren sind Kohlenstoffatome, die mit Wasserstoffatomen gesättigt sind. Diese Fette heben den Cholesterinspiegel im Körper an und müssen daher bei Diäten zur Senkung des Cholesterinspiegels beschränkt werden. Sie finden sich in Vollmilchprodukten, Palm- und Kokosöl, Milchersatz (insbesondere Kaffeeweißer) sowie in gehärteten Ölen und Fetten (Plattenfett).

Mehrfach ungesättigte Fettsäuren: Diese Fette werden in letzter Zeit immer beliebter, weil sie dazu beitragen, den Cholesterinspiegel zu senken. Pflanzliche Öle wie Maisöl, Färberdistelöl, Sonnenblumenöl, Sojaöl etc. enthalten mehrfach ungesättigte Fettsäuren.

Einfach ungesättigte Fettsäuren: Gelten als die gesündesten der drei Fettarten. Olivenöl ist das bekannteste Öl aus einfach ungesättigten Fettsäuren. Sein Genuß kann dazu beitragen, den Cholesterinspiegel im Blut zu senken.

Richtlinien

▷ Ersetzen sie fettes Fleisch, Gebratenes und fettreiche Milchprodukte durch Fisch, Huhn und Pute (ohne Haut), mageres Fleisch, pflanzliche Eiweißlieferanten (z. B. Bohnen, Tofu) und fettarme Milchprodukte.

▷ Begrenzen Sie die tägliche Cholesterinaufnahme auf 150 mg oder weniger.

▷ Achten Sie sorgfältig darauf, wenig Öl (auch mehrfach ungesättigte Arten), wenig Eigelb und andere fette Speisen zu sich zu nehmen.

Empfohlener Fettverbrauch proTag

Kalorien proTag	Fettmenge proTag in g (Höchstmengen)*
800	27
900	30
1 000	33
1 100	37
1 200	40
1 300	43
1 400	47
1 500	50
1 600	53
1 700	57
1 800	60
1 900	63
2 000	67

* Alle Arten von Fett haben den gleichen Kaloriengehalt.

2. Essen Sie mindestens fünf Portionen (je etwa 125 g) Obst und Gemüse pro Tag.

▷ Grüne und gelbe Gemüse (die nicht als stärkehaltig gelten) enthalten bei geringem Kaloriengehalt große Mengen an Nährstoffen. Sie sollten ein wichtiger Bestandteil Ihrer Ernährung sein.

▷ Obwohl Obst eine gute Wahl ist, übertreiben Sie es nicht damit, besonders nicht mit dem Fruchtsaft. Sie haben, verglichen mit kalorienarmen Gemüsesorten, eine relativ hohe Kaloriendichte.

3. Essen Sie täglich mindestens sechs Portionen Brot, Getreide oder Hülsenfrüchte, es sei denn, Ihre Diätvorschrift sieht etwas anderes vor.

▷ Wählen Sie nach Möglichkeit Vollkornprodukte und naturbelassene Sorten, da diese Ihnen mehr Ballaststoffe und Spurenelemente liefern.

▷ Mindestens 55 Prozent Ihres gesamten Kalorienverbrauchs sollte aus Kohlenhydraten stammen.

4. Essen Sie nicht mehr als 85 bis 170 g stark eiweißhaltige Nahrungsmittel pro Tag (Fleisch, Fisch, Eier).

▷ Legen Sie den Schwerpunkt auf fettarme Eiweißlieferanten oder pflanzliche Alternativen.

5. Verschaffen Sie sich regelmäßig Bewegung, um Ihr normales Gewicht zu halten. Ihr gesamter Kalorienbedarf und daher Ihre Ernährung hängen davon ab, daß Sie dieses grundlegende menschliche Bedürfnis befriedigen.

6. Alkoholische Getränke sind nicht empfehlenswert.

7. Beschränken Sie ihren täglichen Salzverbrauch auf nicht mehr als 4 g Kochsalz. Das läßt sich in vielen Fällen leicht erreichen, indem man bei Tisch nicht nachsalzt und allzu salzige Speisen vermeidet. (Eine tägliche Salzaufnahme von 4g entspricht ungefähr einer Natriumaufnahme von 2 g.)

8. Achten Sie auf eine ausreichende Kalziumversorgung. Frauen brauchen mindestens 1 000 mg pro Tag (1 500 mg bei Frauen nach der Menopause, die kein Östrogen einnehmen). Das ist mehr, als bisher vielfach empfohlen wurde. Neuere Forschungen haben gezeigt, daß die Werte erhöht werden müssen, um dem Knochenschwund (Osteoporose) vorzubeugen.

Sport

„Können Sie mir noch folgen?" fragte Dr. Sneed lächelnd.

„O ja!" gab Barbara zur Antwort. „Ich bin ein wenig überwältigt – ich meine, ich werde eine Weile brauchen, um all das zu verarbeiten –, aber ich finde es toll! Es ist aufregend zu erfahren, was ich tun kann, um abzunehmen und gesund zu leben, und wie ich mich verhalten sollte, falls ich je für eine Familie zu kochen habe. Das müßte alles in der Schule unterrichtet werden. Jeder sollte über diese Dinge Bescheid wissen!"

„Nun, wir haben noch ein weiteres wichtiges Thema vor uns, nämlich Sport. Dieses Thema darf in einer Erörterung über Ernährung nicht fehlen, denn Sport gehört auf die andere Seite des Kaloriengleichgewichts. Davon sprachen wir ja am Anfang, als wir uns darüber klar wurden, daß das Ziel einer Diät darin besteht, das Leben ins Gleichgewicht zu bringen."

Barbara zog eine Grimasse. „Muß das sein? Was ist so wichtig an Sport?"

Warum Sport?

Um abzunehmen und erfolgreich schlank zu bleiben, ist es unabdingbar, regelmäßig Sport zu treiben – ungefähr dreißig Minuten pro Tag. Dafür gibt es viele Gründe, wie Dr. Sneed erläuterte:

▷ Durch Sport werden Muskeln aufgebaut, also magere Körpermasse. Muskeln verbrauchen mehr Kalorien als Fettgewebe und helfen Ihnen dadurch, Ihr Gewicht zu halten.

▷ Sport verbessert die Spannkraft und Leistungsfähigkeit des Körpers während der Zeit der Diät, in der dem Körper die Energiequellen der Nahrung teilweise fehlen.

▷ Sport regt den Stoffwechsel des Körpers an. Diäten mit sehr niedriger Kalorienrate (unter 1 000 Kalorien pro Tag) senken den Stoffwechsel des Körpers um bis zu fünfundvierzig Prozent. Alle Vorgänge im Körper verlangsamen sich, damit die Funktionen trotz der niedrigen Energieaufnahme aufrechterhalten werden können. Der Körper stellt sich dabei auf eine lange Hungerperiode ein, indem er Fett konserviert. Diese Konservierung des Fettes führt dazu, daß während der Diät mehr Muskelgewebe verbrannt und weniger Gewicht abgebaut wird. An dieser Stelle brechen viele Leute ihre Diät wegen mangelnden Erfolges ab. Sport und die größere Muskelmasse, die sich durch Sport entwickelt, führen zu einer Steigerung Ihres Stoffwechsel-Grundumsatzes, so daß diese natürlichen Überlebensvorgänge ausgeglichen werden.

▷ Aerobic-Übungen stärken die Herz- und Lungenmuskulatur und senken so den Blutdruck.
▷ Neuere Untersuchungen zeigen, daß Aerobic-Übungen den Gehalt an Cholesterin, Triglyceriden und Glucose im Blut senken.
▷ Übungen mit Gewichten verringern den Kalziumverlust in der Knochenmasse. Das ist besonders für Frauen wichtig.
▷ Regelmäßige Aerobic-Übungen steigern Ihre Spannkraft und verhelfen Ihnen zu einer positiveren Einstellung. Alle Formen von Aerobic-Übungen werden Ihre Produktivität steigern.
▷ Dreißig Minuten Sport am Tag werden Ihren Appetit eindämmen.
▷ Regelmäßige Aerobic-Übungen bringen eine positive Einstellung hervor, weil sie die Endorphin-Produktion in Ihrem zentralen Nervensystem anregen.

Was sind Aerobic-Übungen?

„Ich habe schon oft von Aerobic-Übungen gehört, aber ich weiß nicht genau, was das ist", sagte Barbara. „Heißt das, daß ich mir einen hautengen rosa Anzug kaufen und an einem Kurs in der Volkshochschule teilnehmen soll?"

Dr. Sneed lachte. „Nicht im mindesten. Aber Sie können sich nicht vorstellen, wie oft ich diese Frage gestellt bekomme. Ich glaube, neunzig Prozent meiner Patienten würden das Ganze abblasen, wenn ich ihnen sagte, sie müßten einen lila-grün gestreiften Jogginganzug kaufen. Eigentlich ist es ganz einfach."

Dr. Sneed erklärte, Aerobic-Übungen seien alle Arten von Übungen, die mindestens zwanzig Minuten lang ohne Pause in einem gleichmäßigen Tempo ausgeführt werden. Die besten Beispiele sind schnelles Gehen, Joggen, Schwimmen, Radfahren und Aerobic-Tanz. Das Wort „Aerobic" bezieht sich auf die Rolle, die der Sauerstoff dabei spielt, und das Ganze beruht darauf, daß Aerobic-Übungen die Atmung und den Kreislauf anregen, indem sie die Sauerstoffaufnahme steigern.

„Wie – das ist alles? Sich einfach nur genug bewegen, daß der Herzschlag beschleunigt wird?" fragte Barbara.

„Treffender kann man es nicht ausdrücken, Barbara! Genau das ist der Kern der Sache."

Dann gab Dr. Sneed Barbara eine Tabelle über Aerobic-Übungen (siehe S. 153-155).

Wieviel Sport sollte ich treiben?

„Und wie oft muß ich das machen?" fragte Barbara.

„Vielleicht müßte die Frage eher lauten, wie schnell Sie abnehmen wollen", antwortete Dr. Sneed. „Um Ihr Herz und Ihre Lungen zu trainieren, sollten Sie nach Meinung der meisten Fachleute viermal in der Woche Sport treiben. Um Sport als Mittel zum Abnehmen und Schlankbleiben einzusetzen, müßten Sie jeden Tag dreißig Minuten Sport treiben."

Dr. Sneed legte großen Wert darauf, diesen Punkt zu verdeutlichen: „Je mehr Sport Sie treiben, desto schneller werden Sie abnehmen. Um das zu erreichen, müssen Sie etwas finden, woran Sie Spaß gewinnen können. Das bedeutet, es muß etwas sein, das in Ihren Zeitplan und in Ihr finanzielles

Budget paßt. Ich empfehle schnelles Gehen oder eine Kombination aus Gehen und Joggen. Wenn Sport nicht schon seit einiger Zeit ein Teil Ihres Lebens ist, sollten Sie sich aber klarmachen, daß Sie sich zu den dreißig Minuten erst hocharbeiten müssen. Lassen Sie sich nicht entmutigen. Haben Sie Geduld mit sich selbst."

Diesen Ratschlag von Dr. Sneed möchten wir unterstreichen, denn ein Mensch, der nicht in Form ist und seit Jahren keinen Sport getrieben hat, muß vielleicht mit fünf Minuten pro Tag anfangen, und das reicht dann völlig aus. Für diesen Menschen ist das ein ebenso großer Sieg wie ein Zehn-Kilometer-Lauf für jemand anders. Wenn Sie bei Ihrem ersten Versuch nicht mehr zustande bringen, als bis zum Ende Ihres Häuserblocks und zurück zu gehen, prima – entscheidend ist, daß Sie es tun!

Denken Sie auch daran, daß jeder seinen Arzt konsultieren sollte, bevor er ein Sportprogramm beginnt. Das gilt besonders für Raucher und Leute mit irgendeiner gesundheitlichen Komplikation wie Übergewicht, Bluthochdruck, Herzerkrankungen, Diabetes, Hyperlipidämie (d. i. vermehrter Cholesterin- oder Triglyceridgehalt im Blut) oder orthopädischen Problemen.

Weiter ist zu bedenken, daß gelegentlicher Sport, wie etwa Fußball am Wochenende oder zweimal in der Woche Basketball an der Straßenecke, noch kein Aerobic-Sportprogramm ausmacht. Das ist zwar vermehrte Bewegung und gehört zu einer gesunden Lebensweise, aber es hat nichts mit Aerobic zu tun. Das gleiche gilt leider für Golf und Tennis, da diese Spiele immer wieder Bewegungspausen enthalten, in denen der Herzschlag sich verlangsamen kann.

Die folgende Tabelle zeigt, wie Sie allmählich Ihre sportlichen Aktivitäten bis zu der Ebene steigern können, die Sie anstreben oder zu der Ihnen Ihr Arzt rät. Fangen Sie da an, wo Sie stehen – wenn es nur fünf Minuten am Tag sind, auch gut –, dann steigern Sie sich, wie es Ihnen angenehm ist.

Programm zur Steigerung der sportlichen Aktivität

Stufe	Dauer	Häufigkeit	Empfohlene Übung
1	5 Minuten	7mal/Woche	Gehen
2	10 Minuten	7mal/Woche	Gehen
3	10 Minuten	6mal/Woche	Schnelles Gehen oder andere Aerobic-Übung
4	15 Minuten	5mal/Woche	Schnelles Gehen oder andere Aerobic-Übung
5	20 Minuten	5mal/Woche	Schnelles Gehen oder andere Aerobic-Übung
6	25 Minuten	5mal/Woche	Aerobic, 20 Minuten; Kraftübungen, 5 Minuten
7	30 Minuten	4mal/Woche	Aerobic, 25 Minuten; Kraftübungen, 5 Minuten
8	45–60 Minuten	4mal/Woche	Aerobic, 30–40 Minuten; Kraftübungen und Hanteltraining, 15–20 Minuten

Entnommen aus: Sharon Sneed, *Prime Time* (Word, 1979).

Wie sehr sollte ich mich anstrengen?

Die einzige Möglichkeit festzustellen, ob Sie sich genug anstrengen, besteht darin, zwei- oder dreimal während Ihrer Übungen Ihren Herzschlag zu überprüfen. In der folgenden Tabelle finden Sie die für Ihre Altersgruppe angemessene Herzschlagfrequenz während der Aerobic-Übungen.

Pulsrate je 10 Sekunden während der Übungen

| Alter | Altersbezogene maximale Pulsfrequenz (je 10 Sek.) | Trainingspulsfrequenz | |
		Untergrenze 70 % der Pulsfrequenz (je 10 Sek.)	Obergrenze 90 % der Pulsfrequenz (je 10 Sek.)
15	35	24	31
20	33	23	30
25	32	23	29
30	32	22	28
35	31	21	28
40	30	21	27
45	29	20	26
50	28	19	25
55	27	19	24
60	26	18	23
65	25	17	22

Entnommen aus: Sharon Sneed, *Prime Time* (Word, 1979).

Die einfachste Faustregel ist wahrscheinlich: Wenn Sie nicht schwitzen, dann strengen Sie sich vermutlich nicht genug an. Man braucht dreißig bis vierzig Minuten kräftiger Aerobic-Übungen; dann erst entspricht der Fettabbau dem Energieverbrauch der Muskeln. Deshalb wird ein höherer Prozentsatz an Fett abgebaut, wenn Sie längere Zeitspannen trainieren.

Des weiteren sind Ihre allgemeinen Bewegungsgewohnheiten zu bedenken. Der größte Unterschied zwischen normalgewichtigen und übergewichtigen Menschen besteht oft nicht darin, wieviel sie essen, sondern wieviel Bewegung sie haben. Bewegung beschränkt sich nicht nur darauf, regelrecht Sport zu treiben, sondern auf alles, was wir während des Tages tun. Je mehr sich ein Mensch bewegt, desto mehr

Kalorien verbrennt er. Beispiele dafür, wie Sie sich allgemein mehr Bewegung verschaffen können, sind: Nehmen Sie die Treppe anstatt des Aufzugs; parken Sie am hinteren Rand des Parkplatzes; bleiben Sie stehen, wenn Sie warten müssen, anstatt sich zu setzen; holen Sie sich benötigte Dinge selbst, anstatt jemand anders zu schicken; und widmen Sie sich mit Genuß der Haus- und Gartenarbeit.

Solcher Sport als Teil des ganzen Lebensstils ist weit entfernt von den Übungsprogrammen, an denen sich die Leute vor dreißig Jahren versuchten. Damals versuchte man, nach Zeichnungen gezielte Übungen zu machen, um den Bauch- oder Schenkelumfang zu verringern. Forschungen haben ergeben, daß gezielte Übungen wie Klappmesser, Kniebeugen und Rumpfbeugen nicht dazu geeignet sind, die Fettmenge in einem bestimmten Bereich zu verringern. Viele Leute glauben immer noch, wenn Sie um die Mitte zunehmen, brauchten sie nur Klappmesser zu machen, um den Bauch abzubauen. Dieser Gedanke hat sich als unzutreffend erwiesen. Nur durch regelmäßige Aerobic-Übungen läßt sich die Fettschicht am Bauch reduzieren.

Durch spezifische Übungen kann man die Muskeln unterhalb der Fettschicht trainieren, was für das Trainingsprogramm von Sportlern wichtig ist. Mit Abnehmen hat das jedoch wenig zu tun.

Dr. Sneed sagt: „Es ist wichtig, daß Sie Ihre eigene Arbeit tun – Ihre eigene Hausarbeit, Ihre eigene Gartenarbeit, daß Sie Ihr eigenes Auto waschen. Ich erlebe es immer wieder, daß vielbeschäftigte Leute, etwa Vertreter, die den ganzen Tag auf den Beinen sind, zu mir kommen und sagen: ‚Die werden doch wohl nicht von mir verlangen, daß ich zu Fuß nach Hause gehe und dadurch noch einmal drei oder vier Kilometer laufe.‘ Und ich antworte: ‚Doch, genau das verlange ich.‘ Wenn Menschen von Ihrer Arbeit so erschöpft sind, daß Aerobic-Übungen für sie nicht in Frage kommen, dann sollten sie über eine Veränderung ihrer Lebensweise nachdenken. Manche Leute müssen sogar die Entscheidung treffen, mit weniger Geld auszukommen, und sich genügend

Zeit freimachen, um gesund zu sein und das Leben zu genießen. Wir dürfen den Sport nicht als Wahlfach verstehen, nur weil wir zu beschäftigt sind.

All das hängt mit den kulturellen Faktoren zusammen, von denen wir schon gesprochen haben, und es erklärt, warum wir in der westlichen Welt so viele Probleme mit Übergewicht haben. Wir sind alle in dieser Umgebung aufgewachsen, aber wir müssen nicht darin gefangen bleiben. Wir können unsere eigene Lebensweise kontrollieren, um Raum für körperliche, emotionale und geistliche Gesundheit zu schaffen."

Einfache Aerobic-Übungen

Gehen. Sehr beliebt, aber um auf eine echte Aerobic-Leistung zu kommen, müssen Sie sich anstrengen. Die gleiche sportliche Wirkung wie beim Joggen zu erreichen kann beim Gehen bis zu dreimal so lange dauern. Im Vergleich zum Laufen ist es sehr schonend für die Gelenke. Wenn möglich, gehen Sie in die Berge; dort hat Ihr Herz-Kreislauf-System mehr zu tun. Versuchen Sie, einen Kilometer in neun Minuten oder weniger hinter sich zu bringen.

Radfahren. Bei dieser Übung sind die Gelenke weniger Belastung und Verschleiß ausgesetzt als bei jeder anderen Sportart zu Lande. Um wirksam Sport zu treiben, müssen Sie eine Geschwindigkeit von 25 km/h oder schneller erreichen. Am besten fahren Sie mit einem richtigen Fahrrad im Freien, doch auch mit einem Zimmertrainer können Sie ordentlich trainieren.

Schwimmen. Wenn Sie Probleme mit Knochen und Gelenkschmerzen haben, ist dies der richtige Sport für Sie. Sie können entweder Bahnen auf Zeit schwimmen oder an einem Wasser-Aerobic-Kurs teilnehmen. Das ist ähnlich wie normales Aerobic, das Tanzen, Kraftübungen und Bodenübungen enthält, nur daß es im Wasser geschieht. Auch dies ist eine hervorragende Möglichkeit für Leute mit Schmerzen. Überprüfen Sie auch hier Ihre Pulsrate, wie Sie es beim Gehen auch täten.

Joggen/Dauerlauf. Obwohl dieser Sport Ihre Knochen und Gelenke belasten kann, erreichen Sie damit schneller als beim Gehen eine vollständige Aerobic-Trainingsleistung. Wenn Sie Zeit sparen wollen und mit dieser Form von Bewegung körperlich fertig werden, ist Joggen/Dauerlauf vielleicht das richtige für Sie. Beginnen Sie allerdings erst dann mit dem Jogging-Programm, wenn Sie nicht mehr als 30 Pfund Übergewicht haben. Es ist sehr wichtig, daß Sie einen guten, stützenden Laufschuh und passende, luftige Kleidung tragen. Wenn Sie drei- bis viermal in der Woche joggen können, können Sie damit das Gehen ersetzen.

Aerobic-Tanz. Ein hervorragender Sport, um Ihr Herz-Kreislauf-System zu stärken, Ihr Muskelgewebe zu vermehren und Ihr Gewicht zu verringern. Fünfundvierzig bis sechzig Minuten Training sind normalerweise ratsam. Bei Gelenkproblemen suchen Sie sich eine Gruppe aus, die möglichst erschütterungsfreie Übungen ausführt.

Zirkeltraining. Zirkeltraining bedeutet schlicht, daß Sie in einem dreißig- bis fünfundvierzigminütigen Kreislauf Kraftübungen oder Gewichtsübungen (mit Hanteln oder Trainingsgeräten) ausführen, jeweils unterbrochen von etwa sechzig Sekunden Herz-Kreislauf-Übungen. Diese Form des Trainings erfreut sich in vielen Gesundheits- und Fitneßstudios großer Beliebtheit; ebenso auch in vielen öffentlichen Anlagen, die mit Stationen für verschiedene Übungen und

Jogging-Pfaden zwischen den einzelnen Stationen ausgestattet sind. Am besten läßt sich Zirkeltraining in einer Halle ausführen, die mit speziellen Geräten zur Belastung einzelner Muskelgruppen ausgestattet ist. Sie können jedoch auch Ihr eigenes Trainingsprogramm für zu Hause aufstellen, indem Sie vertraute Übungen wie Kniebeugen und Liegestützen ausführen und mit Hanteln trainieren.

Andere Bewegungsformen, die sich für Aerobic eignen. Jede regelmäßige Bewegung, die mindestens zwanzig Minuten lang Ihren Puls beschleunigt, bringt Ihrem Körper den Nutzen eines Aerobic-Trainings. Dabei kann es sich ebenso um Skilanglauf, Schlittschuhlauf, Squash, Handball oder Rasenmähen handeln.

Der dritte Fußpfad:
Nehmen Sie Abschied

Zu den Dingen, die Sie tun müssen, wenn Sie zu Ihrer Wanderung zur Genesung aufbrechen, gehört wie bei jeder anderen Reise das Abschiednehmen. Sie müssen Abschied nehmen von Ihrer Abhängigkeit vom Essen, von Ihrer Abhängigkeit von Situationen und von Ihrer Abhängigkeit von Menschen.

Und Sie müssen sich über das doppelte Gesicht dieser Abschiede im klaren sein. Sie müssen sich von manchen Nahrungsmitteln, von Ihrer Beziehung zu ihnen und von dem Trost verabschieden, den Ihnen das Essen brachte – das kann schmerzhaft sein. Ebenso werden Sie sich von dem Schmerz verabschieden, den Ihnen Ihre Sucht verursacht hat, und das ist eine sehr positive Sache. Sie sollten jedoch wissen, daß man, so merkwürdig das im ersten Augenblick klingt, auch nach dem Schmerz süchtig sein kann. Auch wenn Sie jetzt zweifellos sagen: *Natürlich will ich mich von meinem Schmerz verabschieden*, wird ein Teil Ihres Unterbewußtseins sich daran klammern wollen – es ist wie bei dem Gefangenen von Chillon, der sich mit seinen Ketten angefreundet hatte.

Vor einigen Jahren riß ein Erdbeben in Mexiko ein gewaltiges Loch in eine Gefängnismauer. Die Gefangenen liefen jubelnd hinaus und badeten in der frischen Luft und im Sonnenschein der Freiheit. Doch innerhalb weniger Stunden waren die meisten von ihnen wieder in ihre Zellen zurückgekehrt. Welche Nachteile es auch immer haben mochte – immerhin war man im Gefängnis geborgen. Sie müssen sich vom Essen als Geborgenheitsspender ebenso verabschieden wie von dem vertrauten Schmerz, den das übermäßige Essen verursachte.

Abschied von der Abhängigkeit vom Essen

Irene war vermutlich die Patientin mit dem größten Übergewicht, die Dr. Minirth bisher beraten hatte. Bei durchschnittlicher Größe wog sie über 350 Pfund! Bewußt konnte sie sich nicht an die Ursachen der niedrigen Selbstachtung erinnern, die zu ihrer Sucht geführt hatte, doch durch die Therapie konnte sie ihren Schmerz weit genug durchleuchten, um herauszufinden, daß sie als kleines Kind sexuell belästigt worden war. Fünfundzwanzig Jahre lang hatte sie ihren Schmerz und ihre Scham mit einer Schicht Fett nach der anderen zu überdecken gesucht. Als sie endlich in der Lage war, sich von ihrem Schmerz zu verabschieden, war die Kette durchbrochen, und sie konnte sich auch von ihrer Abhängigkeit vom Essen verabschieden.

Essen kann im Leben eines zwanghaften Essers viele verschiedene Rollen spielen. Gehen Sie die folgende Liste durch und stellen Sie fest, was Essen für Sie bedeutet. Sobald Sie eine abhängige Beziehung entdecken, verabschieden Sie sich davon.

▷ Ist Essen Vater oder Mutter für Sie? Nehmen Sie Abschied davon.
▷ Ist Essen ein Gott oder ein Götze? Nehmen Sie Abschied davon.
▷ Ist Essen Ihr bester Freund? Nehmen Sie Abschied davon.
▷ Ist Essen ein Spielzeug? Nehmen Sie Abschied davon.
▷ Ist Essen eine Quelle der Sinnlichkeit? Nehmen Sie Abschied davon.
▷ Ist Essen eine stimmungsverändernde Droge für Sie? Nehmen Sie Abschied davon.

Sie werden sich auch von bestimmten Nahrungsmitteln und Eßgewohnheiten verabschieden müssen:

▷ Nehmen Sie Abschied von sehr fetthaltigen Nahrungsmitteln.

▷ Nehmen Sie Abschied von allzu großen Portionen von Nahrungsmitteln.

▷ Nehmen Sie Abschied vom Schlingen.

▷ Nehmen Sie Abschied von alten Zubereitungsmethoden.

▷ Nehmen Sie Abschied von einigen alten Rezepten.

Und lernen Sie unsere Baustein-Diät kennen! Dr. Sneed machte Barbara bei ihrem zweiten Besuch mit dieser Diät bekannt.

Die Baustein-Diät

„Die spezielle Diät, die ich empfehle", sagte Dr. Sneed zu Barbara, „ist eine Baustein-Diät. Wie der Name schon andeutet, sind die Nahrungsmittel innerhalb jeder Gruppe – Brot oder Gemüse oder Fleisch – untereinander austauschbar wie Bausteine. Sie können irgendeines davon auswählen, um Ihren Kalorienbedarf in dem jeweiligen Bereich zu decken. Lassen Sie mich Ihnen den Hintergrund dieser Idee erklären.

Die Baustein-Diät basiert auf den grundlegenden Nahrungsmittelgruppen. Ursprünglich war sie für Diabetiker bestimmt, weil sich durch diese Diät so genau regulieren läßt, wieviel Fett, Protein und Kohlenhydrate man bekommt. Doch dann stellte sich heraus, daß sie gleichzeitig eines der wirksamsten Mittel zur Gewichtsabnahme ist, weil sie es möglich macht, von bestimmten Nahrungsmitteln genau die richtige Menge zu sich zu nehmen. Unser Programm unterscheidet sich von dem Diabetiker-Programm jedoch darin, daß es hier keine feste Grenze für den Zuckerverbrauch vorsieht und auch bei anderen Nahrungsmitteln etwas großzügiger ist. Sie müssen jedoch darauf achten, die Beilagen zu Ihren Mahlzeiten, wie etwa Butter, Mayonnaise und Soßen, nicht zu unterschätzen. Dies sind separate Nahrungsmittel."

Barbara blickte verwirrt, und Dr. Sneed lachte. „Entschuldigung, ich greife ein wenig vor. Ich werde das gleich noch erläutern. Doch das Entscheidende ist, daß dieses Programm Ihnen zeigt, wie Sie richtig essen können. Bei unserem hektischen Lebensstil ist es an der Tagesordnung, Mahlzeiten zu überspringen und es dafür später zu übertreiben oder ständig in Fast-food-Restaurants zu essen. Wenn Sie nicht lernen, die richtigen Nahrungsmittel kontrolliert zu sich zu nehmen, werden Sie Ihr Ziel – nämlich abzunehmen – nie erreichen."

Barbara nickte. „Richtig. Darum bin ich ja hier."

„Ich freue mich über Ihre offene Einstellung, Barbara. Und nach dem, was ich aus Ihrem Hintergrundmaterial über Ihren Lebensstil ersehen kann", sagte Dr. Sneed und wies auf das Blatt, das Barbara zuvor ausgefüllt hatte, „glaube ich, es wird Ihnen leichtfallen, sich an dieses Programm zu halten – leichter als vielen anderen meiner Patienten. Haben Sie die Frau gesehen, die gerade hinausging, kurz bevor Sie kamen?"

Barbara nickte. Sie erinnerte sich an eine große, attraktive Frau mit schwarzen Haaren, wahrscheinlich Anfang vierzig, die ungefähr fünfzehn Pfund Übergewicht hatte und einen auffallenden rot-schwarzen Anzug trug.

„Das war Elaine. Sie hat seit zehn Jahren Übergewicht und bekommt es nicht in den Griff. Sie ist eine sehr erfolgreiche Grundstücksmaklerin, aber ihr Lebensstil läßt weder Sport noch richtiges Essen zu.

Und was nimmt sie fünf oder sechs Tage in der Woche zu sich? Sie wird Ihnen sagen, daß sie weder frühstückt noch zu Mittag ißt. Dafür ißt sie im Büro zwei Krapfen, holt sich mittags am Kiosk irgend etwas wie eine Cola und ein Päckchen Cracker mit Erdnußbutter – was in Wirklichkeit mehr Kalorien und Fett enthält als ein Hamburger. Aber ihrer Meinung nach ist das keine richtige Mahlzeit. Also meint sie, wenn sie spätabends nach Hause kommt, sie hätte den ganzen Tag nichts gegessen, und verwöhnt sich kurz vor dem Schlafengehen mit einem üppigen Abendessen." Dr. Sneed schüttelte den Kopf. „Dieser Lebensstil ist typisch für viele meiner

Patienten. Ich nenne ihn das ‚Hans-Dampf-Syndrom‘. Aber ich bin sicher, Sie werden es schaffen.“

Dr. Sneed reichte Barbara sieben Listen von Lebensmitteln, wie sie im Anhang (S. 313–318) zu sehen sind. „Nun, Sie müssen wissen, daß die Lebensmittel innerhalb jeder Liste von den Nährstoffen her ähnlich sind. Alle Lebensmittel auf jeder Liste sind untereinander austauschbar wie Bausteine – und das ist das Stichwort: Bausteine. Zum Beispiel bekommen Sie bei Ihrem Kalorienbedarf, sagen wir, sieben Brot-Bausteine pro Tag zugeteilt. Das muß nicht unbedingt heißen, daß Sie sieben Scheiben Brot pro Tag essen müssen. Sie können dieses Brot gegen irgend etwas anderes auf dieser Liste austauschen, so daß Sie zum Beispiel an einem Tag drei Portionen Kartoffeln, zwei Portionen Getreideprodukte und zwei Portionen Reis essen, und damit kommen Sie auch auf Ihre sieben Portionen von dieser Liste. Eigentlich ist es ganz einfach; Sie müssen nur daran denken, die Butter oder Marmelade auf Ihrem Brot mitzurechnen, denn die gehören in eine ganz andere Bausteingruppe.“

Sodann umriß Dr. Sneed die fünf Schritte, die Barbara befolgen mußte, um mit der Baustein-Diät erfolgreich zu sein.

1. Studieren Sie die Bausteinlisten

Liste 1 enthält die Stärke-/Brot-Bausteine. Dazu gehören Getreideprodukte, Brotsorten, Reis sowie Kartoffeln und einige stärkehaltige Gemüsesorten.

Diese Lebensmittel sollten nicht im Übermaß genossen werden, weil sie zur Gewichtszunahme führen können. Andererseits dürfen Sie sie auch nicht ganz weglassen, weil sie hungerstillend sind und Ihr mageres Körpergewebe schützen. (Damit Sie während einer Diät keine Muskeln abbauen, müssen Sie Kohlenhydrate zu sich nehmen.) Diese Lebensmittel enthalten pro Portion etwa 70 Kalorien, und wir empfehlen Ihnen, wegen ihres hohen Ballaststoffgehaltes und ihres höheren Nährwertes Vollkornprodukte zu bevorzugen.

Liste 2 enthält alle Fleischsorten, einschließlich Fisch, Geflü-

gel, dazu Eier und Käse. Natürlich ist stets die magerste bzw. fettärmste Sorte zu bevorzugen. Fisch und Huhn sind eine gute Wahl. Für Leute, die Diät halten, gibt es kein besseres Fleisch als Fisch. Der Kaloriengehalt der Lebensmittel auf dieser Liste beträgt ca. 80 bis 120 Kalorien pro Baustein. Denken Sie daran, daß an den Fleischstücken, die Sie verwenden, kein sichtbares Fett sein sollte und daß sie nicht gebraten werden sollten. Wenn Sie Probleme mit dem Cholesterin haben, sollten Sie darüber hinaus Eigelb, Leber und fettere Fleischstücke meiden.

Liste 3 enthält Milch und Milchprodukte. Denken Sie daran, daß wir nur Magermilch und Magermilchprodukte zulassen. Käse könnte auch hier erscheinen, obwohl er in diesem Fall nur auf der Fleischliste enthalten ist. Käse liefert pro Kalorie nicht soviel Kalzium wie Milch oder fettarmer Joghurt. Außerdem enthalten Käseprodukte mehr Cholesterin.

Liste 4 enthält die Obst- und Saft-Bausteine. Jede Portion Obst enthält ungefähr 55 Kalorien. Achten Sie hier besonders auf die Portionsgröße. Zum Beispiel entspricht die Hälfte einer sehr kleinen Banane einer Portion — nicht die Hälfte einer zwanzig Zentimeter langen Banane. Ganze Früchte sind besser als Saft, weil sie mehr Vitamine, Mineralien und Ballaststoffe enthalten.

Liste 5 enthält die besonders kalorienarmen Gemüsesorten. Jeder Mensch braucht mindestens vier Portionen pro Tag von der Gemüse-Baustein-Liste. Diese Portionen enthalten etwa 15 bis 30 Kalorien. Hier müssen Sie sich vielleicht ein wenig antreiben, falls Sie es bisher nicht gewohnt waren, Gemüse zu essen. Für eine gesunde Ernährung ist Gemüse ein absolutes Muß.

Liste 6 enthält Beilagen, Gewürze und Getränke; davon können Sie soviel zu sich nehmen, wie Sie möchten. Gehen Sie die Liste durch und suchen Sie sich die Sachen aus, die Sie besonders mögen, so daß Sie sich darauf konzentrieren können.

Liste 7 enthält Fette. Denken Sie daran, daß Speisen nicht unbedingt wegen der Fette besser schmecken; sie schmecken besser wegen der guten Zubereitung und des richtigen Gebrauchs von Kräutern und Gewürzen. *Liste 8 gibt die Bausteine von Fast-food-Gerichten an.* Sie enthält Nahrungsmittel, die nicht unbedingt empfehlenswert sind, kann Ihnen aber helfen einzuschätzen, welche Bausteine in kombinierten Gerichten enthalten sind.

2. Bestimmen Sie Ihren Kalorienbedarf

Schauen Sie in der Baustein-Mengen-Tabelle (unten) nach, wie viele Kalorien Sie zu sich nehmen sollten. Um abzunehmen, müssen sich die meisten Frauen auf 1 000 Kalorien pro Tag beschränken. Die meisten Männer und sehr aktive Frauen können bei 1 200 Kalorien pro Tag abnehmen. Dann entnehmen Sie aus der betreffenden Spalte, wie viele Portionen von den Lebensmitteln der verschiedenen Listen Sie pro Tag zu sich nehmen sollten. Wenn Sie sich zum Beispiel die Tabelle in der 1 000-Kalorien-Spalte betrachten, finden Sie vier Brot-Bausteine, vier Fleisch-Bausteine, zwei Milch-Bausteine, drei Obst-Bausteine, eine unbegrenzte Menge an kalorienarmen Gemüsen und einen Fett-Baustein. Das ist Ihre tägliche Ration für vierundzwanzig Stunden.

Baustein-Mengen-Tabelle

Lebensmittelliste	Kalorienebene				
	Zum Abnehmen		Zum Gewichthalten		
	1 000	1 200	1 500	1 800	2 000
1. Brot/Stärke	4	5	7	9	10
2. Mageres Fleisch	4	4	4	5	5
3. Milch/Milchprodukte	2	2	3	3	3
4. Obst/Säfte	2	3	4	5	6
5. Gemüse	– mindestens 4 Bausteine pro Tag –				
6. Fette	1	2	3	5	6

Anmerkung: Wenn Sie fettarme Zutaten und Zubereitungsarten wählen, wird die Kalorienverteilung in Ihrer Ernährung ungefähr so aussehen:

Zum Abnehmen		Zum Gewichthalten
25%	Protein	15%
55%	Kohlenhydrate	60%
20%	Fett	25%

3. Planen Sie Ihre Menüs

Wenn Sie Ihre Menüs zusammenstellen, achten Sie darauf, daß Sie die Kalorien auf den ganzen Tag verteilen. Manche Leute sind es gewohnt, ihre sämtlichen Mahlzeiten in einem Teil des Tages zu konzentrieren, etwa in einer vier- bis sechsstündigen Spanne zwischen dem späten Nachmittag und frühen Abend. Indem Sie die Kalorien auf den ganzen Tag verteilen, vermeiden Sie Müdigkeit und Hunger und beugen der Neigung vor, bei der nächsten Mahlzeit zuviel zu essen.

An den meisten Tagen ist es nötig, daß Sie die Mengenangaben in Ihrer Baustein-Mengen-Tabelle exakt einhalten. An manchen Tagen kann es jedoch sein, daß Sie in einer Kategorie etwas mehr und dafür in einer anderen weniger essen. Das ist in Ordnung, wenn es nur gelegentlich geschieht.

4. Führen Sie genau Buch

Dieses Diätprogramm wird mit Sicherheit nicht funktionieren, wenn Sie nicht alles genau aufschreiben, was Sie essen, und es dann mit Ihrer Tabelle vergleichen. Nur dann können Sie sichergehen, daß Sie die Anzahl der Portionen in jeder Kategorie eingehalten und die Grenzen für diesen Tag nicht überschritten haben. Selbst für Lebensmittel- und Ernährungsexperten ist das unverzichtbar, denn es ist anders fast unmöglich, den Überblick über alles zu behalten, was man im Laufe eines Tages ißt.

5. Versuchen Sie es – es wird Ihnen gefallen!

Haben Sie von Kindesbeinen an schlechte Eßgewohnheiten angenommen, wie es bei den meisten von uns der Fall ist? Glauben Sie, mit Fleisch könne man nur eines machen, nämlich es mit Fett in der Pfanne braten? Meinen Sie, dicke Soßen seien ein Muß zu jedem Gericht? Geben Sie diesem neuen Stil, leicht zu essen, eine Chance! „Manche meiner Patienten mögen diese Ernährungsweise sofort", sagt Dr. Sneed, „doch andere müssen sich erst hineinfügen. Besonders Menschen, die ihre Vorlieben in der Kindheit entwickelt haben und sich einfach nicht von Gefühlen des Geliebt- und Angenommenseins lösen können, die sie mit dem Essen verbinden. Selbst bei meinen härtesten Fällen dauerte es jedoch nur zwei oder drei Monate, um zu völlig neuen Eßgewohnheiten überzuwechseln.

Wenn die Aufforderung ‚Versuchen Sie es, es wird Ihnen gefallen' bei Ihnen also kein positives Echo findet, dann sagen Sie sich: ‚Versuchen Sie es, es wird Ihnen mit der Zeit gefallen.' Im Moment mögen Sie den Geschmack von Magermilch vielleicht nicht, aber wenn Sie sich keine andere Alternative geben, wird sie Ihnen mit der Zeit tatsächlich besser schmecken als Vollmilch", sagt Dr. Sneed.

Während Barbara begann, die Baustein-Diät anzuwenden, halfen ihr Dr. Hemfelt und Dr. Minirth, von weiteren Dingen Abschied zu nehmen: von der Abhängigkeit von Situationen und von der Abhängigkeit von Menschen.

„Sie sind jetzt soweit, daß Sie Ihr Reisetagebuch beginnen können", sagte ihr Dr. Hemfelt. „Ein Ringbuch ist wahrscheinlich am besten, damit Sie Seiten hinzufügen und umstellen können, wie Sie wollen. Geben Sie dem Buch den Titel „Meine Reise zur Genesung", notieren Sie das Datum, und setzen Sie stolz Ihren Namen als Autor ein. Heften Sie am Anfang Ihre Beziehungs-Fragebögen und den Brief ein, den Sie an sich selbst geschrieben haben. Für den heutigen Reisetag listen Sie die Abschiede auf, die Sie nehmen – und machen Sie sich eine Notiz, wie Sie sich dabei fühlen, wenn Sie diesen wichtigen Schritt in Richtung Genesung tun.“

Abschied von der Abhängigkeit von Situationen

Wie wir schon so oft in diesem Buch betont haben, arbeiten wir auf eine völlige Genesung hin. Wenn es also an diesem Punkt noch andere Abhängigkeiten in Ihrem Leben gibt, ist jetzt der richtige Zeitpunkt, sich auch von diesen Verhaltensweisen zu verabschieden – von jeder ungesunden Manie oder Fixierung, selbst wenn es nur eine der milderen, gesellschaftsfähigen Zwanghaftigkeiten ist wie etwa der Zwang, Ihr Haus allzu sauber zu halten oder in zehn Gemeindekomitees mitzuarbeiten.

Wenn Sie jedoch ein ernsteres Problem erkannt haben, wie etwa Alkoholismus oder Drogenabhängigkeit, dann werden Sie es mit diesem Buch allein nicht lösen können, und wir raten Ihnen dringend, ärztliche Hilfe in Anspruch zu nehmen.

Abschied von der Abhängigkeit von Beziehungen

Fast bei allen Patienten mit Eßzwang finden wir hörige Beziehungen vor. Hörigkeit liegt in einer Beziehung dann vor, wenn Menschen übermäßig voneinander abhängig sind und oft zwischen Extremen der Abhängigkeit und der Unabhängigkeit hin- und herschwingen. In unserem Buch *Love Is a Choice: Recovery for Codependent Relationships* (Entscheidung für die Liebe: Heilung für hörige Beziehungen; erscheint bei Schulte & Gerth) erörtern wir das Persönlichkeitsbild des hörigen Menschen und zeigen Wege auf, sich von dieser Sucht zu befreien. Wenn Sie sich in der folgenden Beschreibung auch nur ein wenig wiedererkennen, raten wir

Ihnen dringend, *Love Is a Choice* zu lesen. Hier geht es zunächst nur darum, einige wichtige Aspekte des hörigen Persönlichkeitsbildes aufzuführen:

▷ Hörige sind süchtig nach bestimmten Menschen und Dingen.
▷ Hörige leiden an Liebes-Hunger.
▷ Hörige wurden als Kinder aktiv oder passiv mißhandelt oder sind jetzt in einer Situation, in der sie mißhandelt werden.
▷ Hörige glauben, daß äußere Umstände dazu führen, daß sie sich innerlich wohl fühlen.
▷ Hörige pendeln in ihren Beziehungen zwischen Extremen der Abhängigkeit und der Unabhängigkeit hin und her.
▷ Hörige leiden unter starken Stimmungsschwankungen.
▷ Hörige und ihre Partner springen in verschiedenen Situationen in ihrer Beziehung zwischen den Rollen des Opfers, des Täters, des Helfers und des Retters hin und her.
▷ Hörige leiden unter dem Zwang, eine bestimmte Verhaltensweise immer aufs neue zu wiederholen, wie etwa das Schlemmen.

Die meisten Hörigen leiden neben ihrer Beziehungssucht noch an mindestens einer weiteren Sucht.

Hörigkeit kann zwar als Folge einer schmerzlichen Erfahrung – etwa eines Todesfalles in der Familie oder einer traumatischen Erkrankung – auch im späteren Leben auftreten, doch die Ursache liegt meistens in der schmerzlichen Erinnerung an eine Mißhandlung in der Kindheit, die den Betroffenen in den Teufelskreis der Abhängigkeit einschleuste. Aktive Mißhandlung ist normalerweise sehr leicht zu identifizieren. Sie liegt vor, wenn ein Mensch einem anderen unmittelbar Schmerzen zufügt; zum Beispiel, wenn ein Ehemann, der in seinem Beruf versagt, nach Hause kommt und dann der Katze einen Tritt versetzt, seinen Sohn anschreit und seine Frau schlägt.

Passive Mißhandlung dagegen, die häufigste Ursache für

chronisch übermäßiges Essen, ist viel schwerer zu erkennen. Robert, der zur Zeit Patient in unserer Abteilung für Eßstörungen ist, war ungeheuer stolz auf seinen Vater – ein Zwei-Sterne-General und John Wayne in Lebensgröße. Doch in der Gruppentherapie gab Robert zu, es sei nichts Ungewöhnliches gewesen, wenn sein Vater neun Monate hintereinander nicht zu Hause war. Robert hatte den Schmerz seiner Verlassenheit mit Fettschichten bedeckt.

Wir fordern unsere Patienten oft auf, an eines der „Besetzt"-Schilder zu denken, die man an Flugzeugsitzen findet. Können Sie sich ein solches Zeichen an der Stirn Ihrer Mutter oder Ihres Vaters vorstellen? Waren sie so besessen von Krankheit, Reinlichkeit, Karriere oder Gemeindearbeit, daß Sie sich verlassen fühlten? Und versuchten Sie dann, diese Verlassenheit mit Schokolade zu lindern?

Ebenso ist es nicht schwierig, aktiven sexuellen Mißbrauch zu definieren. Aber wir müssen uns klarmachen, daß ein völliger Mangel an Umarmungen oder Zärtlichkeiten in der Familie einen passiven sexuellen Mißbrauch darstellen kann, der dazu führt, daß das Kind sich nicht liebenswert fühlt. Zeit, Zuneigung und Aufmerksamkeit sind die drei wichtigsten Zuwendungen, die jedes Kind von seinen Eltern erhalten muß, damit kein Liebes-Hunger entstehen kann, der in die Hörigkeit führt. Wenn es für die Vorbeugung schon zu spät ist, dann muß man für die eigene Heilung arbeiten, indem man von hörigen Beziehungen Abschied nimmt.

Wer sich von einer hörigen Beziehung lösen will, muß sich einige Fragen stellen: Bin ich bereit, mich von den Extremen in meiner Beziehung zu verabschieden? Will ich auf ein Gleichgewicht zugehen? Bin ich bereit, starre Rollen aufzugeben? Der Schlüssel zur Befreiung von Hörigkeit liegt darin, ein Gleichgewicht zu erreichen. Das Gegenteil von Hörigkeit ist nicht Unabhängigkeit, sondern Interdependenz – eine gesunde gegenseitige Abhängigkeit. Stellen Sie sich eine Wippschaukel vor. Die eine Seite stellt die Abhängigkeit dar, die andere die Unabhängigkeit. Wenn Sie auf einem der beiden Enden sitzen, ist die Wippschaukel aus dem Gleichgewicht, und Sie sind im Zustand der Hörigkeit. Die mittlere, ausgewogene Position ist die Interdependenz. Ausgewogene, interdependente Menschen können abhängig genug sein, um eine vertrauensvolle Verletzlichkeit und echte Intimität in einer Beziehung zuzulassen, aber gleichzeitig auch unabhängig genug, um ihre eigene emotionale Identität zu besitzen. Sie gehen nicht emotional auf und ab, nur weil andere mal oben und mal unten sind.

Interdependenz in der Ehe

Wenn Sie verheiratet sind, nehmen Sie Ihr Tagebuch und machen Sie eine Inventur Ihrer Ehe. Fragen Sie sich selbst:

1. Wie teilen wir uns die Kontrolle? Ist ein Partner völlig bestimmend? Ordnet sich ein Partner stets unter?

2. Wie teilen wir unsere Zeit? Hier könnten Sie vielleicht ein Tortendiagramm zeichnen, das sichtbar macht, welche Anteile Ihrer Zeit Sie wie verbringen. Bitten Sie Ihren Ehepartner, das gleiche zu tun. Ist Ihre Zeit vernünftig auf Sie selbst, Ihre Familie, Ihren Ehepartner, Ihre Arbeit, Ihre Gemeinde und Ihre Freizeit verteilt? Oder nimmt einer dieser Bereiche ungebührlichen Raum ein und verdrängt die anderen?

3. Wie teilen wir unsere Sexualität? Haben beide Partner die Freiheit, den sexuellen Verkehr zu initiieren? Fühlen sich beide Partner wohl dabei, Befriedigung zu geben und zu empfangen?

4. Wie teilen wir unser Geld? Hat ein Partner die Kontrolle über das ganze Geld? Gibt einer alles aus? Trifft einer alle Entscheidungen über größere Anschaffungen?

5. Wie teilen wir unser geistliches Leben? Übernimmt ein Partner stets die Führung in der Familienandacht und in geistlichen Dingen? Diktiert ein Partner, wie die Familie sich in geistlichen Dingen verhält?

Gehen Sie Ihre Antworten noch einmal durch und halten Sie Ausschau nach Verzerrungen. Ist Ihre eheliche Beziehung ausgewogen, oder hängt das eine oder das andere Ende der Wippschaukel ständig in der Luft?

Interdependenz in der Beziehung zwischen Eltern und Kindern

Normalerweise ist es ein allmählicher Prozeß bis Mitte Dreißig, nicht mehr am Schürzenzipfel zu hängen und das Nest zu verlassen. Die räumliche Trennung vollzieht sich meistens am Ende der Teenagerzeit oder Anfang Zwanzig, wenn das Kind zur Ausbildung das Elternhaus verläßt, eine Junggesellenwohnung bezieht oder heiratet.

Anfang oder Mitte Zwanzig vollzieht sich die finanzielle Trennung, wenn das Kind das Studium beendet oder beruflich weiterkommt. Die Eheschließung, die normalerweise etwa zu dieser Zeit eintritt, ist der wichtigste Schritt zur Trennung von der Ursprungsfamilie. Der nächstwichtige Schritt ist der in einen Beruf, so daß ein Teil der Identität nicht mehr daraus gewonnen wird, daß man jemandes Sohn oder Tochter ist, sondern daß man ein Lehrer, ein Anwalt, ein Mechaniker ist.

Jeder dieser Schritte, die normalerweise während der Zwanziger vollzogen werden, bereitet uns verstandesmäßig darauf vor, von unserer Ursprungsfamilie getrennt zu sein. Doch die völlig verinnerlichte, emotionale Trennung wird meist nicht vor Anfang bis Mitte Dreißig erreicht. Bei diesem endgültigen Erreichen des Erwachsenenalters sollten wir uns von Mutter und Vater vollständig verabschiedet haben. Wir sind selbständig und haben es nicht mehr nötig, daß Mutter und Vater da sind, um uns aus der Patsche zu helfen.

Wenn das beide Partner in einer Ehe nicht schaffen, wird oft die Ehe an dieser Stelle zerbrechen, und ein Partner geht „heim zu Mama" oder flüchtet sich mit einem jüngeren Partner auf eine tropische Insel – in dem verzweifelten Versuch, die Geborgenheit der Jugend zurückzugewinnen. Sich von Mutter und Vater zu verabschieden, ist also entscheidend für eine gesunde Ehe.

Und es ist auch entscheidend für ein gesundes geistliches Leben. Menschen, die sich an ihre Eltern klammern, können sich nicht an Gott als ihren wahren Vater halten. Sobald wir uns jedoch von Mutter und Vater gelöst haben, können wir uns ganz Gott zuwenden.

Ginger, Barbaras Freundin aus der Gruppentherapie, entdeckte die Wurzel ihres Problems darin, daß sie sich nicht von ihren Eltern verabschiedet hatte. „Meine Mutter stammt aus einer Alkoholikerfamilie. Sie ist die einzige von fünf Kindern, die keine Alkoholikerin ist, aber dafür ist sie süchtig nach Essen", erzählte sie Barbara eines Abends nach dem Gruppentreffen. „Mein Vater ist ein jähzorniger Perfektionist, ein Schwarzweißdenker, der Leute durch Furcht und Einschüchterung manipuliert. Meine Mutter manipuliert durch Schuldgefühle. Ich liebe beide sehr, aber sie sind sehr unglückliche Leute, und ich muß sie loslassen. Diese Probleme sind ihre Probleme. Ich bete für sie, aber ich mußte begreifen, daß es nicht meine Aufgabe ist, sie zu ändern oder ihr Leben in Ordnung zu bringen.

Ich habe gelernt, frei zu sein. Das war nicht leicht, weil sie immer wieder versuchen, mich zurückzuziehen. Im Moment versuche ich, längere Abstände zwischen den Telefonaten und Besuchen zu lassen.

Das ist nicht leicht, denn sie wohnen ganz in meiner Nähe. Aber manchmal erweist es sich als leichter, als ich dachte. Seit ich zurückdenken kann, habe ich mir ein Pferd gewünscht. Schließlich hatte ich eine Möglichkeit, zu einem wirklich vernünftigen Preis eine wahre Schönheit zu kaufen. Ich bin fünfunddreißig Jahre alt und verdiene mein eigenes Geld, aber ich hatte panische Angst davor, was meine Eltern sagen würden, wenn ich mir ein Pferd kaufte. Ich ging los und tat es, und weißt du was – sie haben sich überhaupt nicht darüber aufgeregt!

Ich habe einige Techniken des Loslassens gelernt: Ich habe gelernt, daß es in Ordnung ist, sich *nicht* schuldig zu fühlen. Ich habe erkannt, daß meine Eltern ungesunde Leute sind und daß ich mich vor ihnen schützen muß. Ich habe gelernt,

Grenzen zu setzen. Wenn ich in einem Gespräch bin, das nicht gut läuft, sage ich einfach mit sehr ruhiger Stimme: ‚Ich habe wirklich nicht angerufen, um mir so etwas anzuhören‘, und dann hänge ich auf. Schon der Gedanke daran versetzte mich in Schrecken, aber ich habe gelernt, daß es funktioniert.

Ein großer Durchbruch war es, als ich mit meinem älteren Bruder über all das sprach. Er sagte: ‚Ginger, du hast das alles schon immer viel zu ernst genommen. Sag doch Mutter und Vater einfach, daß sie sich zurückhalten sollen. Du weißt doch, daß sie dich lieben; laß sie doch einfach mal zornig sein. Es kann nicht immer alles nach ihrem Kopf gehen.‘ Und damit hat er recht. Aber ich wollte immer alles reparieren. Wahrscheinlich ist das auch etwas, wovon ich mich verabschieden muß – alles reparieren zu wollen.“

Barbara nickte. Ginger hatte ihr eine Menge zu denken gegeben. Da ihre eigenen Eltern schon tot waren, mußte sie sich von ihnen nicht mehr buchstäblich verabschieden. Aber sie mußte emotional Abschied nehmen. Ihr Vater war in einem Krankenhaus für Alkoholiker gestorben, als sie in ihrem zweiten Jahr auf dem College gewesen war, und ihre Mutter war weniger als ein Jahr später einer Lungenentzündung erlegen, so daß Barbara schon seit vielen Jahren keine Eltern mehr hatte. Doch vielleicht mußte sie sich noch von dem Schmerz verabschieden, bei gestörten Eltern aufzuwachsen – obwohl sie gedacht hatte, sich bei den Begräbnissen ihrer Eltern endgültig von ihnen getrennt zu haben.

Interdependenz in beruflichen Beziehungen

Eine gesunde berufliche Beziehung zu Ihrem Chef oder Vorgesetzten erfordert es, daß Sie sich mit der betreffenden Person in der gegenwärtigen Situation auseinandersetzen, anstatt den Schatten Ihrer Eltern auf diese Autoritätsfigur zu projizieren.

Richard kam zu uns, weil er Hilfe gegen sein zwanghaftes

Essen suchte, nicht zur Beratung im Blick auf seinen Beruf. Doch als er seine Beziehungen zu Autoritätsfiguren untersuchte, stellten wir fest, daß er – obwohl er ein höchst erfolgreicher Vertreter war – innerhalb von vierzehn Jahren vierzehnmal den Job gewechselt hatte, weil er immer wieder mit den Verkaufsleitern aneinandergeriet.

„Ja, ich bin da wirklich an eine einzige Kette von Eseln geraten", sagte er. „Ich meine richtige Spinner! Zum Beispiel mein letzter Chef: Der wollte mich um meine Provision betrügen. Als ich den Scheck bekam, ging ich geradewegs zum Vizepräsidenten – ich meine, so leicht kürzt keiner dem alten Richard die Provision um die Hälfte und redet sich dann auf einen Buchhaltungsfehler heraus."

Als wir Richards Beziehungen zu seiner Ursprungsfamilie durchgingen, entdeckten wir, daß er mit einer diktatorischen, jähzornigen Mutter und einem passiven, invaliden Vater aufgewachsen war. Wann immer sich in seinem Beruf Konflikte ergaben, begehrte Richard im Grunde nicht gegen den Verkaufsleiter, sondern gegen seine Mutter auf. Wie jeder, der unter einer mißhandelnden Autoritätsfigur aufwächst, litt Richard an Liebes-Hunger. Seine Meinung war: „Autoritätsfiguren kann man nicht trauen – sie nutzen einen nur aus. Sie mißhandeln einen."

Richard mußte sich von vielen Dingen verabschieden. Zum Beispiel von der Illusion: „Ich hatte Pech mit meinen Chefs – die Umstände sind schuld."

Er mußte sich von der Verleugnung seines Schmerzes verabschieden, mit einer herrschsüchtigen Mutter aufgewachsen zu sein. Und es ist nicht leicht, sich von einem solchen Schmerz zu verabschieden. Denn wenn man sich erst einmal eingesteht, daß der Schmerz da ist, beginnt man ihn auch zu *spüren*. Richard mußte den Schmerz erleiden, und das ist der nächste Schritt im Genesungsprozeß: den Schmerz auszutrauern. Auf diesem Fußpfad werden wir im nächsten Kapitel wandern.

Der vierte Fußpfad:
Trauern Sie
den Schmerz aus

Obwohl Richard ein erwachsener Mann war, saß er in unserem Sprechzimmer und weinte wie ein Kind. Die erste Welle des Schmerzes kam, weil er mit einer herrschsüchtigen Mutter aufgewachsen war. Kaum waren die Tränen versiegt, überwältigte ihn das Leid, niemals einen richtigen Vater gehabt zu haben. Schließlich blickte Richard auf und tupfte sich die Augen. Er öffnete den Mund, um zu sprechen, und brach unter dem Ansturm der dritten Welle zusammen, die noch stärker war als die anderen, und betrauerte den Tod seines Vaters. Diese Trauerarbeit, die eigentlich schon vor Jahren hätte getan werden sollen, stieg schließlich in einem zerreißenden Schmerz, der Richard zu überwältigen drohte, an die Oberfläche. Und dann erkannten wir aus den gebrochenen Satzfetzen, die er uns zuwarf, daß all dieser Schmerz ihn in einem Wirbel von Erinnerungen und verlorenen Hoffnungen überrollte – Mutter, Vater, die aufgegebene Hoffnung, am Arbeitsplatz eine Vaterfigur zu finden.

Wir hüteten uns davor, uns einzumischen. Richard tat seine eigene Arbeit, sehr wahrscheinlich die härteste Arbeit seines Lebens. Wir versorgten ihn mit Taschentüchern und hielten Störungen fern, und als die Tränen versiegten, gaben wir ihm zu trinken. Richard war erschöpft wie ein Schiff, das einen Sturm auf hoher See überstanden hatte, aber nun konnte die wahre Heilung beginnen.

Wenn Sie die Arbeit des Abschiednehmens gründlich erledigen, werden Sie einen Verlust der Liebe in Ihrer Vergangenheit empfinden. Dann können Sie den Schmerz austrauern.

Das ist der schwerste Fußpfad von allen, doch zugleich der wichtigste. Denn sich zu öffnen, um den Schmerz herauszuschneiden, ist wie eine Operation. Dann kann die eigentliche Heilung beginnen.

Dr. Paul Meier sagt, der Schmerz des Liebes-Hungers verursache ein emotionales Eitergeschwür, das mit der Nadel der Trauer angestochen werden müsse. Im Innern der Opfer des Liebes-Hungers gibt es sowohl die Leere, die sie mit Nahrung auszufüllen versuchen, als auch Taschen voller Schmerz. In ihnen steigt der Druck immer mehr, während die Leute verzweifelt essen, um den Schmerz hinunterzustopfen. Wenn die Beule nicht mit angemessener Trauer aufgestochen wird, kann der Druck bis zur Explosion ansteigen – wie es bei Adriane geschah, die mit einem Polizisten einen Stierkampf führte.

Auch wenn Sie in Ihrem Beziehungs-Fragebogen weder in der Vergangenheit noch in der Gegenwart auf ernsthafte Störungen gestoßen sind, wenn Ihr übermäßiges Essen noch milde Ausmaße hat und Sie keine tiefsitzenden Schmerztaschen haben, werden Sie noch Ihr Teil an Trauerarbeit zu tun haben. Schon die normalen Übergangssituationen des Lebens bringen eine natürliche Trauer mit sich: wenn das erste Kind in die Schule kommt, Examina, Hochzeiten und natürlich Beerdigungen. Selbst der „fröhliche Esser" muß darüber trauern, daß er das Essen als Freund verliert. Das Essen verursachte dem „fröhlichen Esser" eine Menge Schmerz, doch es war immer da, wenn er es brauchte. Deshalb mußte er dieses Lebewohl betrauern.

Wenn Ihr Schmerz jedoch tief sitzt und der Druck groß ist, kann es sein, daß sich Ihre Trauer in gewaltsamen Explosionen Raum schafft. Haben Sie keine Angst, wenn das eintritt. Machen Sie sich klar, daß es gut für Sie ist. Der Eiter, der aus der Beule ausbricht, macht Platz für gesundes Gewebe.

Vielleicht brauchen Sie Hilfe, um dieses schwierigste Stadium der Heilung durchzustehen. Suchen Sie sich eine Selbsthilfegruppe, die Ihnen Unterstützung geben kann, wie zum Beispiel die „Anonymen Eßsüchtigen". (Von weiteren möglichen Gruppen wird im Kapitel über den achten Fußpfad die Rede sein.)

Richard hatte einen wichtigen Durchbruch in seinem Genesungsprozeß erzielt, als er in unserem Sprechzimmer seine Trauerarbeit begann, doch wir wußten, daß damit der eigentliche Kampf erst begcnnen hatte. Deshalb rieten wir ihm, sich einer Selbsthilfegruppe anzuschließen. „Die ‚Anonymen Eßsüchtigen' treffen sich jeden Mittwoch mittag und Freitag abend nur ein paar Häuser weiter", sagten wir ihm.

Richards Reaktion war typisch für jemanden, der Probleme mit Autoritätsfiguren hat. „He, ich habe keinen Sinn für Nabelschauversammlungen, in denen mein Gewicht vor der ganzen Gruppe bekanntgegeben wird und ich im Lotussitz Sellerie essen muß. Ich wette, die haben mehr Vorschriften als ein Eisbecher Kalorien."

Wir drängten ihn, nicht über etwas zu urteilen, bevor er es kennengelernt hatte.

Richard blickte zweifelnd drein. „Na ja, wir werden sehen", sagte er.

Wie Richard widerstrebte auch Barbara dem Eintritt in den Trauerprozeß. „Das klingt schrecklich. Ich bin sowieso schon unglücklich und traurig. Warum sollte ich daran arbeiten, noch unglücklicher zu werden?"

„Wenn Sie die Beule nicht aufstechen, ist das, als ob Sie versuchten, einen Tumor mit einem Pflaster zu heilen", sagten wir ihr.

„Das ist mir klar. Aber vielleicht käme ich mit dieser Trauer besser zurecht, wenn ich erst einmal ein wenig abnehmen würde, so daß ich mich ein bißchen besser fühle, selbst wenn es nur zehn Pfund sind."

Wir bemühten uns, Barbara verständlich zu machen, worum es ging: „Nach unserer Erfahrung versuchen Leute, die schon verschiedene Diäten hinter sich haben und sich immer wieder aufs neue vornehmen, dieselben fünfundzwanzig Pfund loszuwerden, genau das, was Sie vorschlagen – eine Heilung ohne vorherige Reinigung. Würden Sie einem Zahnarzt vertrauen, der Ihre Löcher füllt, ohne vorher die faulen Stellen herauszubohren?"

Sie lächelte. „Also schön, ich sehe, worauf Sie hinauswollen. Aber schmerzloser wäre es schon ohne den Bohrer!"

Noch am gleichen Abend saß Barbara mit ihrem Tagebuch auf den Knien im Bett. Zuerst machte sie die Liste der Abschiede, die sie genommen hatte, wütend. Sie fühlte sich betrogen. Sie hatte soviel verpaßt.

▷ Einen liebenden Vater. Wie anders hätte ihr Leben verlaufen können, wenn sie einen netten, normalen Vater gehabt hätte – so wie Gail, das beliebteste Mädchen in ihrer Klasse.

▷ Spaß in ihrer Collegezeit. Sie hätte soviel mehr aus ihrer Collegezeit machen können, wäre sie nicht so abhängig von Calvin gewesen – hätte sie nur erkannt, wie er sie ausnutzte.

▷ Partys und hübsche Kleider. Sie versäumte vieles an gesellschaftlichem Leben, weil sie zu dick war.

▷ Spaß und Wohlbefinden beim Essen. Sie wußte, daß es damit für sie vorbei war.

▷ Tom. Sie beide hätten eine so gute Ehe führen können.

▷ Pommes frites. Was sollte sie ohne Pommes frites anfangen?

▷ Erfolg im Beruf. Sie hätte eine Ausbildung als Innenausstatter machen können, wenn sie ihr Leben nicht so verpfuscht hätte.

Es war nicht fair! Sie schlug mit der Faust auf ihr Bett und unterdrückte ein Schluchzen. Das Blatt verschwamm vor ihren Augen, als die Wut der Trauer wich.

Die nächsten drei Tage verbrachte Barbara auf einer emotionalen Berg-und-Talbahn. Jetzt, da ihr die ganze Tiefe ihrer Trauer über den Alkoholismus ihres Vaters, über ihre Schwierigkeiten in Beziehungen zu Männern, über den Verlust Ihrer beruflichen Karriere und über ihre Eßprobleme bewußt wurde, war sie überwältigt. An einem Morgen schäumte sie vor Wut und hatte keine Ahnung, wo all der Zorn herkam. Am Nachmittag weinte sie. Am nächsten Morgen wiederum erwachte sie mit einer verleugnenden Einstellung und versuchte sich weiszumachen, es würde schon alles in Ordnung kommen, wenn sie nur fünfundzwanzig Pfund abnähme. Und dann löste die Verleugnung selbst den Zorn über den hohen Preis aus, den sie für ihre Dickleibigkeit gezahlt hatte, und sie kehrte zurück in den Trauerprozeß.

Die meisten unserer Patienten machen ähnliche Erfahrungen durch. Haben sie einmal mit dem Trauern begonnen, verschwimmen die Probleme. Sie fangen vielleicht an in der Meinung, über ihre eigene Ehe zu trauern, und stellen dann fest, daß sich der Schwerpunkt auf die unglückliche Ehe ihrer Eltern verschoben hat, und dann verschwimmt alles und läßt sich nicht mehr unterscheiden. Die Patienten durchlaufen alle klassischen Stadien der Trauer.

1. Schock und Verleugnung

In dieses Stadium der Trauer tritt man unmittelbar nach einem traumatischen Erlebnis ein. Schauen Sie sich einen Fernsehbericht über einen Flugzeugabsturz an. Die Überlebenden sind ruhig und still und sitzen oft in Decken gehüllt bewegungslos da. Sie befinden sich in einem körperlichen und emotionalen Schockzustand. Sie machen Bemerkungen wie: „Ich kann es nicht glauben!" „Das kann nicht wahr sein!" Dieser schützende, gottgegebene Abwehrmechanismus ist wichtig für das Überleben der Menschen und macht uns fähig, eine Katastrophe zu überstehen.

Die Phase des Schocks und der Verleugnung sollte relativ kurz sein und dem Betroffenen erlauben, durch die schwierigeren Stadien zur Heilung fortzuschreiten. Doch die Mehrzahl der eßsüchtigen Menschen, denen wir begegnen, sind seit Jahren in Schock und Verleugnung eingefroren. Dafür sind zwei Gründe verantwortlich: Emotional haben sie einfach ihre Gefühle verleugnet und sich geweigert, den normalen Prozeß fortzusetzen; körperlich haben sie ihre Gefühle mit Essen betäubt, genau wie es ein Drogenabhängiger mit Drogen tun würde.

Das war auch bei Bob Green der Fall, dem Patienten, der zu dick war, um sich in Dr. Hemfelts Lehnstuhl zu setzen. Der Trauerprozeß in seinem Leben war so festgefahren, so gründlich mit Essen und Alkohol betäubt, daß er selbst dann nicht mehr trauern konnte, als er seinen Sohn, seine Schwiegertochter und seinen kleinen Enkel bei einem Autounfall verlor.

Melissa war eine weitere Patientin, deren Eßstörung auf einem festgefahrenen Trauerprozeß beruhte. Sie war die beste Freundin ihres Vaters gewesen, bis er plötzlich an einem Herzanfall starb, als sie zwölf war. Ihre Mutter wollte ihr nicht erlauben zu trauern. „Dein Vater ist im Himmel. Was geschehen ist, war Gottes Wille. Es ist böse zu trauern."

Dreizehn Jahre lang war diese Botschaft in ihrem Kopf herumgeirrt, bis sie einen viel älteren Mann heiratete, weil sie einen Ersatz für ihren Vater suchte. Als ihr klar wurde, daß ihr Mann ihren Vater nicht ersetzen konnte, begann sie als Fluchtverhalten zuviel zu essen. Schließlich kam sie wegen schwerer Depressionen in die Beratung.

Wenn Sie seit vielen Jahren im Schock erstarrt sind, kann es eine Weile dauern, Ihre Emotionen wieder aufzutauen. Bleiben Sie dabei, immer wieder Ihren Beziehungs-Fragebogen durchzugehen, Abschied zu nehmen und Ihre Gefühle in Ihrem Tagebuch festzuhalten. Es ist nicht schlimm, wenn es lange dauert. Nehmen Sie sich die Zeit, zu entdecken und zu erleben, was Sie bisher nicht gefühlt haben.

Damit unsere Patienten aus dem Stadium von Schock und der Verleugnung herauskommen, bitten wir sie – wie es auch Barbara tat –, sich eine Liste der Verluste zu machen, die ihre Sucht sie gekostet hat. Manche machen das am liebsten wie eine Einkaufsliste, doch einer der wirksamsten Wege, alle im Unterbewußten bewahrten Dinge vollständig

an die Oberfläche zu bringen, ist die Technik des sogenannten „Webens":

Nehmen Sie ein leeres Blatt Papier. In die Mitte schreiben
Sie das Wort *Verluste und kreisen es ein. Ziehen Sie von dort aus
eine kurze Linie und schreiben Sie den ersten Verlust nieder, der
Ihnen in den Sinn kommt, etwa Aktivitäten.* Kreisen Sie das
Wort ein und notieren Sie um es herum alle Aktivitäten, an
denen Sie sich gerne beteiligt hätten, wenn Ihr Übergewicht
Sie nicht daran gehindert hätte. Verbinden Sie die Wörter mit
Linien. Wenn Sie auf diese Weise alle Aktivitäten aufgelistet
haben, die Ihnen entgangen sind, wählen Sie ein weiteres
Wort, zum Beispiel *Beziehungen*; verbinden Sie es mit Ihrem
Kernwort *Verluste* und weben Sie auch um diesen Begriff ein
Netz Ihrer Verluste.

Legen Sie sich keinerlei Zensur auf, wenn Sie etwas nie-
derschreiben wollen. Ihr Lieblings-Schlüsselanhänger, den
Sie bei einem Gelage in einem Schnellrestaurant verloren
haben, gehört ebenso auf diese Liste wie die Beförderung,
die Ihnen entging, weil Ihr Chef an den Mythos glaubte,
dicke Leute seien ineffizient. Denken Sie an alle Aspekte
Ihres Lebens: den sozialen, den körperlichen, den emotionalen und den geistlichen. Weben Sie Ihr Netz, solange Sie
können – bis Ihr Blatt aussieht, als sei es von einem riesigen
Spinnennetz überzogen.

Sobald die Patienten all Ihre Verluste auf einmal schwarz
auf weiß vor sich sehen, erleben sie das spontane Aufsteigen
der Trauer. Leider spielen manche Patienten eine Art Hüt-
chen-Spiel mit ihrer Trauer. Sie betrachten einen Verlust und
bedecken ihn dann mit einem Hütchen, bevor sie den nächsten Verlust aufdecken. Um die völlige Genesung zu erlangen, müssen Sie jeden einzelnen Verlust aufgedeckt lassen,
damit Sie das ganze Bild sehen können. Während seiner ganzen Jugend und als junger Erwachsener hatte Richard den
Schmerz verleugnet, mit einer tyrannischen Mutter aufgewachsen zu sein, und in dieser ausgedehnten Verleugnung
seinen Körper mit Essen und seine Karriere mit Zorn sabo-
tiert. Wir ermutigten ihn, den Heilungsprozeß fortzusetzen,

den er in unserem Sprechzimmer begonnen hatte, als er ein
Netz seiner Verluste gewoben hatte. Es sah ungefähr so aus
wie unten.

Richards Netz

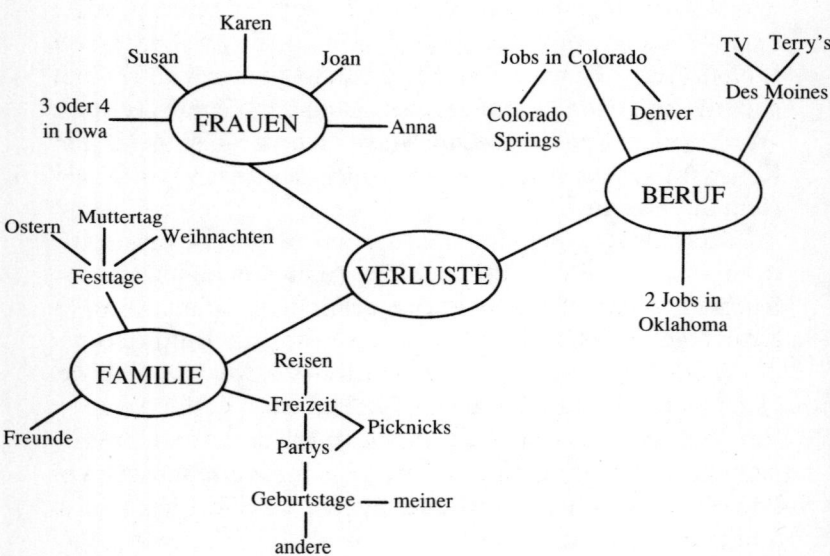

2. Zorn

Wenn Schock und Verleugnung auftauen und die Nadel die
Schmerztasche erreicht, dann bricht Zorn aus. Fast jeder
zwanghafte Esser ist zornig, sei es auf sich selbst oder auf andere. Die meisten Patienten sind für ihre eigene Bitterkeit
blind. In aller Ruhe behaupten sie: „Nein, ich bin überhaupt
nicht zornig!"

Es gibt drei Formen von Zorn. Es gibt den nach außen gerichteten Zorn – den konventionellen Zorn, wie wir ihn nen-

182

nen –, der die Patienten dazu bringt, ihre Fäuste gegen Gott zu schütteln, ihre Ehepartner zu schlagen oder ihre Chefs anzuschreien. Es gibt den nach innen gerichteten Zorn, den wir Depression nennen. Diese Form von Zorn äußert sich auf stillere Art, da der Trauernde mit seinem eigenen Zorn auf sich selbst zu tun hat. Schließlich gibt es den projizierten Zorn. Manche Menschen projizieren den Zorn, den sie gegen sich selbst und gegen ihre Sucht empfinden, auf andere Menschen in ihrer Umgebung. Sie leugnen vielleicht, daß das wirkliche Problem ihre Unzufriedenheit ist, die auf ihrer niedrigen Selbstachtung beruht, oder ihr Zorn wegen ihrer Sucht, und sagen: „Wenn mein Ehepartner mir mehr Aufmerksamkeit schenken würde, dann wäre ich nicht so wütend auf ihn, und dann würde ich auch aufhören zu essen." Außerdem gibt es noch den legitimen Zorn – eine normale, gesunde Reaktion auf Umstände und Beziehungen, die Menschen jedoch durch Essen ausdrücken können, wenn sie keinen Weg wissen, sie auf gesunde Weise auszudrücken.

Ob der Zorn nun nach innen oder nach außen gerichtet, legitim oder projiziert ist, er muß heraus. Der verbale Weg ist der gesündeste. Wenn Sie Zorn gegen einen lebenden Menschen in Ihrer Nähe empfinden, dann können Sie vielleicht hingehen und sagen: „Ich muß einmal zum Ausdruck bringen, wie ich das empfinde." Je klarer Sie Ihre Gefühle und deren Ursachen darlegen können, desto besser. Manchen Leuten reicht es schon, es einfach in ihr Tagebuch zu schreiben.

In der Therapie verwenden wir oft die Technik des Rollenspiels. Wir stellen zwei Stühle mitten ins Zimmer. Der Patient sitzt auf dem einen Stuhl und stellt sich vor, der Empfänger seines Zorns säße auf dem anderen. Dann läßt der Patient all seine alten Verletzungen und seinen Zorn heraus. In einer solchen Rollenspiel-Situation hat man mehr Freiheit, starke Emotionen auszudrücken, als wenn die betreffende Person tatsächlich anwesend wäre. Wenn der Zorn gar physisch ausgedrückt werden muß, geben wir unseren Patienten oft etwas, womit sie zuschlagen können, oder lassen sie selbst aus Zeitungen so etwas herstellen, damit sie ihre Wut vollständig ablassen können.

Wenn Ihr Zorn schon alt und die betreffende Person verstorben oder weggezogen ist, kann die Rollenspieltechnik sehr wirksam sein. Manche Leute ziehen es vor, einen Brief zu schreiben, auch wenn er nicht abgeschickt wird.

Bei nach innen gerichtetem Zorn versuchen Sie es damit, mit Ihrem eigenen Spiegelbild zu reden, so, als ob Sie sich in einem anderen Stuhl selbst gegenüber säßen, oder drücken Sie Ihre Gefühle in Ihrem Tagebuch aus.

Richard war die meiste Zeit seines Lebens zornig gewesen. Er wußte, daß er zornig auf seine Mutter war, aber bis zum Beginn seiner Therapie sah er nicht die Verbindung zwischen diesem Zorn und seiner streitlustigen „Ich-lasse-mir-das-nicht-bieten"-Haltung, die ihn immer wieder daran scheitern ließ, mit anderen Autoritätsfiguren zurechtzukommen.

Als zusätzlichen Ausdruck seines Zorns hatte er einen beißenden, sarkastischen Humor entwickelt. Er konnte jeden oder jede Situation durch einen seiner stechenden Witze heruntermachen. Das konnte ihm auf einer Party Aufmerksamkeit und Gelächter einbringen, aber dauerhafte Beziehungen wurden dadurch schwierig.

Eine dritte Form von Rüstung, mit der ihn sein Zorn umgeben hatte, war das „Harte-Burschen-Image" – wie es von Humphrey Bogart verkörpert wird –, das Richard sich Frauen gegenüber zulegte. Da er redegewandt und trotz seines Übergewichtes ein gutaussehender Mann war, war es für Richard nie schwierig, Freundinnen zu haben. Doch bei den Verabredungen mit ihnen nahm er eine Haltung ein, als wolle er niemanden zu nahe an sich heranlassen, und das machte dauerhafte Beziehungen unmöglich. Wann immer eine Frau ihn verließ, war Richard sehr deprimiert. Aber er schaffte es einfach nicht, zuzugeben, daß er eine Frau in seinem Leben brauchte – bis es zu spät war. Dann erst brach das Humphrey-Bogart-Image zusammen. Bei Anna war es am schlimmsten. Als sie ihn verließ, stand er am Rande des

Selbstmordes. In der Woche, nachdem sie ihn verlassen hatte, schickte er ihr sieben Dutzend Rosen. „Ich konnte es selbst nicht glauben, als ich nachzählte. Ich weiß nicht, was über mich gekommen war", erzählte er uns später.

Der Schild aus Zorn, den Richard gegen seine Mutter erhoben hatte, mußte durchstoßen werden, bevor er den Schild sinken lassen konnte, den er gegenüber anderen Frauen trug.

3. Feilschen

Nach dem emotional verzehrenden Stadium des Zornes empfindet man oft ein Gefühl der Enttäuschung oder des Ausgelaugtseins. In dieser Phase der Ruhe nach dem Sturm ist es normal, wenn Menschen versuchen, sich aus ihrer Situation herauszufeilschen – wir nennen das magisches Denken. Wir beobachten das oft bei Krebspatienten, die versuchen, mit dem Chemotherapeuten um eine längere Behandlungsphase zu feilschen, oder bei Eltern von unheilbar kranken Kindern, die mit Gott zu handeln versuchen: „Wenn du Joey leben läßt, werde ich eine Kapelle auf dem Missionsfeld bauen." Eßsüchtige versuchen oft, sich aus ihrer Sucht herauszufeilschen, indem sie die magische Diät aller Diäten entdecken. „Wenn ich diese Diät befolge, werden sich all meine Probleme in Luft auflösen."

Wenn Sie sich in dieser Phase befinden, machen Sie sich klar, daß sie völlig normal ist. Und trösten Sie sich damit, daß die Tatsache, daß Sie diese Phase überhaupt erreicht haben, ein Beweis für Ihre Fortschritte ist. Widerstehen Sie jedoch dem Drang, sich in magisches Denken zu flüchten. Lösen Sie sich von dem Gedanken, Gott sei so etwas wie Aladins Wunderlampe. Wir können uns den Weg in die Gnade nicht verdienen, weder körperlich (indem wir nur noch Grapefruit essen) noch geistlich (indem wir mit Gott um die Heilung von unseren Süchten feilschen).

Bulimiker und Magersüchtige neigen besonders zu magischem Denken, wenn sie sich sagen: „Wenn ich nur schlank genug werden kann, werde ich geliebt sein." Ein Beispiel dafür, wie wenig solche Gedanken mit der Wirklichkeit zu tun haben, war die schöne, erfolgreiche Sängerin Karen Carpenter, die an Magersucht starb, weil sie sich nicht geliebt fühlte.

Ihr Selbstwertgefühl darf nicht an Bedingungen geknüpft sein. Ihr Wert als menschliches Wesen muß darauf beruhen, daß Sie nach Gottes Bild geschaffen worden sind. Wenn Sie sein Kind sind, hat er sie durch seine Gnade erlöst. Seine Gnade ist Ihnen aus Liebe geschenkt. Mit diesem soliden Selbstkonzept können Sie den Mut finden, voranzugehen in die wirkliche Trauer.

Richard fand heraus, daß Feilschen nichts einbringt, selbst wenn man dabei gewinnt. Als er einen Provisionsscheck erhielt, der nur halb so hoch ausfiel, wie er seiner Meinung nach hätte sein sollen, sprach er nicht mit seinem Chef darüber; er ging auch nicht in die Buchhaltung, um zu sehen, ob es sich vielleicht nur um einen Rechenfehler handelte. Er ging direkt zum Vizepräsidenten seiner Firma und feilschte um seine Rechte. „Na ja, ich nehme an, ich forderte mehr, als daß ich feilschte", gab er zu. „Ja, ich bekam mein Geld. Ich gewann die Schlacht um meine Provision, aber was die Beziehungen angeht, hatte ich den Krieg verloren. Daß ich meinen Chef überging, war für mich der Anfang vom Ende in dieser Firma."

4. Echte Trauer

Ralph, unser Berg-und-Talbahn-Esser, machte die ungewöhnliche Erfahrung, seiner Trauerarbeit erst zu bewältigen, nachdem er sein Gewicht bereits verloren hatte. Nach außen hin sah es so aus, als hätte Ralph seinen Kampf schon gewonnen. Er war schlank und sah in seinem elegant geschnittenen neuen Anzug gut aus. Doch innerlich war ihm klar, daß der

Kampf gerade erst begonnen hatte. Sein Gewicht zu halten, das war es, woran er bisher immer gescheitert war. War es zwölfmal gewesen? Vierzehnmal? Er wußte es nicht einmal mehr. Da er sein Gewicht durch reine perfektionistische Willenskraft verloren hatte, statt auf den Fußpfaden der Genesung zu wandern, war er zwar schlank, hatte aber noch nicht gewonnen.

Wie die meisten unserer Patienten stellte Ralph fest, daß er zwei Pfade des Schmerzes durchtrauern mußte. Zuerst war da der ursprüngliche Schmerz, durch den er als Kind auf den Teufelskreis der Abhängigkeit geraten war: der Schmerz, einen alkoholabhängigen Vater und eine geisteskranke Mutter zu haben. Zu seiner Bewältigung dieses Schmerzes gehörte es, daß er seine Mutter in einer psychiatrischen Klinik in New Mexico besuchte. Es war der erste Besuch seit vielen Jahren und das erste Mal überhaupt, daß er sie vollkommen ehrlich ansah und sich bewußtmachte, daß sie nicht wußte, wer er war, daß sie niemals ein normales Leben in der Außenwelt würde führen können und daß er nie eine Mutter gehabt hatte und nie eine haben würde. Als er in die Gruppentherapie zurückkehrte und davon erzählte, konnte niemand im Raum die Tränen zurückhalten, als wir Ralph bei seiner Trauerarbeit über seinen ursprünglichen Schmerz begleiteten.

Nach dieser Gruppensitzung war Ralph in der Lage, weiterzugehen und über seine Verluste aufgrund dieses Schmerzes zu trauern. Sein Netz hielt keine Überraschungen für ihn bereit. Er wußte, daß er das Vertrauen in sich selbst verloren hatte. Er wußte, daß er die Gewißheit des Erfolges verloren hatte, ja beinahe alle Hoffnung auf Erfolg. Wieder brachte er diese Einsicht in die Gruppentherapie mit. „Ich habe fürchterliche Angst", sagte er. „Ich bin sehr traurig über meinen Mangel an Vertrauen in mich selbst und in die Zukunft. Es ist schrecklich, wenn man jeden Tag voller Furcht anfängt." Wieder weinte die Gruppe gemeinsam mit Ralph, und die Tränen flossen in Strömen.

Weinen ist der ehrlichste Ausdruck echter Trauer. Manche

Leute meinen: „Weinen hat noch nie ein Problem gelöst." Das ist nicht wahr. Tränen wirken reinigend, als ob sie buchstäblich die emotionalen Wunden auswüschen. Wir stellen oft fest, daß dies unseren männlichen Patienten viel schwerer fällt als den weiblichen. In unserer Gesellschaft wird den Jungen von Kindesbeinen an eingetrichtert: „Männer weinen nicht. Sei ein großer Junge!" Man hat ihnen diese heilende Erleichterung vorenthalten. Wenn wir unseren männlichen Patienten bei ihrer Trauerarbeit zu helfen versuchen, ist es oft, als wollten wir Mr. Spock aus dem Raumschiff Enterprise eine emotionale Reaktion entlocken. Doch es ist möglich. Selbst wenn Sie Ihre Gefühle über Jahre hinweg in Schach gehalten und scheinbar völlig vergessen haben, sind sie immer noch da – genau wie Gott sie erschaffen hat. Und sie warten darauf, ihre heilende Wirkung für Sie zu entfalten.

Man muß Trauer empfinden über die Sucht selbst und über alles, was einem aufgrund dieser Sucht entgangen ist: Beziehungen, Erfahrungen, berufliches Fortkommen. Wenn uns die volle Wucht dieser Verluste trifft, führt das oft zu einer Flut von Tränen. Es kommt vor, daß wir zwei oder drei Tage lang nichts anderes tun, als unsere Patienten zu pflegen, wenn sie durch dieses Stadium gehen, und für ihre Sicherheit sorgen, während sie ihre Trauer herauslassen.

Andererseits ist es genauso normal, wenn Sie feststellen, daß Ihre Trauer in kleinen Portionen kommt. Vielleicht verbringen Sie einen Vormittag in Tränen, um dann stunden- oder tagelang keine tiefe Trauer mehr zu empfinden, bis die nächste Wunde an die Oberfläche kommt und ein neuer Verlust zu betrauern ist.

Wichtig ist auch, daß wir uns klarmachen, daß man unter Umständen diese Stadien mehrmals durchlaufen muß. Oft schließen Patienten eine Phase der Trauer ab und meinen, sie seien soweit, den Verlust akzeptieren zu können, doch dann werden sie von einer neuen Welle des Zorns überrollt. „Ich muß irgend etwas falsch gemacht haben", erzählen sie uns. Doch dies ist ein völlig normaler Vorgang, bei dem das Narbengewebe schichtweise abgeschält wird, eine Schicht nach der anderen.

Wir fordern häufig Patienten auf, sich vorzustellen, daß ihr Schmerz wie eine Zwiebel Schicht für Schicht abgeschält wird, bis sie zum innersten Kern des Schmerzes vorgedrungen sind. Man schält sich durch Schichten des Zorns, der Depression und der Trauer. Oft muß man, wie Barbara feststellte, weiterschälen, wenn auf die Trauer erneuter Zorn und neue Depressionen folgen und dieser Kreislauf sich wiederholt, bis der Schmerz vollständig ausgetrauert ist.

Machen Sie sich auch bewußt, daß es möglich ist, in einem dieser Stadien vorläufig steckenzubleiben, etwa im Zorn oder in der Depression. Manchmal geraten Patienten in Panik und fürchten, sie würden verrückt oder müßten für den Rest ihrer Jahre mit Depressionen leben, wenn das geschieht. Machen Sie sich auch hier klar, daß dies ein normaler Bestandteil des Prozesses sein kann, und gehen Sie Schritte, um weiterzukommen.

Wir verwenden dazu eine Technik, die wir „die Münze drehen" nennen. Zorn und Trauer sind zwei Seiten derselben Münze. Wenn Sie im Zorn steckenbleiben, wenn Sie merken, daß Sie ständig griesgrämig und unausstehlich sind, dann suchen Sie nach der Trauer auf der Rückseite Ihres Zornes! Geben Sie ihr eine Chance, an die Oberfläche zu kommen. Wir haben schon mehrfach davon gesprochen, wie man den Zorn mit Essen hinunterstopft. Möglicherweise stopfen sie jetzt die Trauer mit Zorn hinunter.

Wenn Sie den Eindruck haben, in Trauer oder Depression steckenzubleiben, versuchen Sie, wütend zu werden. Rollen Sie eine Zeitung zusammen, schlagen Sie auf etwas ein, dem Sie nicht schaden können, um sich so zu verhalten, als wären sie zornig. Anfangs werden Sie sich noch vorstellen müssen, Sie wären in dem Stadium, in das Sie gelangen wollen, aber bald wird die Münze sich drehen, und Sie sind auf dem richtigen Weg.

Obwohl Richard mit einer wahren Tränenflut in den Zyklus der Trauer eintrat, mußte er noch weitere Trauerphasen durchmachen. Eines Abends erzählte ein anderer Teilnehmer in der Gruppentherapie davon, wie er seinen Vater durch die letzten Stadien seiner Krebskrankheit hindurch begleitet hatte. „Ich hob ihn aus seinem Sessel, um ihn ins Bett zu tragen, und ich fühlte mich, als ob ich einen verletzten Vogel in den Armen wiegte."

Tränen begannen über Richards Gesicht zu strömen. Dadurch, daß er die Geschichte eines anderen hörte, konnte er stellvertretend um den Tod seines eigenen Vaters trauern. Aus dem sarkastischen Humphrey Bogart wurde ein in aller Offenheit weinender kleiner Junge, als die wehe Trauer aus ihm herausfloß.

5. Akzeptanz, Vergebung und Lösung

Das letzte Ziel Ihrer gesamten Trauerarbeit ist der kostbare Edelstein des Friedens mit seinen drei Facetten. Wir beginnen mit der Akzeptanz als erster Facette, weil sie ein Akt unseres Willens sein kann. Ein Mensch kann sagen: „Dies ist eine ungerechte Situation. Es ist eine schmerzliche Situation. Aber ich werde sie akzeptieren." Von einer solchen Entscheidung aus arbeitet man weiter, um echte emotionale und geistliche Vergebung zu erreichen. Und schließlich kommt der Funke der Lösung: eine innere Gewißheit, daß diese Sache nun zu den Akten gelegt ist – *ich habe Frieden*.

Akzeptanz

Ein Lieblingsgebet vieler Patienten auf dem Wege der Besserung ist das bekannte Gebet um Gelassenheit: „Gott, gib mir die Gelassenheit, die Dinge zu akzeptieren, die ich nicht ändern kann; den Mut, die Dinge zu ändern, die ich ändern kann; und die Weisheit, beides voneinander zu unterscheiden." Man muß sich dazu entscheiden, die Taten seiner eigenen Vergangenheit zu akzeptieren. Sie lassen sich nicht mehr ändern. Diese Tatsachen zu leugnen, zu vergessen oder zu verharmlosen, wäre schädlich. Akzeptanz besteht darin, Tatsachen so anzunehmen, wie sie sind, und dann den Blick nach vorn zu richten.

John Bradshaws Herausforderung an seine Patienten lautet: „Können Sie auf Ihr von Gott geschenktes Leben – das einzige, das Sie haben – zurückblicken und sagen: ‚Es mußte so sein‘? Wenn Sie immer noch die Tatsachen Ihrer Vergangenheit bedauern und dagegen ankämpfen, dann haben Sie noch keine Akzeptanz erreicht. Wenn Sie erkennen können, daß Sie das alles durchmachen mußten, um die Person zu werden, die Sie heute sind, dann können Sie Frieden finden.“

Bei den Treffen der „Anonymen Eßsüchtigen“ hört man nicht selten jemanden sagen: „Hallo, ich heiße John. Ich bin dankbar dafür, daß ich ein zwanghafter Esser auf dem Wege der Besserung bin.“ Wenn man bedenkt, wieviel Schmerz dieser Genesungsprozeß mit sich bringt, klingt diese Aussage sehr befremdlich. Doch man spürt bald die ehrliche Dankbarkeit in den Zeugnissen geheilter Menschen, wenn sie erzählen, wie selbst die schmerzlichen Erfahrungen ihnen zu einem neuen Leben verhalfen und dazu, bessere Menschen zu werden. „Ich mußte das durchmachen“, sagen sie, „um Gott zu finden und gesunde Beziehungen in meinem Leben zu entwickeln. Heute kann ich im Frieden zurückblicken.“

Das „Big Book“ der Anonymen Alkoholiker betont die Wichtigkeit der täglich geübten Akzeptanz. Es fordert seine Leser auf, jede Person, jeden Ort, jedes Ding oder jede Situation, die ihnen zu schaffen macht, als „genauso, wie es in diesem Augenblick sein soll“, zu akzeptieren. „Nichts“, so heißt es da, „absolut nichts in Gottes Welt passiert versehentlich. … Worauf ich mich konzentrieren muß, sind nicht so sehr die Dinge, die in der Welt verändert werden müssen, als vielmehr die, die in mir selbst und in meinen Einstellungen verändert werden müssen.“ Auf dem Wege der Genesung gibt es viele Paradoxa, und dies ist eines davon:

Ich kann Dinge nur verändern, nachdem ich sie akzeptiert habe.

Vergebung

An diesem Punkt warnen wir unsere Patienten davor, in ihrer Trauerarbeit den „Texas-Two-Step" zu tanzen. Dieser Tanz sieht zwar hübsch aus, aber man springt dabei von der Verleugnung direkt zur Vergebung und läßt so mehrere Taktschläge der Musik aus. Sie dürfen keinen Schritt in Ihrer Trauerarbeit auslassen. Das müssen sich besonders Christen bewußtmachen. Es ist sehr leicht möglich, daß sie sich die Liste ansehen, das Wort „Vergebung" darauf entdecken und sagen: „Nun, natürlich, es ist ja meine Pflicht, zu vergeben. Selbstverständlich vergebe ich meinem alkoholabhängigen Vater."

Dieser Two-Step ist gut gemeint, aber er verursacht einen Kurzschluß in dem von Gott eingerichteten Trauerprozeß und läßt den Liebes-Hunger unangetastet. Verstandesmäßige und geistliche Vergebung sind wichtig, doch Sie müssen sich durch alle Stadien arbeiten, um bis zur emotionalen Vergebung durchzudringen. Sie müssen den Schmerz fühlen, den Zorn spüren und um Ihre Verluste weinen; dann können Sie von Verstand, Geist und Herzen vergeben.

Einer unserer Patienten erklärte: „Ich kann vergeben, aber ich kann nicht vergessen!" Er war im Zorn steckengeblieben und war nicht in das Stadium der Trauer weitergegangen; deshalb hatte er keine Vergebung in seinem Herzen erreicht und konnte nicht zu jener Lösung finden, die das Endergebnis des Trauerprozesses sein muß.

Wir verwenden häufig den Ausdruck „vergeben und vergessen", doch in Wirklichkeit ist Vergebung nicht dasselbe wie Vergessen. Ja, unsere Gehirne lassen es gar nicht zu, daß wir gewisse Dinge vergessen, da die Ereignisse in die biochemischen Verästelungen unseres Gehirns eingegraben sind. Oft ist es nichts anderes als eine Form der Verleugnung, wenn wir von Vergeben und Vergessen reden.

Das Wesen der Vergebung geht auf ein Wort in der Bibel zurück, das eigentlich „wegschicken" bedeutet. Die alttestamentliche Bedeutung von Vergebung zeigte sich in dem, was die Hebräer die „Sündenbock-Zeremonie" nannten. Priester legten einem Ziegenbock die Hände auf den Kopf und übertrugen symbolisch alle Sünden des Volkes auf das Tier. Dann trieben sie den Bock in die Wüste, wo er auf Nimmerwiedersehen verschwand.

Vergebung ist die Fähigkeit, eine Verletzung als geschehen zu akzeptieren und dann von dort aus weiterzugehen. Der amerikanische Philosoph George Santayana sagte: „Wer sich der Vergangenheit nicht erinnern kann, ist dazu verdammt, sie zu wiederholen." Er meinte die Weltgeschichte, aber dieses Prinzip gilt gleichermaßen für die Geschichte eines einzelnen Menschen. Wenn wir Frieden mit unseren Fehlern schließen, können wir aus ihnen lernen und vorwärts in ein besseres Leben gehen.

Es gibt zwei Arten der Vergebung: die aktive Vergebung und die empfangende Vergebung. Aktive Vergebung besteht darin, daß ich anderen und mir selbst vergebe. Empfangende Vergebung besteht darin, daß ich von anderen, die ich verletzt habe, und von Gott Vergebung annehme. Die Zwölf Schritte der Anonymen Eßsüchtigen, der Anonymen Alkoholiker und anderer ähnlicher Gruppen betonen die Wichtigkeit der Vergebung im achten und neunten Schritt (siehe S. 273–275); dort werden die Mitglieder aufgefordert, sich eine Liste aller Personen zu machen, denen sie Schaden zugefügt haben, und sich dann, soweit möglich, mit allen zu versöhnen. Das ist aktive Vergebung – Schritte zu tun, um sie zu erreichen, und sich dann zu öffnen, um die Vergebung der anderen und die Situation zu akzeptieren.

Als ersten Schritt, um den Frieden zu erreichen, der auf echte Vergebung folgt, sollten Sie in Ihrem Tagebuch eine Inventur Ihrer vergebungsbedürftigen Beziehungen machen. Stellen Sie drei Listen auf: eine über alle Personen, denen Sie Verletzungen zu vergeben haben; eine über Dinge, die Sie sich selbst vergeben müssen; und eine über alle Personen, um deren Vergebung Sie sich bemühen müssen.

Anderen vergeben

Wir hören oft einen ganz bestimmten Einwand, wenn wir Patienten auffordern, eine Liste aller Personen aufzustellen, denen sie vergeben müssen, daß sie in der Vergangenheit von ihnen verletzt wurden. Sie sagen: „Aber das ist doch so, als würde ich eine Liste von Leuten machen, denen ich die Schuld an meinem Problem in die Schuhe schiebe. Ich will die Schuld nicht auf andere abwälzen!" Obwohl das eine bewundernswerte Haltung ist, müssen wir uns das klarmachen, was John Bradshaw sagt: „Niemand ist zu beschuldigen; jeder ist verantwortlich." Es geht hier nicht darum, Schuld zu verteilen; es geht darum, aufzudecken, was geschehen ist. Sie müssen wissen, wem Sie vergeben müssen, bevor Sie es tun können.

Richard, der in der ersten Phase seiner Trauerarbeit seiner Trauer so gut Luft machen konnte, stieß bei der Vergebung plötzlich auf Schwierigkeiten; also kam er zu Dr. Meier, um mit ihm darüber zu sprechen: „Oh, ich weiß schon, wem ich vergeben muß – kein Problem. Meine Mutter war eine Tyrannin, und mein Vater war ein Schwächling. Ich habe mir das klargemacht und darüber geweint. Aber das ändert nichts an den Tatsachen. Wie also soll ich vergeben?"

Dr. Meier lehnte sich in seinem Sessel zurück: „Denken Sie daran, Richard, Vergebung hat nichts damit zu tun, etwas zu entschuldigen, zu tolerieren oder zu rechtfertigen – was wir häufig versuchen, um damit fertig zu werden, daß uns Unrecht geschehen ist. Es geht auch nicht darum, den Schmerz herunterzuspielen. Vergebung ist ein Akt des Willens. Wir beschließen, anderen zu vergeben, weil Gott uns unsere Sünden vergeben hat."

Richard dachte einen Augenblick nach und nickte dann. „Ja, das ergibt einen Sinn. Aber manche Menschen vergeben einfach nicht. Wie kommt das?"

„Aus Schmerz", sagte Dr. Meier. „Es tut einfach zu weh. Oder auch aus Stolz. Wir wollen uns nicht auf die Ebene des anderen herablassen. Und drittens auch aus Rachegefühlen. Wir verspüren das verständliche Bedürfnis, die Rechnung zu begleichen.

Wenn wir nicht vergeben, halten wir an unserem Zorn fest, und das gehört zu den schädlichsten Dingen, die wir tun können." Dr. Meier öffnete seine Bibel und hielt sie Richard hin. „Hier in Römer 12,17–21 finden Sie einen ausführlichen Abschnitt, in dem Paulus davor warnt, Groll festzuhalten. Fangen Sie an – lesen Sie es laut vor!"

Richard räusperte sich und las. „Vergeltet niemand Böses mit Bösem. Seid auf Gutes bedacht gegenüber jedermann. Ist's möglich, soviel an euch liegt, so habt mit allen Menschen Frieden. Rächt euch nicht selbst, meine Lieben, sondern gebt Raum dem Zorn Gottes; denn es steht geschrieben: ‚Die Rache ist mein; ich will vergelten, spricht der Herr.'" Richard blickte auf. „Mann, das ist deutlich!"

„Stimmt", sagte der Arzt. „Vergebung heißt nicht, es anderen heimzuzahlen. Ein weiterer Punkt, den Sie verstehen müssen, ist, daß Vergebung nicht an Bedingungen gebunden sein kann wie ‚wenn du dich so und so verhältst' oder ‚wenn du das und das nie wieder tust'. Jesus wollte unter anderem darauf hinaus, als er sagte, wir sollten siebenmal siebzigmal vergeben."

„Das ist ein langer Prozeß, nicht wahr?" sagte Richard. Dr. Meier nickte. „Vergebung kommt oft langsam. Doch je mehr Einsicht wir darüber gewinnen, aus welchen Motiven heraus andere Menschen uns verletzen, desto eher werden wir in der Lage sein zu vergeben. Das größte Beispiel ist natürlich Jesus, wie er am Kreuz hing. Er sagte: ‚Vater, vergib ihnen, denn sie wissen nicht, was sie tun.' Er hatte Einsicht in ihre Unwissenheit darüber, was da vor sich ging. Häufig kann ein Mensch Vergebung erfahren oder sich zur Vergebung entschließen, sobald er die Motive des anderen versteht. Zum Beispiel hatte jemand vielleicht soviel Angst davor, seinen Job zu verlieren, daß er die Unwahrheit sagen mußte über das, was vorgefallen war, und Sie dadurch anschwärzte. Sobald Ihnen das klar ist, kann er Ihnen beinahe leid tun."

Richard lächelte schief. „Na ja, vielleicht könnte er das jetzt. Früher hätte ich Rache genommen und ihm eine reingedrückt."

„Ja, und diesen Impuls können Sie auch heute noch verspüren, aber Sie wissen jetzt genug, um damit auf gesunde Weise fertig werden zu können. Nun, ein weiterer Punkt, auf den ich gern kommen möchte, ist der Umstand, daß wir oft nicht vergeben, weil wir meinen, wir hätten es schon getan."

Dr. Meier ging zum Regal und kehrte mit einem Buch zurück. „Dies ist ein Buch mit dem Titel ‚Vergebung'. Stanley, der Autor, sagt darin: ‚Irgendwann in Ihrer Vergangenheit haben Sie sich vielleicht dazu bekannt, daß Ihnen Unrecht geschehen ist. Sie haben vielleicht zugegeben, daß sie anderen vergeben müssen. Vielleicht haben Sie sogar ein Gebet gesprochen, das die Worte ‚Ich vergebe …' enthielt. Das meinten Sie von ganzem Herzen, und dennoch zeigt sich in Ihren Empfindungen und in Ihren Worten, daß da immer noch irgend etwas innerlich an Ihnen nagt. Wenn Ihnen die Gesellschaft der Leute, die Ihnen unrecht getan haben, immer noch unangenehm ist, … dann ist es wahrscheinlich, daß Sie die Situation noch nicht vollständig verarbeitet haben.'*

Ich spreche gern von Vergebung aus dem Bauch im Gegensatz zu Vergebung aus dem Kopf", erläuterte Paul Meier. „Dr. Stanley führt das Beispiel einer Person an, die einen Seitensprung begangen hat. Oft wird sich der betrogene Ehepartner sofort zur Vergebung aus dem Kopf entschließen, aber der Bauch kann Monate brauchen, um den Kopf einzuholen."

Richard schaute ihn verwirrt an. „Aber wenn es nicht reicht, zu sagen ‚Ich vergebe dir', woher soll ich wissen, ob ich vergeben habe?"

---

* Charles Stanley, *Forgiveness* (Oliver Nelson, 1987), S. 117.

„Eine ausgezeichnete Frage!" lächelte der Arzt. „Wenn die Bitterkeit verschwunden ist, wenn Sie die betreffende Person annehmen können, wenn Ihre Gemeinschaft wiederhergestellt ist, wenn Sie sich entschließen können, den Leuten, die Ihre Feinde waren, Gutes zu tun und sie zu lieben, dann haben Sie wahrscheinlich vergeben."

Richard seufzte. „Ja. Das klingt gut. Nun, mir ist jetzt klar, daß ich noch nicht vergeben habe, aber ich habe schon Fortschritte gemacht. Zumindest will ich jetzt vergeben."

Sich selbst vergeben

Judy war eine Perfektionistin, die in einem etwas viktorianischen christlichen Elternhaus aufgewachsen war. Trotz der gesetzlichen Tendenzen ihrer Eltern kam sie jedoch gut mit beiden aus, bekam gute Noten, ging auf ein hoch angesehenes christliches College und erbrachte auch dort gute Leistungen. Doch in ihrem dritten Studienjahr entwickelte sie ein Verhaltensmuster, in ihren Beziehungen zu jungen Männern sexuell zu weit zu gehen.

Judy hätte ihren Fehler zugeben, ihn dem Herrn bekennen, den Schmerz austrauern, Gottes Vergebung annehmen, sich selbst vergeben und den Blick nach vorn richten sollen. Doch da sie eine Perfektionistin war – eine Schwarzweißdenkerin –, glaubte sie nicht daran, daß sie Vergebung verdiente. Sie kam zu dem Schluß, Gott könne sie nicht gebrauchen; sie sei wertlos. Um sicherzugehen, daß dergleichen niemals wieder geschah, nahm sie kräftig zu und behielt ihr Gewicht. Sie heiratete niemals und fühlte sich zu Männern hingezogen, die sie mißhandelten.

Als sie in unsere Klinik kam, lebte sie mit einem Mann zusammen, der an der Grenze zur geistigen Behinderung stand. An den Armen hatte sie blaue Flecken, weil er sie schlug, wenn sie in der Bibel lesen wollte. Schließlich wurde sie von ihrer Familie überredet, sich bei uns wegen der Depressionen, an denen sie nun seit fünfzehn Jahren gelitten hatte, stationär behandeln zu lassen.

Leider hat diese Geschichte keinen guten Ausgang, denn sobald Judy anfing, Einsichten in ihr Problem zu gewinnen, verließ sie die Beratung und kehrte zu ihrem Freund zurück. Wegen ihres einen Fehlers verspürte sie ein so überwältigendes Bedürfnis danach, mißhandelt zu werden, daß sie nicht in der Lage war, sich um Vergebung zu bemühen.

Bleiben Sie nicht stecken, indem Sie sich selbst für Dinge bestrafen, die Sie sich vergeben sollten. Erinnern Sie sich an das „Drehen der Münze" (S. 189), und wenn Sie noch nicht bereit sind, sich selbst zu vergeben, dann bringen Sie sich selbst in Zorn oder Trauer, um sich für die Vergebung vorzubereiten.

Die Vergebung anderer suchen

Wenn Sie eine Liste der Menschen anfertigen, die Sie in der Vergangenheit durch Ihr zwanghaftes Verhalten geschädigt haben, werden Sie alle Ihre Beziehungen überdenken und nochmals Ihren Beziehungs-Fragebogen durchgehen müssen. Wenn eine Mutter zum Beispiel seit vielen Jahren übergewichtig ist, kann es für sie notwendig sein, die Vergebung ihrer Kinder zu erbitten, weil ihr Übergewicht sie daran hinderte, mit ihnen zu spielen und an vielen ihrer Aktivitäten teilzunehmen, und weil es die Kinder oft in Verlegenheit brachte. Ein Vater muß vielleicht seine Familie um Vergebung bitten, weil er soviel Geld für überflüssige Nahrungsmittel verschwendete, das den Bedürfnissen der Familie hätte zugute kommen können. Jemand muß vielleicht seinen Ehepartner um Vergebung für sein Versagen in der körperlichen und emotionalen Intimität bitten. Wenn Sie nicht wissen, welchen Schaden Sie den Menschen zugefügt haben, die Ihnen nahestehen, dann fragen Sie sie danach.

Die Vergebung Gottes suchen

Die menschliche Kraft allein reicht nicht aus, um die volle Vergebung zu erreichen. Vergebung trägt ein göttliches Element in sich. Sie läßt sich ohne Gott nicht erlangen. Der letzte Rest des Schmerzes ist oft eine so tiefsitzende Scham, daß Betroffene wie Judy glauben: „Ich bin schlecht. Bei mir ist irgend etwas von Geburt an falsch, außer der ursprünglichen Sünde, die allen Menschen gemeinsam ist." Die Zwölf Schritte der Anonymen Alkoholiker begegnen diesem Problem, indem die Mitglieder darin aufgefordert werden, eine „gründliche und furchtlose moralische Inventur" bei sich selbst zu machen, ihre Fehler vor Gott und einem anderen Menschen zuzugeben und Gott zu bitten, ihre Unzulänglichkeiten zu beseitigen. Diese Aufforderung geben wir an Sie weiter.

In Psalm 103,3 sagt David, daß Gott ein vergebender Gott ist, und seine Freude darüber bringt er in Psalm 32,1 zum Ausdruck: „Wohl dem, dem die Übertretungen vergeben sind." David, der starke Schuldgefühle wegen seiner Sünde an Batseba und ihrem Mann Uria gehabt hatte, war fähig, seine Erleichterung, die er über die Vergebung empfand, so auszudrücken. Das Vaterunser erinnert uns an unsere doppelte Verantwortung: zunächst Gottes Vergebung zu erfahren, dann diese Vergebung aber auch auf andere auszudehnen.

„Vor Gott sind alle Menschen gleich" – daran sollte man sich an dieser Stelle erinnern. Aus der Sicht Gottes ist niemand weniger liebenswert als irgend jemand anderes; es ist nicht schwerer für Gott, dem einen zu vergeben als dem anderen. Nur am Fuß des Kreuzes kann jedermann den Frieden erlangen, „der alle Vernunft übersteigt".

Als Richard an den Punkt kam, wo er seinen Eltern vergeben mußte, blieb er stecken. „Ich schaffe es nicht. Ich will ihnen nicht vergeben", sagte er uns.

Wäre er in seinem Genesungsprozeß früher an diese Hürde gestoßen, so hätten wir gesagt, er hätte noch nicht Abschied genommen, seinen Zorn noch nicht aufgearbeitet oder das Stadium der echten Trauer noch nicht erreicht. Doch Richard hatte die vorbereitenden Schritte zur Vergebung bereits hinter sich. Also sagten wir ihm, er müsse die geistliche Dimension in seiner Vergebung entdecken. „Geben Sie das an Gott ab", sagten wir. „Sagen Sie zu Gott: ‚Ich glaube, ich schaffe das nicht. Ich will es nicht einmal. Ich gebe es an dich ab.' Sprechen Sie dieses Gebet eine Woche lang jeden Tag. Es ist vollkommen richtig, daß Sie aus Ihrer eigenen menschlichen Kraft heraus nicht vergeben können. Bitten Sie Gott, Ihnen den guten Willen zu schenken, es zu wollen."

Lösung

Lösung ist das Gegenteil von nachtragendem Groll. Groll ist ungelöster Zorn, der im Inneren weiter vor sich hin schmort und einen Druck erzeugt, der schließlich in einem Abszeß hervorbricht. Lösung ist das Gefühl der Gesundheit, der Reinheit und des Friedens, das wir empfinden, wenn wir wissen, daß eine Sache zu den Akten gelegt ist. Das Problem ist gelöst, und ich kann zuversichtlich weiter nach vorn gehen.

Wenn Sie Ihren Weg auf dem Fußpfad der Trauer gewissenhaft und vollständig zurückgelegt haben, sind Sie bereits durch das Nadelöhr des Heilungsprozesses gedrungen. Diese Katharsis läßt bei Ihnen wahrscheinlich ein reines und frisches, aber ein wenig leeres Gefühl zurück. Das ist normal, denn an der Stelle, die bisher mit emotionalem Eiter gefüllt war, ist nun ein neues Vakuum entstanden. Dies hat jedoch keine Ähnlichkeit mit dem Vakuum, das durch Liebes-Hunger entsteht und das in seinem verzweifelten Drang, gefüllt zu werden, alles in sich aufsaugt. Sie können diesen neuen Raum kreativ füllen – durch neue Erfahrungen und gesunde Beziehungen, wie wir sie auf unserem nächsten Fußpfad erkunden wollen.

Richard fand heraus, daß dies wahr ist, denn Gott erhörte sein Gebet, ihn in die Vergebung zu leiten. Von dort aus drang er zur Lösung durch, und jetzt macht er echte Fortschritte im Kampf gegen sein zwanghaftes Essen und in seiner beruflichen Laufbahn. Er hat eine neue Stellung gefunden und berichtete uns, daß er sein Hauptaugenmerk zum ersten Mal nicht auf das Geld, sondern auf die Beziehungen richtet. Und er hat sich festgelegt, diesmal Wurzeln zu schlagen. Als er sich das Netz seiner Verluste ansah, wurde ihm deutlich, daß er bei jedem Jobwechsel gleichzeitig in eine andere Stadt umgezogen war. „Mir wurde klar, daß ein Ortswechsel nichts in meinem Innern veränderte. Von jetzt an bleibe ich an dem alten Ort und erneuere dafür mein Ich."

Der fünfte Fußpfad: Erkunden Sie neue Aussichten

Sie sind durch die Tiefe gegangen, Ihren Schmerz auszutrauern. Nun ist es an der Zeit, einen Fußpfad zu wählen, der aufwärts führt und Sie zu neuen Aussichten und Erfahrungen bringt – aufwärts und vorwärts zum Sieg.

Schließen Sie Frieden mit Ihrer körperlichen Erscheinung

Wir haben schon davon gesprochen, daß Menschen mit Eßstörungen sich selbst völlig anders wahrnehmen, als sie von anderen wahrgenommen werden. Freilich muß diese Verzerrung nicht so stark sein wie bei der Patientin, die ihr eigenes Bild im Familienalbum nicht erkennen konnte, oder bei dem dreihundert Pfund schweren Patient, der sagte: „Ja, ich muß ein paar Pfund abnehmen." Inmitten des Durcheinanders der verwirrenden Werbebotschaften unserer Kultur haben nur wenige von uns ein genaues Bild ihres eigenen Körpers. Die *Los Angeles Times* berichtete kürzlich, daß in einer Meinungsumfrage fünfundsiebzig Prozent der befragten Frauen erklärten, sie fänden sich dick, obwohl nur fünfundzwanzig Prozent medizinisch gesehen tatsächlich übergewichtig waren.

Wie auch immer unser Bild von uns selbst verzerrt ist, wir können alle mit der Schlußfolgerung übereinstimmen, die Robert Burns zog, nachdem er in der Kirche eine Laus auf dem Hut einer Dame beobachtet hatte:

O daß die Macht des Himmels gäb' uns,
Uns selbst zu seh'n, wie andre seh'n uns!

Und selbst dann, wenn wir eine realistische Vorstellung vom Umfang und der Form unseres Körpers hatten, müssen wir uns klarmachen, daß wir normalerweise einundzwanzig Tage brauchen, um nach einer körperlichen Veränderung wieder eine zutreffende Vorstellung von uns selbst zu formen. Andere sagen Ihnen, daß Sie großartig aussehen, Ihre Waage dokumentiert Ihren Gewichtsverlust, Ihre Kleidung ist zu weit geworden, aber Sie sehen immer noch Ihr altes Bild im Spiegel.

Eine Freundin von uns verbrachte einen Sommer in Europa. Während dieser Zeit war sie jeden Tag viele Kilometer auf den Beinen, und das häufig unter unangenehmen klimatischen Bedingungen. Da ihr das Geld sehr knapp wurde, nahm sie pro Tag nur zwei kleine Mahlzeiten zu sich. Als sie nach Hause kam und entdeckte, daß sie zwanzig Pfund abgenommen hatte, fiel sie aus allen Wolken. „Na ja, ich habe gesehen, daß mein Gesicht im Spiegel irgendwie dünn aussah, aber ich dachte, ich wäre nur müde. Und ich wußte, daß meine Kleider zu weit wurden. Aber ich dachte, der Stoff hätte sich gedehnt!"

Gesichtschirurgen sind auf dieses Phänomen der verzögerten Reaktion gestoßen und fordern ihre Patienten oft auf, vor und unmittelbar nach der Operation einen Psychiater zu konsultieren: Sie haben entdeckt, daß dann, wenn die Verbände abgenommen werden, die Patienten in ihren eigenen Augen immer noch genauso aussehen wie zuvor. Der bekannte Gesichtschirurg Dr. Maxwell Malts berichtet, viele Patienten überhäuften ihn auch dann noch mit Vorwürfen, wenn er ihnen Fotografien von vor und nach der Operation vorlegte, und sagten: „Sie Quacksalber! Warum haben Sie meine Nase nicht korrigiert? Ich werde Sie verklagen!"

Machen Sie sich klar, daß diese visuelle Verzögerung ein normaler Teil des Prozesses ist, und haben Sie Geduld mit

Ihrem Gehirn und Ihren Augen; sie werden den Rest Ihres Körpers schon noch einholen.

Was auch immer Ihr Spiegel oder Ihre Familienschnappschüsse Ihnen im Moment einreden wollen; Sie können sich selbst sagen: *Ich kann einen Körper haben, den ich mag. Ich kann den Körper mögen, den ich habe.*

Neue Entscheidungen treffen

Nun, da Ihre innere Wandtafel von den alten Schmerzen und Ängsten reingewaschen ist, die Sie vielleicht jahrelang mit sich herumgetragen haben, müssen Sie darauf neue Entscheidungen festhalten. Entscheidungen darüber, wer Sie sind und wie Sie sich Ihr Leben wünschen. Ginger, die gerne andere ermutigt, sagt: „Es liegt eine Menge Kraft in einer Entscheidung, wenn man sie treffen und daran glauben kann, daß man sie getroffen hat. Löse dich aus der Verleugnung und triff eine Entscheidung!" Nehmen Sie Ihr Tagebuch zur Hand und machen Sie sich eine Liste der neuen Entscheidungen, zu denen Sie sich durchringen wollen. Schauen Sie in Ihrer Liste über Vergebung nach, um Hinweise zu bekommen, welche neuen Richtungen Ihr Leben nehmen soll.

Neue Entscheidungen über sich selbst

Wenn der Schmerz, der Ihren Liebes-Hunger verursachte und Sie in den Teufelskreis der Abhängigkeit einschleuste, aus Ihrer Kindheit stammt, dann haben Sie viele Jahre Ihres Lebens als Erwachsener damit verbracht, ein verletztes Kind in sich zu tragen. Nun werden Sie neue Entscheidungen über das Kind in Ihrem Innern treffen müssen. Der Dichter Wordsworth sagte: „Das Kind ist der Vater des Mannes." Und der Erwachsene kann nicht gesund sein, solange das Kind, das er einmal war (und das immer noch in ihm steckt) noch unter Schmerzen leidet. Vielleicht müssen Sie die Entscheidung treffen: *Ich werde dem Kind in mir eine gute Mutter oder ein guter Vater sein.*

Es geschieht nicht selten, daß Patienten sich selbst die Erlaubnis zur Genesung verweigern. Wenn Sie in sich irgendeinen Widerstand dagegen verspüren, die völlige Heilung zu akzeptieren, treffen Sie folgende Entscheidungen: *Ich verdiene es, gesund zu sein. Gott möchte, daß ich gesund bin. Ich kann gesund sein.*

Wie haben Sie sich selbst bisher gesehen? Wenn Sie sich selbst nicht als gesund, selbstbewußt und erfolgreich gesehen haben, müssen Sie in diesen Bereichen neue Entscheidungen treffen: *Ich verdiene es, mich wohl zu fühlen. Ich habe Zutrauen zu meinen Fähigkeiten. Ich kann Erfolg haben.*

Sie müssen entscheiden, daß Sie eine liebenswerte Person sind: geliebt von Gott, geliebt von Ihrer Familie, geliebt von Ihren Freunden, geliebt von sich selbst.

Der erste Schritt, um sich selbst als liebenswerte Person zu sehen und die Liebe anderer anzunehmen, besteht darin, die Liebe Gottes zu akzeptieren. Wenn Sie Schwierigkeiten damit haben, wirklich zu glauben, daß Gott Sie bedingungslos liebt, dann geben Sie ihm die Chance, es Ihnen mitzuteilen. Nehmen Sie Ihre Bibel zur Hand und lesen Sie, was sie über Gottes Liebe sagt. In dem alttestamentlichen Buch Hosea finden Sie ein Bild der Liebe Gottes, das auf menschlicher Ebene dargestellt wird. Hosea heiratet die schöne, aber treulose Gomer und versucht aus Liebe zu ihr immer wieder, sie trotz ihrer wiederholten Untreue in seinem Haus aufzunehmen.

Wenn Sie sich der Liebe Gottes unwürdig fühlen, lesen Sie Römer 5,8 und setzen Sie Ihren eigenen Namen ein: „Gott aber erwies seine Liebe zu … darin, daß Christus für … gestorben ist, als … noch ein Sünder war."

Dann lesen Sie die Worte in Johannes 3,16 und setzen Sie wiederum Ihren eigenen Namen ein: „Denn also hat Gott … geliebt, daß er seinen eingeborenen Sohn gab, damit …, der/die an ihn glaubt, nicht verloren wird, sondern das ewige

Leben hat." Wiederholen Sie diese Worte eine Woche lang jeden Morgen und jeden Abend, damit Ihr Unterbewußtsein Zeit hat, sie zu verinnerlichen. Die meisten Menschen haben ihr ganzes Leben lang gehört, daß Jesus für die Sünden der Welt gestorben ist, doch die lebensverändernde Erfahrung kommt erst, wenn Sie erkennen, daß Jesus selbst dann, wenn Sie der einzige Mensch auf der Erde wären, genauso für Sie allein gestorben wäre.

Und denken Sie daran: Gottes Liebe wird allen Menschen frei angeboten; wir müssen nicht irgend etwas tun, um sie uns zu verdienen, müssen nicht etwa erst genug Gutes tun. Aber wir müssen sie annehmen. Wir müssen uns für den Strom der Liebe und Vergebung öffnen, den Gott uns als Geschenk anbietet.

Sie müssen entscheiden, daß Sie eine brauchbare Person sind: brauchbar für Gott, der einen besonderen Platz für Sie in seinem Plan für das Universum hat, brauchbar für Ihre Familie und Ihre Freunde – Sie haben eine einzigartige Fähigkeit, ihre Bedürfnisse zu befriedigen –, und brauchbar für sich selbst, indem Sie auch Ihre eigenen Bedürfnisse stillen können.

Neue Entscheidungen über das Essen

In Ihren neuen Entscheidungen über das Essen sollte sich Ihr neues Verständnis dessen, was Essen ist, widerspiegeln. Entscheiden Sie: Essen ist eine Nahrungsquelle, keine Droge. Essen ist eine Energiequelle, keine Freizeitbeschäftigung. *Ich esse nur, wenn ich hungrig bin; ich höre auf zu essen, wenn ich satt bin. Ich habe reichlich Zeit zum Essen, also muß ich mein Essen niemals hinunterschlingen.*

Besonders dann, wenn Sie schon öfter Diäten angefangen und wieder abgebrochen haben, müssen Sie neue Entscheidungen über das Diäthalten treffen, wie etwa die folgenden: *Die Diät führt meinem Körper gute Dinge zu, sie enthält ihm nichts Gutes vor. Meine Diät ist mein Freund.*

Treffen Sie neue Entscheidungen über die Rolle, die das Essen von nun an in Ihrem Leben spielen soll. Dr. Frank Minirth führt sich selbst und seine zwölfjährige Tochter Renée als Beispiele für Menschen an, die dem Essen nur eine sehr begrenzte Rolle in ihrem Leben zugestehen. „Da wir beide Diabetiker sind und sehr sorgfältig auf unsere Ernährung achten müssen, könnte sich das leicht zu einer Besessenheit auswachsen", sagt er. „Aber wir haben beschlossen, unser Leben über das Essen hinaus zu bereichern. Wir lieben alle Aktivitäten im Freien: Camping, Schwimmen, Wandern, Reiten. Renée ist eine talentierte Künstlerin und zeichnet gern. Wir alle lesen gern und unterhalten uns über unsere Lektüre. Der Austausch über geistliche Dinge ist eine große Bereicherung für unser Leben. Wir singen gern mit der ganzen Familie alte Choräle und tauschen Bibelverse oder geistliche Einsichten aus, wenn wir bei Tisch sitzen. Wenn man so anregende Dinge hat, über die man nachdenken kann, bleibt einem einfach nicht mehr die Zeit, sich viele Gedanken ums Essen zu machen."

Neue Entscheidungen über Beziehungen

Die meisten zwanghaften Esser sind so auf Essen und Diäten fixiert, daß sie in ihrem Leben nur wenig Zeit hatten, Beziehungen zu anderen Menschen aufzubauen. Jetzt ist die Zeit, sich zu entscheiden, Ihre Beziehungen zu erweitern, vielleicht sogar zum ersten Mal seit Jahren Menschen in Ihr Leben hineinzulassen.

Um Brücken zu bauen, über die Sie andere Menschen und über die andere Sie erreichen können, sollten Sie einige Entscheidungen wie die folgenden treffen: *Ich brauche andere Menschen in meinem Leben. Ich kann anderen Menschen vertrauen. Ich habe den Menschen vergeben, die mich in der Vergangenheit verraten haben. Ich kann meine Freunde klug auswählen.*

Im Moment ist Ginger dabei, diesen Fußpfad entlangzuwandern. Kluge Entscheidungen über Beziehungen zu treffen war ihr so lange unmöglich, wie sie in einer hörigen Beziehung zu ihren Eltern gefangen war. Nun, wo sie sich davon verabschiedet hat, die Krankheiten ihrer Eltern heilen zu wollen, wo sie Grenzen festgelegt hat, wie weit sie ihre Eltern in ihr Leben hineinlassen will, und wo sie über ihr eigenes unglückliches Dasein und das ihrer Eltern getrauert hat, geht sie die ersten vorsichtigen Schritte, um dauerhafte Beziehungen aufzubauen.

„Das ist nicht leicht – ganz und gar nicht", sagt sie. „Ich habe bisher so viele Fehler gemacht. Da fällt es mir wirklich schwer, mir zuzutrauen, daß ich es diesmal richtig mache – obwohl ich weiß, daß ich jetzt von einer völlig neuen Motivation ausgehe.

Unmittelbar nach der Collegezeit war ich vier Jahre lang mit einem extrem gewalttätigen Mann verheiratet. Ich hatte Todesangst vor ihm. Ich löste mich aus dieser Ehe und kam vom Regen in die Traufe – zurück nach Hause zu meinen Eltern.

Ich brauchte nicht lange, um zu begreifen, daß ich bei meinen Eltern zwischen den Stühlen saß, und erkannte schnell, daß dies kein guter Aufenthaltsort für mich war. Ich machte meine Magisterprüfung, bekam einen Job und zog in eine eigene Wohnung. Ungefähr drei Jahre lang lebte ich allein; dann heiratete ich wieder. Heute ist mir klar, daß ich von Lee nur erhoffte, er würde mich retten. Es war eine vollkommen unangebrachte Ehe, und sie hielt nicht lange.

Im Moment gehe ich mit einem Mann aus Neuseeland aus. Ich bin nicht sicher, ob ich ihn als einen Ehekandidaten betrachte, aber seine Ansichten zum Thema Gewicht sind auf jeden Fall erfrischend. Wir waren schon ein paar Wochen zusammen, und in dieser Zeit habe ich mir ständig Sorgen darüber gemacht, ob ich auch schlank genug sei. Eines Abends wollte ich ihn nicht zu mir kommen lassen, weil ich zuviel gegessen hatte und mich dick fühlte. Als ich ihm das endlich gestand, lachte er nur. ‚Du Dummkopf', sagte er. ‚Was macht ihr Amerikaner nur immer für ein Aufheben um euer Gewicht? Ich kapiere das nicht!'

Die wichtigste Entscheidung, die ich bezüglich meiner Beziehungen getroffen habe, ist, daß ich nicht einen anderen hörigen Menschen zum Freund oder gar zum Ehemann haben muß. Mein Therapeut erklärte mir, daß ein höriger Mensch emotional gesehen eine halbe Person ist und eine eingebaute Radaranlage hat, die ihn zu anderen halben Personen hinführt, damit eine ganze Person daraus wird.

Aber Hörigkeit summiert sich nicht, sie teilt. Zwei halbe Personen werden nicht zu einer ganzen Person, sondern zu einer Viertelperson, weil die pathologischen Züge von beiden sich miteinander multiplizieren. Ich habe entschieden, daß ich eine ganze Person bin, und wenn ich heirate, werde ich eine ganze Person heiraten. Und wenn wir Kinder haben, werden wir gesunde, ganze Kinder haben."

Wenn Sie neue Entscheidungen über Ihre Beziehungen treffen, stellen Sie sich die folgenden Fragen:

▷ Was möchte ich an die Stelle der Probleme in meinen Eltern-Kind-Beziehungen setzen?
▷ Was möchte ich an die Stelle der Probleme in meinen Freundschaften setzen?
▷ Was möchte ich an die Stelle der Probleme in meiner Ehe setzen?

Wenn ein Patient verheiratet ist, versuchen wir in der Minirth-Meier-Klinik an dieser Stelle stets, mit beiden Partnern ins Gespräch zu kommen. Jeder von beiden muß die folgenden Fragen beantworten:

▷ Welche Bedürfnisse habe ich, von denen ich möchte, daß mein Partner sie erfüllt?
▷ Was bin ich bereit, meinem Partner zu geben?
▷ Braucht einer der Partner mehr Zeit und Aufmerksamkeit von dem anderen?

▷ Sollte einer der Partner dem anderen mehr Autorität einräumen?

▷ Wünscht sich einer der beiden mehr Sexualität in der Beziehung?

Barbara schaute sich noch einmal in ihrem Tagebuch die Abschiede an, die sie genommen hatte, und trug auf der gegenüberliegenden Seite eine entsprechende Liste von neuen Entscheidungen ein, die sie nun willkommen heißen wollte. Dies ist ein Teil ihrer Liste:

Abschied von Pommes frites.	Ich esse nur gesunde Nahrung.
Abschied vom Schlingen.	Ich esse immer auf entspannte und zivilisierte Weise.
Abschied von Eßgelagen, um meinen Liebes-Hunger zu stillen.	Ich fülle mein Leben mit lohnenderen Dingen als Essen.
Abschied von der Selbstisolation.	Ich verdiene es, viele Freunde zu haben.
Abschied vom Haß gegen meinen Vater.	Ich bin frei von den Schmerzen meiner Kindheit.
Abschied von Beziehungen zu Menschen, die mich ausnutzen und im Stich lassen.	Ich verdiene Beziehungen zu Menschen, die mich aufbauen.
Abschied davon, mich darauf zu verlassen, daß Tom mein Leben in Ordnung bringt.	Ich kann glücklich und gesund sein.

Abschied von einem Job, den ich hasse.	Ich kann das künstlerische Talent, mit dem ich geboren bin, einsetzen.
Abschied davon, Gott die Schuld an meiner Vergangenheit zu geben.	Ich nehme Gottes Liebe an.

Es ist für die Patienten wichtig zu erkennen, daß sie möglicherweise nicht alles bekommen, was sie sich wünschen, wenn sie eine neue Beziehung beginnen oder eine alte wiederbeleben, doch wahrscheinlich werden zumindest einige ihrer Bedürfnisse befriedigt werden. Der eigentliche Schlüssel liegt darin, daß Sie sich selbst gestatten, Ihre Bedürfnisse anzuerkennen. Erlauben Sie es sich, verbal zum Ausdruck zu bringen, was Sie sich wünschen und was Sie geben möchten.

In Ehen, in denen ein Partner ein zwanghafter Esser war, gibt es normalerweise ein gewisses Maß an sexuellen Störungen. Wenn Sie eigentlich eine gesunde Einstellung zum Sex haben, aber das sexuelle Interesse an Ihrem Partner verloren haben, weil Ihnen Sex durch Ihr Gewicht lästig geworden ist, dann brauchen Sie nur geringfügig einstimmende neue Entscheidungen zu treffen: *Ich werde liebevoller zu meinem Ehepartner sein. Ich werde offener für die Anregungen meines Ehepartners sein.*

Sollten Sie jedoch die Sexualität bisher nicht als ein von Gott geschenktes Vorrecht betrachtet haben, das Beste aus Ihrer Ehe zu machen, dann werden Sie Ihre Entscheidungen gründlich überholen müssen. Sie sollten dabei mit den beiden Grundlagen anfangen: *Sex ist von Gott geschenkt. Ich habe die Erlaubnis, ein sexuelles Wesen zu sein.*

Neue Entscheidungen über das Wesen Gottes

Weil wir nach dem Bild unseres Schöpfers geschaffen sind und weil wir – wenn wir an Jesus Christus glauben – Kinder Gottes sind, ist es notwendig, daß wir eine zutreffende Vorstellung von Gott haben. Nur dann werden wir auch eine zutreffende Vorstellung von uns selbst haben. Leider haben viele Menschen ein verzerrtes Bild von Gott – wie unser Patient Bill, der bei einem perfektionistischen, jähzornigen Vater aufwuchs und sich Gott deshalb als zornigen, strafenden Vater vorstellte. Solche Menschen müssen die Entscheidung treffen: *Gott ist mein himmlischer Vater, der darauf wartet, mich in die Arme zu schließen. Gott liebt mich. Gott akzeptiert mich. Gott versteht all meine Probleme und wartet darauf, mir bei ihrer Lösung zu helfen.*

Bill hatte sein negatives Bild von seinem irdischen Vater auf Gott projiziert. Um diese Projektion umzukehren, damit er Gott als liebevollen himmlischen Vater sehen konnte, forderten wir Bill auf, in seinem Tagebuch ein Persönlichkeitsprofil niederzuschreiben, das alles enthielt, was er sich von einem irdischen Vater wünschen würde.

Bill kam mit dem Entwurf eines Vaters zurück, der fürsorglich, barmherzig und liebevoll war. „Aber er ist nicht lasch", fügte Bill hinzu. „Er führt, unterweist und züchtigt mich liebevoll, aber fest."

„Das ist großartig, Bill", sagten wir. „Der Mann, den Sie beschrieben haben, wäre ein hervorragender Vater. Nun nehmen Sie die gleichen Eigenschaften, und geben Sie eine Beschreibung Ihres himmlischen Vaters."

Das war ein Durchbruch für Bill, und das kann es auch für Sie werden. Unserer Erfahrung nach steht das Ergebnis immer in Übereinstimmung mit der Bibel: Mein Gott ist allmächtig, mein Gott ist barmherzig und gerecht, mein Gott schätzt und ermutigt mich.

Um den Anfang zu finden, lesen Sie noch einmal die Geschichte vom verlorenen Sohn in Lukas 15,11–32. Achten Sie darauf, wie der Vater seinen abtrünnigen Sohn willkommen heißt, ihm vergibt, ihn umarmt und annimmt. Und lesen Sie auch das Gleichnis vom verlorenen Schaf in Lukas 15,3–7. Achten Sie auf den guten Hirten, darauf, wie er sich um sein Schaf kümmert, es sucht und alles riskiert, um das verlorene Lamm zu finden und zur Herde zurückzubringen.

Lernen Sie ein positives Selbstgespräch

Wenn Sie Ihre Liste von neuen Entscheidungen durchsehen, freuen Sie sich sicher über die neuen Richtungen, in denen sich Ihr Leben entwickeln wird. Vielleicht sind Sie regelrecht begeistert über all diese positiven Entscheidungen. Aber vielleicht wird Ihnen auch klar: *Zu sagen, daß ich eine Entscheidung getroffen habe, ist die eine Sache; es wirklich zu glauben, eine andere.* Der Schlüssel, um diese neuen Überzeugungen zu verinnerlichen, liegt in der Wiederholung. Wenn Sie seit Jahren nur negative Botschaften über sich selbst gehört haben – sei es von Ihnen selbst oder von anderen –, dann werden Sie etwas Zeit brauchen, um eine neue Botschaft fest in sich aufzunehmen.

Es ist auch wichtig, daß Sie die feine Linie zwischen der Verleugnung und dem positiven Selbstgespräch verstehen. Ein positives Selbstgespräch sollte man nicht einsetzen, solange man noch nicht die Verleugnung durchbrochen und den Schmerz ausgetrauert hat – sonst wird man die Situation nur verschlimmern, indem man das Problem noch tiefer vergräbt. Oft werden wir von Patienten gefragt: „Also was denn nun? Soll ich mich dem Schmerz stellen oder den Blick auf das Positive richten?" Unsere Antwort ist: „Beides." Sie müssen wissen, ob das Glas halb leer oder halb voll ist. Trauern Sie um die Leere; sehen Sie dann die Fülle positiv an.

Wir nennen das manchmal das „Mr.-Magoo-Syndrom". Der furchtbar kurzsichtige Mr. Magoo kann vom Bürgersteig in eine Schlammpfütze treten und sagen: „Ah, ich muß wohl an der Riviera sein. Der Sand unter meinen Füßen fühlt sich sooo gut an." Sie müssen zugeben, daß Sie nicht an der Riviera sind, und dennoch den schönen Sand spüren, wo immer Sie sind.

Manchmal kann eine einzige positive Botschaft so viele negative Botschaften auslösen, daß, wie Dr. Hemfelt es ausdrückt, „man das Gefühl hat, man versucht eine Lawine mit einem Zahnstocher aufzuhalten."

Wenn Sie bei Ihrem Bemühen, Ihre neuen Botschaften zu glauben, auf eine Flut negativer Botschaften stoßen, dann machen Sie sich klar, daß das völlig normal ist, und lassen Sie sich nicht von der Flut fortreißen. Gehen Sie vorwärts und lassen Sie Ihren Verstand die negativen Gedanken ausdrükken, aber halten Sie sich nicht lange damit auf. Sagen Sie Ihrem widerstreitenden Verstand einfach: *Danke, daß du deine Meinung zum Ausdruck gebracht hast, aber ich bin anderer Auffassung.* Dann gehen Sie weiter und hören Sie auf Ihre positiven Botschaften.

Manchmal hilft es auch, mit dem eigenen Spiegelbild wie mit einem anderen Menschen zu reden. Lassen Sie die negativen Botschaften von dem fremden Wesen im Spiegel kommen; dann entgegnen Sie *laut* die Wahrheit. Die alten Botschaften werden sich nicht kampflos ergeben und sie manchmal niederzuschreien versuchen wie der Chor in einem griechischen Drama. Aber seien Sie sicher: Der Grund, warum sie so sehr um sich treten und schreien, ist ihre Gewißheit, daß es mit ihnen vorbei ist. Dies ist ihr letzter verzweifelter Versuch, am Drücker zu bleiben. Ihr neues, stärkeres Ich kann sie überdauern!

In seinem Buch *Lügen, die wir glauben* (Schulte & Gerth, Asslar 1991), macht Dr. Chris Thurman zwei weitere Vorschläge, wie Sie mit den negativen Lügen, die in Ihrem Kopf herumgehen, fertig werden können. Zum einen fordert Dr. Thurman seine Patienten manchmal auf, die negativen Gedanken, die ihnen während des Tages in den Sinn kommen, aufzuschreiben. Jeden Abend – so schlägt er vor – schreiben Sie dann unter jede negative Aussage eine positive. Am nächsten Tag können Sie dann diese positiven Aussagen in Ihrem Selbstgespräch verwenden.

Eine andere Technik nennt Dr. Thurman die „Gedanken-bremse". Wenn Sie ein negativer Gedanke überfällt, nehmen Sie sich fünfzehn bis dreißig Sekunden Zeit, um darüber nachzudenken, dann machen sie ein lautes Geräusch: Klatschen Sie in die Hände, rufen Sie „Stopp!" oder stellen Sie einen Wecker. Wenn Sie das einige Male gemacht haben, werden Sie in der Lage sein, negative Gedanken auch auf leisere Art abzuleiten.

Das Positive einprogrammieren

Nun werden Sie eine Tonband-Kassette mit einem positiven Selbstgespräch anfertigen, die Sie zwei bis sechs Wochen lang mindestens einmal täglich verwenden werden, um Ihre Gedankengänge umzubauen. Und zwar so, daß der destruktive Negativismus, der bisher Ihr normales Muster war, durch den konstruktiven Positivismus ersetzt wird, von dem Ihr neues, genesenes Denken geprägt sein wird.

Schreiben

Schauen Sie sich die Liste neuer Entscheidungen in Ihrem Tagebuch an. Gehen Sie auch die positiven Aussagen durch, die Sie unter die negativen Gedanken geschrieben haben, die Ihnen in den Sinn gekommen sind. Lesen Sie sich sorgfältig die folgende Liste von positiven Selbstgespräch-Aussagen durch, die wir zusammengestellt haben. Und wählen Sie fünfundzwanzig bis fünfunddreißig Aussagen aus, von denen Sie sich am meisten wünschen, daß sie in Ihrem Leben zutreffen.

Je konkreter die Selbstgespräch-Aussagen formuliert sind, desto hilfreicher werden sie sein. Nennen Sie Ihr eigenes auslösendes Nahrungsmittel, wie es Barbara tat, als sie schrieb: „Ich kann ein langes, glückliches Leben führen, ohne Karamel zu essen." Oder werden Sie sehr konkret, wenn es um einen neuen Schritt geht, den Sie in Ihren Beziehungen tun wollen, wie es Ginger tat: „Ich verdiene es, Beziehungen zu Männern zu haben, die bereit sind, sich ganz zu mir zu stellen."

Gehen Sie noch einmal die Abschiede durch, die Sie genommen haben, um sicherzugehen, daß Sie für jede dieser Lücken etwas Positives haben, womit Sie sie wieder füllen können. Wenn Sie das nicht tun, werden alte, negative Botschaften den Raum von neuem ausfüllen, den Sie durch Ihre Trauerarbeit gereinigt haben.

Diese Aufgabe kennt keine Grenzen. Sie können Ihre Arbeit in diesem Bereich nicht übertreiben. Es geht darum, daß wir neue Aussichten erkunden; also gehen Sie sicher, daß Sie den höchsten Berg mit dem besten Rundblick in der Umgebung erklommen haben. Sobald Sie von dieser Warte aus entdeckt haben, wo Sie hin wollen, nehmen Sie sich die Zeit, näher heranzugehen und die jeweiligen Orte in allen Einzelheiten zu betrachten. Sie gestalten den Schauplatz für den Rest Ihres Lebens – also tun Sie es mit Sorgfalt, Augenmerk auf die Details und unter Gebet.

Aufnehmen

Wenn Sie mit Ihrer geschriebenen Liste zufrieden sind, können Sie sie auf eine Kassette aufnehmen. Fangen Sie mit einer oder zwei Minuten eines Musikstückes an, das Sie mögen und das Sie beruhigend und entspannend finden. Dann schalten Sie die Musik ab und lesen Sie mit klarer, fester Stimme Ihre erste Aussage. Machen Sie eine kurze Pause. Lesen Sie sie noch einmal. Machen Sie wieder eine Pause, und lesen Sie sie erneut, bis Sie die Aussage viermal aufgezeichnet haben. Verfahren Sie ebenso mit dem Rest Ihrer Liste und schließen Sie die Aufnahme mit einigen weiteren Minuten Musik ab.

Hören

Wenn Sie einmal begonnen haben, Ihre Kassette zu benutzen, denken Sie daran: Das Selbstgespräch funktioniert nur, wenn Sie es oft und ausgiebig wiederholen, und es funktioniert nicht als Notpflaster. Viele Patienten sagen uns, wenn wir sie auf diesen heilsamen Fußpfad hinweisen: „Das habe ich schon versucht. Ich habe mir einen ganzen Satz Selbsthilfe-Kassetten für sechzig Mark bestellt, und es hat nicht das geringste genützt."

Wenn uns von einem solchen Versagen der Methode berichtet wird, stellt sich jedoch heraus, daß der Patient die Botschaften entweder nicht häufig genug wiederholt hat (vielleicht hat er zwei- oder dreimal auf dem Heimweg von der Arbeit die Kassette gehört und dann aufgegeben), oder daß er es versäumt hat, vorher Raum für die neuen Botschaften zu schaffen, indem er seine Trauerarbeit tat. Positive Botschaften können nur dann aufgezeichnet werden, wenn die alten, negativen Botschaften zuvor gelöscht wurden.

Obwohl viele Leute Ihre Kassetten gern im Auto hören (und obwohl dies ein sehr effektiver Umgang mit der Zeit ist), können Sie die Aussagen dann am wirksamsten in sich aufnehmen, wenn Sie völlig entspannt sind. Das ist einer der Gründe, warum zuerst ein wenig beruhigende Musik aufgenommen wird. Um die besten Resultate zu erzielen, suchen Sie sich eine Zeit aus, in der Sie allein sind. Stellen Sie Licht und Temperatur so ein, daß es Ihnen möglichst angenehm ist, setzen Sie sich in einen bequemen Sessel oder legen Sie sich hin und schließen Sie die Augen.

Versuchen Sie, die Botschaften nicht zu analysieren oder sich mit ihnen auseinanderzusetzen. Lassen Sie sie einfach in Ihr Unterbewußtsein sinken. Wenn Ihnen dennoch negative Gedanken durch den Kopf gehen, schalten Sie die Kassette ab und schreiben Sie den negativen Gedanken auf. Dann setzen Sie einen positiven Gedanken darunter. Sobald Sie sich der negativen Botschaft entledigt haben, können Sie mit der Kassette weitermachen.

Nehmen Sie sich zwei Wochen jeden Tag Zeit, diese Übung vollständig auszuführen, und spielen Sie das Band darüber hinaus in Ihrem Auto, beim Saubermachen oder beim Zubettgehen ab, wann immer Sie wollen. Danach spielen Sie das Band bis zu sechs Wochen lang weiterhin mindestens einmal am Tag ab, bis Sie merken, daß Sie mit allen Aussagen voll übereinstimmen und keine negativen Gedanken mehr dazwischenkommen.

Positive Selbstgespräch-Aussagen

▷ Ich esse nur, wenn ich hungrig bin.

▷ Ich ernähre meinen Körper so sinnvoll, wie ich kann.

▷ Ich höre auf zu essen, wenn ich satt bin.

▷ Ich kaue meine Nahrung immer gründlich.

▷ Ich nehme mir reichlich Zeit zum Essen.

▷ Es fällt mir leicht, dem sozialen Druck zum Essen zu widerstehen.

▷ Es fällt mir leicht, meinen auslösenden Speisen zu widerstehen.

▷ Ich kann auslösenden Situationen widerstehen.

▷ Ich esse nie heimlich.

▷ Ich bin eine liebenswerte Person.

▷ Ich bin eine brauchbare Person.

▷ Ich fühle mich gerne wohl.

▷ Ich sehe gerne gut aus.

▷ Ich achte gerne gut auf meine Erscheinung.

▷ Ich verdiene es, zu leben.

▷ Ich brauche Menschen in meinem Leben.

▷ Ich kann gesunde Beziehungen genießen.

▷ Mein Ehepartner ist mein bester Freund.

▷ Ich verdiene Erfolg in meinem Beruf.

▷ Ich kann die Spitze erreichen.

▷ Ich verdiene es, gesund zu sein.

▷ Ich verdiene es, ein sexuelles Wesen zu sein.

▷ Meine Diät ist mein Verbündeter.

▷ Meine Diät ist meine eigene Entscheidung.

▷ Meine Diät ist ein Geschenk an mich selbst.

▷ Mein Körper ist mein Freund.

▷ Mein Körper ist ein lebendiger Ausdruck meiner selbst.

▷ Mein Körper ist ein Geschenk von Gott.

▷ Mein Körper ist etwas, das ich beherrschen kann.

▷ Sex ist gut, denn Gott hat ihn geschaffen.

> Ich kann mich über das Geschlecht freuen, mit dem Gott mich erschaffen hat.

> Das Kind in mir ist ein kostbares Wesen.

> Das Kind in mir verdient Liebe.

> Das Kind in mir verdient Pflege.

> Gott liebt mich.

> Gott vergibt mir.

> Ich nehme seine Vergebung an.

> Gott führt mich.

> Gott gibt mir Kraft, meine neuen Entscheidungen in die Tat umzusetzen.

Stellen Sie sich Ihren Erfolg vor

Während Sie Ihre Selbstgespräch-Kassette abspielen – oder wann immer Sie an die Zukunft denken –, stellen Sie sich vor, Sie seien bereits da, wo Sie hinwollen. Machen Sie sich in Gedanken ein Bild von Ihrem glücklichen, schlanken, freien neuen Ich, davon, wie Sie ein neues Kleid oder einen neuen Anzug tragen, wie Sie die Gemeinschaft mit einem Gefährten genießen und eine neue berufliche Herausforderung annehmen.

Besonders dann, wenn Sie wissen, daß Ihnen eine schwierige Situation bevorsteht (etwa die Teilnahme an einem Festessen, bei dem Ihre auslösende Speise gereicht wird; die Begegnung mit einem alten Bekannten, mit dem Sie eine traumatische Beziehung hatten; eine Verpflichtung, eine Rede zu halten), bereiten Sie sich darauf vor, indem Sie sich selbst in jeder Phase der Situation vorstellen. Wie werden Sie aussehen? Wie werden Sie stehen? Sitzen? Was werden Sie anziehen? Sehen Sie sich lächeln. Was werden Sie sagen? Stellen Sie sich vor, wie Sie kleine Portionen von allen Speisen des Menüs genießen, mit Ausnahme Ihrer auslösenden Speise. Stellen Sie sich vor, wie Sie Ihrem alten Bekannten selbstbewußt die Hand schütteln. Stellen Sie sich vor, wie Sie den Applaus für Ihre Rede entgegennehmen.

Wenn Sie sich dann tatsächlich in der Situation befinden, wird sie Ihnen leichtfallen, denn Sie haben ja alles schon durchlebt.

Und da Sie gleichzeitig auf Ihrem Diät-Fußpfad unterwegs sind, visualisieren Sie sich als schlank und selbstbewußt. Patienten, die Dutzende, ja Hunderte von Pfunden abgenommen hatten, berichteten, sie hätten nicht das Gefühl gehabt, einen Teil von sich selbst zu verlieren. Sie hatten das Gefühl, sich selbst zu finden. Michelangelo soll, nachdem er die Skulptur des David aus einem riesigen Marmorblock gefertigt hatte, gesagt haben: „Ich habe einfach alles weggeschlagen, was nicht David war." Stellen Sie sich vor, wie Sie aussehen werden, wenn Sie alles weggeschlagen haben, was nicht Sie sind, und dann treten Sie ein in Ihr neues Leben!

Der sechste Fußpfad:
Wagen Sie sich
in neue Richtungen

„Ich habe beschlossen, daß ich mehr Menschen in mein Leben hineinnehmen möchte", erzählte uns Barbara Jamison. „Ich möchte anderen mehr Vertrauen entgegenbringen. Aber wie stelle ich das an? Ich bin in der Vergangenheit so oft verletzt worden, daß ich einfach nicht sicher bin, daß ich irgend jemandem vertrauen kann."

Das war eine ganz normale Reaktion. Fast alle unsere Patienten empfinden in diesem Stadium ihrer Genesung so. Deshalb verfuhren wir mit Barbara genauso wie mit unseren anderen Patienten: Wir gaben ihr eine konkrete Aufgabe. „Wir möchten, daß Sie damit anfangen, einer sehr kleinen, sehr sicheren Gruppe zu vertrauen. Fangen Sie damit an, uns und Ihrer Therapiegruppe zu vertrauen. Wenn Sie morgen in die Gruppentherapie kommen, dann erzählen Sie etwas, das Sie noch nie zuvor jemandem erzählt haben."

Der furchtsame Ausdruck auf Barbaras Gesicht verriet uns, daß sie genau wußte, was sie erzählen mußte. Und daß es ihr nicht leichtfallen würde.

Am nächsten Tag setzte sich Barbara in die dunkelste Ecke des Raumes, aber sie leistete keinen Widerstand, als wir sie baten, nach vorne zu kommen und zu erzählen. Sie saß da und starrte ihre im Schoß gefalteten Hände an. „Ich war immer ein braves Mädchen gewesen. Ich hatte nie vor, mit Calvin zu weit zu gehen. Er hat mich auch nicht direkt vergewaltigt. Ich weiß nicht … es passierte einfach. Dann verließ er mich. Wahrscheinlich fühlte er sich auch schuldig. Ich weiß nicht."

Die Tatsache, daß keiner von uns sie für diesen lange zu-
rückliegenden Fehler tadelte oder zu einem schlechten Menschen erklärte, war eine große Beruhigung für sie. Jemand
aus der Gruppe fragte sie, ob sie Gott dafür um Vergebung
gebeten habe, und sie sagte ja. Auf die Frage: „Und hast du
dir auch selbst vergeben?" reagierte sie zuerst unsicher.

Dann lächelte sie. „Ja, ich glaube, das habe ich vielleicht.
Jetzt." Sie hielt inne. „Ja, ich habe mir vergeben."

Barbara hatte alle Schritte getan: Sie hatte sich von der
schmerzlichen Schuld über dieses Erlebnis verabschiedet, sie
hatte darüber getrauert, und sie hatte beschlossen, den Blick
wieder nach vorn zu richten. Aber diese abstrakte Entscheidung reichte nicht aus. Sie mußte etwas tun, um diese Entscheidung zu bekräftigen.

Dieser wichtige Schritt, aus sich herauszugehen und Menschen zu vertrauen, läßt sich mit jeder Selbsthilfegruppe
oder Person gehen: mit einem vertrauenswürdigen Freund
oder Familienmitglied, einer Gruppe der Anonymen Eßsüchtigen, mit einem Pastor. Doch wen Sie sich auch aussuchen, wir können nicht genug betonen, wie wichtig es ist, daß
Sie diesen Schritt der Öffnung tun. Sie können einen Menschen zwanzig Jahre lang über das Schwimmen belehren –
ihm die hydrodynamischen Grundlagen beibringen, ihm
Filme über Muskelkoordination zeigen –, doch solange der
Schüler nicht tatsächlich ins Wasser geht und aus erster Hand
Erfahrungen mit dem Schwimmen macht, wird er nie
Schwimmen lernen. Solange Sie nicht ins Wasser springen
und das Risiko eingehen, jemandem zu vertrauen, werden
Sie nie Vertrauen lernen.

Nehmen Sie die Liste der neuen Entscheidungen, die Sie
auf dem fünften Fußpfad angelegt haben – die Entscheidungen, die Sie sich jetzt auf Ihrer Selbstgespräch-Kassette anhören –, und schreiben Sie sich auf ein Blatt Papier direkt daneben einen Vertrauensschritt auf, den Sie tun können, um
die jeweilige Entscheidung in die Tat umzusetzen. Manche
davon werden sehr kleine Schritte sein; andere werden
Ihnen so tollkühn erscheinen, daß Sie schon Angst bekom-

men, wenn Sie sie nur auf dem Papier sehen – aber Sie müssen jeder Entscheidung, die Sie getroffen haben, ein konkretes Handeln zuordnen.

Wenn Sie entschieden haben, daß Sie es verdienen, gesund zu sein, wird Ihr praktischer Schritt vielleicht darin bestehen, sich einer Selbsthilfegruppe anzuschließen. Wenn sie entschieden haben, daß Sie sich reichlich Zeit zum Essen nehmen wollen, dann müssen Sie vielleicht jetzt Ihren Chef um eine längere Mittagspause bitten oder Ihren Wecker früher stellen, damit Sie Zeit für ein sättigendes, geruhsames Frühstück haben. Wenn Sie entschieden haben, daß Sie Ihre Beziehung zu Ihrem Mitbewohner verbessern wollen, dann ist der erste Schritt vielleicht, daß Sie um Verzeihung für Ihre bisherige schlechte Einstellung bitten.

Gesunde Risiken eingehen

Wenn Sie eine Veränderung Ihres Lebens bewirken wollen, sind drei grundlegende Komponenten daran beteiligt: Entscheidung, Handeln und Gefühl. Oft fahren unsere Patienten im Geist mit diesen drei Komponenten Karussell und versuchen herauszufinden, was zuerst kommen sollte, wie bei dem berühmten Dilemma von der Henne und dem Ei: Wenn ich mich entsprechend fühle, dann werde ich handeln; ich probiere das Handeln aus und entscheide dann, ob ich dabei bleibe; ich kann keine Entscheidung treffen, solange ich mich nicht entsprechend fühle.

Wenn Sie Veränderungen in Ihrem Leben erreichen wollen, muß der Geist das Fleisch besiegen. Sie müssen eine Entscheidung treffen und vertrauensvoll handeln; das Gefühl wird irgendwann später hinterherkommen. Wenn Sie warten, bis Sie sich „entsprechend fühlen", dann warten Sie vielleicht bis ins einundzwanzigste Jahrhundert.

Vielleicht müssen Sie sogar mehr als einen Schritt tun, bevor die Gefühle hinterherkommen. Vielleicht sind Sie wie der Luftwaffenkadett, der die Entscheidung traf, Fallschirmspringen zu lernen. Bei seinem ersten Sprung zählte er und zog die Leine, genau wie man es ihm beigebracht hatte, aber er öffnete erst die Augen, als sich der Fallschirm geöffnet hatte. Beim zweiten Sprung schaffte er es, seine Augen offenzuhalten. Beim dritten Sprung landete er mit einem Schrei: „Das ist Spitze!" Er machte weiter – und irgendwann heimste er Ehrungen für seine Fallschirmspringerstaffel ein. Sie haben Ihre Entscheidung getroffen; nun schließen Sie die Augen und springen Sie aus dem Flugzeug!

„Besseres Handeln erreicht man nicht durch Denken, aber bessere Gefühle erreicht man durch Handeln"; dieser Satz ist wahr, denn die Gefühle reagieren mit Verspätung.

Dennoch sprechen wir hier von Risiken, denn gelegentlich können Sie einen falschen Schritt tun. Denken Sie jedoch daran, daß es sich um gesunde Risiken handelt, um Risiken, die Sie guten Gewissens eingehen dürfen – anders als das Risiko der Dickleibigkeit, die mit Sicherheit Ihr Leben verkürzen würde. Wenn Sie jedoch feststellen, daß Sie sich bei einem Schritt den Knöchel verrenkt haben, dann machen Sie sich klar, daß selbst dies einen positiven Aspekt haben kann. Wenn Sie mit dem Eisbeutel auf Ihrem schmerzenden Knöchel dasitzen, werden Sie sehen, daß ein kleiner Fehler nicht das Ende der Welt bedeutet. Ein falscher Schritt ist noch keine Katastrophe. Verbinden Sie Ihren Knöchel, und dann machen Sie sich auf und gehen ein neues Risiko ein. Das ist Wachstum.

Achten Sie darauf, in allen Bereichen, in denen Sie auf dem fünften Fußpfad neue Entscheidungen getroffen haben, gesunde Risiken einzugehen: bei sich selbst, beim Essen, bei Ihren Beziehungen und bei Gott. Was die ängstlichen Gefühle angeht, die Sie von jedem Risiko abhalten wollen, so stellen Sie sich immer wieder das vor Augen, was in Selbsthilfegruppen gelehrt wird: „Gefühle sind keine Tatsachen." Manche unserer Patienten haben das auf eine Karte geschrieben, die sie immer bei sich tragen.

Bereichern Sie Ihr Leben, indem Sie dem Essen vertrauen

Für Barbara war Essen zugleich ein Seelentröster und ein Feind gewesen. Es war etwas, ohne das sie nicht leben konnte, und doch offenbar die Ursache all ihrer Probleme. Nun hatte sie die Entscheidung getroffen, daß das Essen ihr Verbündeter sein konnte, und sie befolgte Dr. Sneeds Bausteindiät. Verstandesmäßig wußte sie, daß sie dem Essen vertrauen konnte, sie nicht zu verraten. Doch emotional fiel ihr das schon schwerer. Es war so schwer, dem Essen zu vertrauen, daß sie, statt ins Lebensmittelgeschäft zu gehen – was für sie die äußerste Konfrontation mit dem Essen darstellte –, lieber ins Kino ging. Sie entschied sich für einen temporeichen Abenteuerfilm, denn der konnte ihr Denken vom Essen ablenken. Es war großartig, dem Helden bei seinen Abenteuern zu folgen.

Doch in der Schlußszene, in der der Held vom Rand einer Klippe den Schritt in den scheinbar sicheren Tod gehen muß, wurden ihre Gedanken wieder auf ihr Problem mit dem Essen gelenkt. Konnte sie einen Glaubensschritt wie diesen tun? Konnte sie ins Leere hinaustreten und dem Essen vertrauen, wie der Held den Anweisungen, die ihm gegeben wurden, vertraute? Das Bild der Brücke, die plötzlich unter seinen Füßen auftauchte, packte sie so sehr, daß sie sich auf das Ende des Films nicht mehr konzentrieren konnte.

Sobald sie zu Hause war, rief sie Ginger an. „Ich weiß nicht, was ich tun soll. Ich muß den ersten Schritt tun, aber ich weiß nicht, ob ich das kann."

Es war eine wunderbare Erleichterung, mit jemandem zu reden, der sie wirklich verstand. „Und ob ich weiß, wie du dich fühlst!" stimmte Ginger ihr zu. „Das Schwerste, was ich je getan habe, war, zu einer Party zum Schuljahresanfang zu gehen, nachdem ich meine Diät begonnen hatte. Ich wußte, daß die anderen Lehrer Tortillas essen würden, die dick mit Avocadocreme und saurer Sahne gefüllt waren, und ich war mir ganz und gar nicht sicher, ob ich das überleben würde. Wenn ich nicht gewußt hätte, daß mein Schulleiter nach mir Ausschau halten würde, wäre ich einfach nicht hingegangen. Aber weißt du was? Selleriestangen schmecken eigentlich sehr gut. Und die Schüssel mit dem leckeren Quarkdip hätte ich völlig übersehen, wenn ich nicht auf Diät gewesen wäre.

Erinnerst du dich an Ralph?" fragte Ginger. „Ich glaube, du hast ihn bei einem Treffen in der Therapiegruppe sprechen hören? ... Ja, der Blonde. Er erzählte einmal, als er sich den Anonymen Alkoholikern anschloß, habe man ihm gesagt, er müsse lernen, der Abwesenheit von Alkohol zu vertrauen. Er dachte, er könnte nie wieder zu einem Geschäftsempfang gehen, wenn er nichts trinken dürfte. Als sein Chef ihm sagte, er müsse hin, entdeckte er, daß da jede Menge Leute waren, die überhaupt nicht tranken – und daß ein ganzer Bereich der Bar mit alkoholfreien Getränken ausgestattet war, sogar mit Diätgetränken.

Hör zu, Barbara, du mußt das Vertrauen haben, daß du zu einer Party gehen und deinen Spaß haben kannst, ohne zu essen – oder zumindest, ohne viel zu essen."

Barbara legte auf und zog aus ihrem Papierkorb ein Blatt, das an diesem Morgen unter ihrer Tür hindurchgeschoben worden war. Die Verwaltung ihres Apartmenthauses gab eine Party am Swimmingpool. Sie glättete das Blatt und las die letzte Zeile: „Bringen Sie Ihre Lieblingskassette und einen Teller mit Snacks mit."

„Selleriestangen und Quarkdip?" dachte sie. „Nun, vielleicht wäre das eine Gelegenheit, um Dr. Sneeds Rezept für gebackene Tortillachips mit Salsa auszuprobieren. Das klang eigentlich nicht schlecht." Und sie konnte immer noch zurück in ihr Zimmer flüchten, wenn es ihr zuviel wurde. Außerdem würde es nicht allzu unpassend aussehen, wenn sie zu einer Swimmingpool-Party einen Kaftan trug.

Sie beschloß sogar, eine Kassette mit dem Soundtrack von dem Film, den sie gesehen hatte, zu kaufen und sie als ihren musikalischen Beitrag mitzunehmen. Niemand außer ihr mußte ja erfahren, daß der Schritt, den sie tat, ebenso schwer für sie war wie für den Helden der Schritt in den Abgrund.

Am nächsten Abend war herrliches Wetter, und die Fakkeln rund um den Swimmingpool flackerten in einer sanften Brise, als Barbara sich mit einem bemühten Lächeln zu ihren Mitbewohnern gesellte. Glücklicherweise war das Mädchen von gegenüber unter den ersten, die sie sah, denn sonst kannte Barbara kaum jemanden in dem ganzen Komplex.

„Hi, Barbara. Kennst du schon Mary Sue?" rief ihre Nachbarin.

Eine Stunde später beschloß Barbara schließlich, sich am Buffet eines der lecker aussehenden Fruchtspießchen zu holen, die sie die anderen essen sah. Die ganze Zeit über hatte sie gelacht und geredet und es durch und durch genossen, die Leute kennenzulernen, die in ihrer Nähe wohnten. In diesem Moment legte der Mann, der die Stereoanlage bediente, ihre Kassette ein. Sie erkannte, daß die Brücke unter ihren Füßen aufgetaucht war, und sie hatte es noch nicht einmal bemerkt. Sie hatte auf einer Party ihren Spaß gehabt, ohne zu essen! Sie brauchte kein Essen, um Mut zu haben. Es machte ihr viel mehr Spaß, sich auf die Leute zu konzentrieren, und sie fühlte sich viel freier zum Lachen und Reden und Umhergehen, wenn sie nicht durch Essen in ihren Händen oder in ihrem Mund behindert war.

Als erstes müssen Sie also wie Barbara lernen, der Abwesenheit von Essen in Ihrem Leben zu vertrauen. Dann – besonders, wenn Sie eine Flüssigdiät oder eine streng reglementierte, extrem kalorienarme Diät hinter sich haben – müssen Sie neu lernen, der Anwesenheit von Essen zu vertrauen. Wenn Sie sich Ihrem optimalen Gewicht annähern und allmählich dazu übergehen, Ihre Genesung dauerhaft zu erhalten, treten Sie in die Phase ein, in der Sie lernen müssen, eine kluge Auswahl an Nahrungsmitteln zu treffen. Für viele Patienten ist das eine sehr beängstigende Zeit. Viele

Leute sind „Schwarzweiß-Esser". Sie können nur entweder hungern oder sich vollstopfen, aber der Gedanke, in der Grauzone zu essen, wo sie eine kluge, beherrschte Auswahl treffen müssen, macht ihnen Angst. Treffen Sie die Entscheidung, daß Sie es schaffen können. Sie können Nahrungsmittel auswählen, die gesund für Sie sind. Sie können sparsam essen und brauchen nicht zurück in die Völlerei zu fallen. Tun Sie den ersten Schritt, indem Sie ein Sellerie-Schnittchen auswählen.

Genießen Sie Ihre neuen Erfahrungen mit dem Essen. Genießen Sie den frischen Geschmack Ihrer fettarmen, ballaststoffreichen neuen Nahrungsmittel. Haben Sie Ihren Spaß daran, neue kalorienarme Rezepte auszuprobieren, die Sie in Zeitschriften finden oder von Freunden bekommen. Versuchen Sie, Ihre alten Familiengerichte an diese fettarme, zuckerarme, wohlschmeckende und befriedigende neue Kochmethode anzupassen. Genießen Sie es, neue Restaurants auszuprobieren oder in Ihren alten Stammrestaurants die leichten Gerichte zu bestellen.

Doch vor allen Dingen genießen Sie es, sich selbst zu gratulieren, während Sie Ihre neue Selbstbeherrschung im Umgang mit Essen ausüben. Das Gefühl der Souveränität, das man empfindet, wenn man sein eigenes Eßverhalten beherrscht, kann eine großartige Erfahrung sein! Es ist schon ein Erlebnis an sich, wenn Sie von Tag zu Tag Ihr Eßverhalten regulieren und erkennen, daß Sie keine Eßgelage mehr brauchen. Dann ergeht es Ihnen wie dem Teilnehmer bei den Anonymen Alkoholikern, der entdeckte: „He, ich habe es dreißig Tage lang geschafft, dann sechzig Tage lang, und jetzt bin ich seit sechs Monaten trocken! Früher habe ich mir gesagt, ich könne nicht mit dem Trinken aufhören. Jetzt stelle ich fest, was für eine phantastische Erfahrung es ist, mich an meine neuen Entscheidungen zu halten!"

Manchen unserer Patienten bringt es Spaß und Hilfe, sich jeden Monat oder alle sechs Wochen, die sie bei ihrer Diät geblieben sind, mit einem neuen Schal oder einer neuen Krawatte oder dergleichen zu belohnen. Wenn Ihnen der

Gedanke gefällt, Ihre Fortschritte auf diese Weise hervor-zuheben, lassen Sie sich nicht davon abhalten – aber die beste Belohnung von allen ist die Erkenntnis Ihrer eigenen Souveränität!

Bereichern Sie Ihr Leben, indem Sie Erfahrungen vertrauen, die über das Essen hinausgehen

Die meisten zwanghaften Esser sind so aufs Essen fixiert, daß es alle anderen Erfahrungen in sich aufsaugt. Sie schlie-ßen jeden und alles andere aus ihrem Leben aus. Jetzt ist es an der Zeit, das Gleichgewicht in Ihrem Leben wiederherzu-stellen: neue Leute kennenzulernen; alte Beziehungen wie-derzubeleben; beruflich voranzukommen; Hobbys, Sportar-ten, geistige und geistliche Interessen zu entdecken.

Joanne war eine extrem übergewichtige ewige Studentin. Sie hatte die Magisterprüfung in Psychologie abgeschlossen und arbeitete dann an ihrer Doktorarbeit. Doch als sie neun Jahre lang daran gesessen hatte, mußten ihre Professoren sie mit der Tatsache konfrontieren, daß ihre Stelle aus dem Pro-gramm gestrichen würde, wenn Sie die Arbeit nicht ab-schlösse. Das Problem war, daß Joanne eine panische Angst vor neuen Erfahrungen hatte. Sie war so übergewichtig, daß sie meinte, sie könnte in ihrem Leben nichts anderes tun als studieren. Sie wußte, daß sie, obwohl sie eine hochintelli-gente Frau war, niemals eine Stelle in einer psychiatrischen Klinik bekommen oder das Vertrauen von Patienten in einer Privatpraxis gewinnen könnte.

Schauen Sie sich noch einmal Ihr Tortendiagramm an, das sie auf dem dritten Fußpfad erstellt haben und in dem sie auf-gezeichnet haben, wie Sie Ihre Zeit verbringen. Trifft diese Verteilung auch heute noch auf Ihr Leben zu? Wenn nicht, zeichnen Sie ein neues Diagramm. Welche Bereiche sehen Sie, die erweitert werden müßten? Gibt es Bereiche, die fehlen, obwohl sie darin vorkommen sollten? Haben Sie sich zum Beispiel schon Zeit für tägliche Bewegung genommen? Ist der Sonntag der einzige Tag, an dem Sie Zeit für Gott verwenden, oder nehmen Sie sich täglich Zeit zum Gebet und Bibelstudium? Wie steht es mit der Entspannung – verbringen Sie Zeit im Gespräch mit Ihrem Ehepartner oder mit dem Lesen eines Romans? Verbringen Sie Ihre Zeit mit Dingen, die Ihnen Befriedigung schenken, oder sollten Sie einiges verändern?

Anhand ihres Tortendiagramms stellte Barbara fest, daß die am wenigsten entwickelten Bereiche in ihrem Leben die Beziehungen zu anderen Menschen und ihr Beruf waren. Die Zeit, die sie als Kassiererin in einem Supermarkt verbrachte, hatte nichts mit ihrem Beruf zu tun. Nur der Gebrauch ihres von Gott geschenkten künstlerischen Talentes konnte als befriedigende berufliche Laufbahn gelten. Barbara wußte, daß ihre Fähigkeiten eingerostet und ihr Selbstvertrauen erschüttert waren. Die beste Maßnahme, um beides wieder aufzubauen, so beschloß sie, war, einen Zeichenkurs im nahe gelegenen College zu belegen. Sie saß da und starrte ihr Telefon an. Sie hatte ihre Entscheidung getroffen. Nun mußte sie handeln. Sie holte tief Luft und rief im Sekretariat an, um sich ein Vorlesungsverzeichnis und ein Anmeldeformular schicken zu lassen.

Der nächste Bereich fiel ihr noch schwerer, aber dadurch, daß sie den leichteren zuerst angepackt hatte, war ihr Mut gewachsen. Seit sie diesen welterschütternden Prozeß der Genesung begonnen hatte, hatte sie noch nicht wieder mit Tom gesprochen. Sie wußte wirklich nicht, ob ihre Ehe noch irgendeine Chance hatte, aber sie wußte, daß sie sich das wünschte. Wenn er bereit war, mit ihr zu reden und vielleicht auch, sich von den Ärzten in der Klinik beraten zu lassen, dann konnten sie es bestimmt schaffen.

Tom anzurufen war der schwerste Schritt, den Barbara je gehen mußte. „Nur gut, daß ich vorher versucht habe, dem Essen zu vertrauen", dachte sie. So schwer ihr das auch erschienen war – jetzt erkannte sie, daß es im Vergleich zu diesem Anruf bei ihrem entfremdeten Ehemann eine Kleinigkeit war. Die Brücke war dagewesen, als sie von der Klippe ins Leere trat, indem sie zu der Party ging. Sicher würde sie auch jetzt dasein!

Sie nahm das Telefon und wählte die Nummer seines Büros. „Laß ihn nicht dasein", betete sie. Vertreter verbringen so wenig Zeit in ihren Büros. Mit etwas Glück konnte sich das Gespräch noch um Tage verschieben.

Doch er war da. „Tom, hier ist Barbara. Ich – äh, wie geht es dir?"

Er klang nicht selbstsicherer als sie. „Mir geht es gut. Wie geht es dir?"

Mit diesem „Wie geht es dir? Mir geht es gut" hätten sie ewig weitermachen können. Barbara holte tief Luft und sprang. „Tom, ich rufe an, um dir zu sagen, daß ich mich verändert habe. Ich habe eine Menge Dinge in meinem Leben verändert, und …" Hier ging ihr die Luft aus. „… und … Tom, können wir uns nicht treffen und persönlich darüber reden?"

Tom war einverstanden, an diesem Abend nach der Arbeit zu ihr zu kommen. Nun, die Brücke war etwas wackelig gewesen, aber immerhin war sie nicht von der Klippe gestürzt.

Obwohl Tom der wichtigste Mensch war, den Barbara in ihrem Leben haben wollte, war er doch nicht der einzige auf der Welt, und es hatte keinen Zweck, jetzt herumzusitzen und sich Sorgen über den bevorstehenden Abend zu machen. Sie rief Mary Sue an, die sie auf der Party kennengelernt hatte. „Hi, hier ist Barbara von oben. Ich habe gerade Eistee gemacht. Hast du nicht Lust, hochzukommen und mir beim Trinken zu helfen?"

Neue und erneuerte Freundschaften werden möglich, sobald Sie einmal die Entscheidung getroffen haben, Menschen in Ihr Leben hineinzulassen, und den ersten Schritt getan haben, um jemandem zu vertrauen, der in Ihrer Nähe ist. Die meisten unserer Patienten jedoch stellen wie Barbara fest, daß sie sich ein wenig Mühe geben müssen, damit das geschieht. Der beste Ansatzpunkt ist Ihr Tagebuch. Schauen Sie sich nochmals Ihren Beziehungs-Fragebogen an. Welche alten Freunde und Angehörigen haben Sie aus den Augen verloren? Welche zerbrochenen Beziehungen könnten Sie geheilt sehen? Nun denken Sie an Ihr tägliches Leben. Stellen Sie sich die Leute vor, mit denen Sie am Arbeitsplatz, in der Gemeinde, in Ihrer Diätgruppe zu tun haben. Sieht das Mädchen am Nachbarschreibtisch im Büro nett aus? Haben Sie je mehr als „Hallo" zu ihr gesagt? Wie steht es mit dem neuen Ehepaar in der Gemeinde, das sich vielleicht noch einsamer fühlt als Sie?

Einen alten Freund oder einen neuen Bekannten anzurufen und zu einer Tasse Tee einzuladen oder ihm einen Kinobesuch vorzuschlagen, ist vielleicht das Beste, was Sie tun können. Aber denken Sie auch über eine andere Möglichkeit nach. Wie wäre es, wenn Sie die Kunst des Briefeschreibens wiederbelebten, um Brücken zurück zu den Menschen zu bauen? Das Briefeschreiben wurde im achtzehnten und neunzehnten Jahrhundert zu den schönen Künsten gezählt, doch heute ist es eine fast verschollene Fertigkeit.

Konversation, eine andere schöne Kunst vergangener Zeiten, ist ebenso eine sterbende Fähigkeit – besonders für zwanghafte Esser, die sich über lange Zeit hinweg isoliert haben. Oft berichten sie, daß sie sich wie Teenager bei der ersten Verabredung fühlen, wenn sie auf einer Party versuchen, ein Gespräch anzufangen. Es gibt mehrere leichte Wege, um das zu überwinden: Erstens, denken Sie daran, daß der beste Redner ein guter Zuhörer ist. Fragen Sie die Leute nach dem, was sie beschäftigt, und dann *hören sie zu*. Man wird Sie für schlicht brillant halten. Zweitens sollten Sie sich für alle möglichen Themen interessieren. Lesen Sie Zeitung und schauen Sie sich die Fernsehnachrichten an, so daß

Sie über aktuelle Ereignisse reden können; entwickeln Sie ein ungewöhnliches Hobby, von dem Sie anderen erzählen können. Drittens, seien Sie bereit, ein wenig Hausaufgaben zu machen. Unsere Freundin, die auf einer Reise durch Europa zwanzig Pfund abnahm, ohne es zu wissen, hatte Gelegenheit, mit einer Nachfahrin Charles II. Tee zu trinken. „Ich war noch nicht lange dort", erzählte sie, „als ich feststellte, daß diese Dame meine Reiseroute und meine letzten Briefe praktisch auswendig gelernt hatte, um mit mir über meine Interessen reden zu können. Ich konnte nicht umhin, mich zu fragen, wie viele amerikanische Talk-Show-Gastgeber (die dafür bezahlt werden, über ihre Gäste Bescheid zu wissen) ihren Gästen wohl eine solche Höflichkeit entgegenbringen."

Erkunden Sie neue berufliche Möglichkeiten

Sind Sie bereit, eine Laufbahn zu beginnen wie Barbara; oder sind Sie bereit, eine neue Verantwortung zu tragen oder eine Beförderung anzunehmen? Das kann Ihnen ein wunderbares neues Zutrauen zu sich selbst und zu Ihrem Leben geben.

Aber vielleicht ergeht es Ihnen so wie Ralph, dem dieser Schritt besonders schwerfiel. Obwohl sein Arbeitgeber volles Vertrauen zu ihm hatte, besaß Ralph so wenig Zutrauen zu sich selbst, daß er ein Eßgelage veranstaltete, wann immer sich eine Beförderung abzeichnete. Nun, in dem Stadium, wo es darum geht, daß seine Genesung aufrechterhalten bleibt, arbeitete Ralph daran, sein Selbstvertrauen zu stärken.

Ralphs erster Schritt war, seine Angst vor seiner Therapiegruppe zuzugeben. Sein zweiter Schritt kam noch am gleichen Abend, als er sich ohne Widerspruch die aufbauenden Kommentare der anderen Teilnehmer anhören konnte. Er glaubte sie vielleicht emotional noch nicht, aber er hörte sie mit dem Verstand. Ein dritter Schritt kam, als Ralph seiner

Gruppe berichten konnte: „Ich habe immer noch Ängste bei der Arbeit, aber ich kann akzeptieren, daß ich meine Stellung verdiene. Selbst wenn ich Angst habe, tue ich gute Arbeit."

Sein jüngster Triumph kam, als er eine angebotene Beförderung annahm, ohne sich dadurch zu einem Eßgelage verleiten zu lassen. Da er in seiner neuen Stellung andere Mitarbeiter beurteilen muß, kann er nun akzeptieren, wie sein Chef seine eigene Arbeit einschätzt, und die Verantwortung annehmen, selbst zu einer Autoritätsfigur zu werden.

Die meisten Leute, wie gelassen und erfolgreich sie auch wirken mögen, fühlen sich gelegentlich unsicher. Wenn Sie in der Vergangenheit gescheitert sind, weil Sie Ihren Erfolg durch alte Zweifel sabotieren ließen, dann machen Sie sich klar, daß die Situation jetzt anders ist, weil Sie Ihren Schmerz ausgetrauert haben. Gehen Sie den ersten Schritt, bleiben Sie fest, und warten Sie darauf, daß das Gefühl des Selbstvertrauens Sie einholt. Denken Sie daran: Sie können nur so erfolgreich sein, wie Sie selbst es sich erlauben.

Erkunden Sie Freizeitbeschäftigungen und Hobbys

Vielleicht möchten Sie eine Inventur Ihrer Tagträume machen, um die Möglichkeiten für Freizeitbeschäftigungen und Hobbys zu erkunden, die das neue, reichere Leben, in das Ihre Genesung Sie führt, Ihnen bietet. Was wollten Sie schon immer tun, haben sich aber durch Ihren Körperumfang oder durch sonstige Befürchtungen davon abhalten lassen? Wenn Sie irgendein berühmter Sportler sein könnten, wer würden Sie sein wollen? Wenn Sie in irgendeiner Kunst Erfolg haben können, welche würden Sie sich aussuchen? Wenn Sie buchstäblich unbegrenzt Zeit und Geld zur Verfügung hätten, was würden Sie tun? Wohin würden Sie gehen?

Leider können wir Ihnen nicht sagen: „Na, dann gehen Sie doch hin, und tun Sie es!" Aber diese Antworten werden wichtige Hinweise auf die neuen Interessen sein, die Ihnen

Befriedigung verschaffen werden. Wenn Sie schon immer davon geträumt haben, ein berühmter Baseball-Spieler wie Babe Ruth zu sein, dann schauen Sie im Freizeitkalender Ihres Wohnortes nach, ob es nicht ein Baseball-Team gibt, in dem Sie mitspielen können, kaufen Sie sich eine Saisonkarte für die Spiele Ihrer Mannschaft oder abonnieren Sie eine Sport- oder Gesundheitszeitschrift. Wenn Sie immer davon geträumt haben, im Cleveland-Orchester mitzuspielen, fragen Sie in einem Musikgeschäft oder einer Musikschule nach Privatlehrern oder Gruppenunterricht, oder machen Sie sich eine Liste Ihrer bevorzugten Dirigenten und Symphonien und fangen Sie an, sich eine Sammlung von Kassetten oder CDs aufzubauen. Oder erkunden Sie das Musikprogramm in Ihrem Radiosender und nehmen Sie Ihre Lieblingssendungen auf, oder kaufen Sie sich eine Saisonkarte für die Konzerthalle. Die Möglichkeiten sind grenzenlos. Lassen Sie Ihre Vorstellungskraft spielen, aber belassen Sie es nicht bei der Vorstellung; *tun* Sie etwas, um wenigstens einen kleinen Teil Ihres Traums wahr werden zu lassen.

Wo wollten Sie schon immer hin? Australien? Tibet? Die Hebriden? Gehen Sie ins Reisebüro und fangen Sie an, Material zu sammeln. Fragen Sie in Ihrer Stadtbücherei nach Reisebüchern. Vielleicht fangen Sie an, das Geld, das Sie nun nicht mehr fürs Essen verwenden, anzusparen.

Oder, statt sich zu fragen: „Was wollte ich schon immer tun?", könnten Sie sich fragen: „Vor welchen Aktivitäten hatte ich wegen meines Körperumfangs oder meiner Angst vor Versagen immer eine Abneigung oder Furcht?" Nun, da Sie sich auf dem Weg zur Genesung befinden, werden selbst diese Aktivitäten für Sie möglich. Das kann etwas sein, was Sie jetzt aus freien Stücken anfangen, wie etwa das Skilaufen, oder auch etwas, das Sie nun endlich tun können, wenn die Umstände es verlangen, wie etwa das Fliegen.

Und schließlich schauen Sie sich die Dinge an, die Sie bereits tun, und fragen Sie sich, wie Sie Ihre alten Interessen ausweiten können. Wenn Sie schon immer gerne gelesen haben, fragen Sie Ihren Buchhändler, ob er Ihnen nicht einen neuen Autor oder ein neues Genre empfehlen kann. Schließen Sie sich einem literarischen Gesprächskreis an. Überlegen Sie sich, ob Sie nicht Buchbesprechungen für den Rundbrief Ihrer Gemeinde oder Ihres Vereins schreiben könnten.

Eines Abends saßen Barbara und Ginger in ihrer Therapiegruppe, als Ralph von den neuen Richtungen erzählte, die er einschlug, um sein Leben zu bereichern. „Mit das beste an meinem Gewichtsverlust ist die neue Energie, die ich dadurch gewonnen habe. Daran arbeite ich im Moment – ich versuche, gesunde Beschäftigungen zu finden, mit denen ich meine Zeit verbringen kann. Sport ist natürlich der Schlüssel, um mein Gewicht unten zu halten. Ich achte auch darauf, was ich esse, aber ich treibe Sport, um das zu verbrennen, was ich esse. Squash ist mein Lieblingssport. Es ist gut, weil man es das ganze Jahr über machen kann, aber es ist nicht Aerobic, und ich glaube, das Ideale wäre eine Aerobic-Übung.“

Barbara war verwirrt. Dr. Sneed hatte Squash zu den Aerobic-Sportarten gezählt. Sie hob ihre Hand. „Meinst du, ihr setzt euch nach dem Squashspielen nicht hin und meßt euren Puls?“

Ralph lächelte. „Richtig. Wir messen den Puls nicht, und es gibt zu viele Unterbrechungen. Damit eine Sportart Aerobic genannt werden kann, muß sie kontinuierlich sein. Na ja, um ehrlich zu sein – es wäre Aerobic, wenn man zwei sehr gute Spieler hätte. Aber den Luxus hat man nicht jedesmal, wenn man zum Spielen geht. Ich spiele immer gegen den, der gerade da ist, und der hat nicht unbedingt meine Spielstärke.“

Er hielt inne und senkte den Kopf. „Tut mir leid, wenn das eingebildet klingt. Ich spiele eine Menge, deshalb bin ich ziemlich gut in Form. Aber ich will hier wirklich ehrlich sein. Es ist eine wertvolle Lektion in Selbstachtung für mich. Wenn man immer gewinnen oder immer verlieren würde, könnte das so oder so schwer für das Ego sein. Da ist eine feine Grenze. Deshalb arbeite ich daran, einfach Spaß an dem Spiel zu haben und es für meine Gesundheit zu spielen, nicht unbedingt, um zu gewinnen. Das ist ein Nutzen des Sports, der auf keiner Kalorienverbrauchstabelle steht. "

Neues Vertrauen für genesende zwanghafte Esser

In der Klinik helfen wir Tausenden von Menschen, die auf dem Weg heraus aus jeder bekannten Abhängigkeit sind, neues Vertrauen zu lernen. In diesem Prozeß haben wir entdeckt, daß es drei Bereiche des Vertrauens gibt, die besonders wichtig für Menschen sind, die dabei sind, von zwanghaftem Eßverhalten zu genesen.

1. Es ist notwendig, daß Sie das Vertrauen gewinnen, daß es vollkommen in Ordnung ist, wenn Sie nach Ihrem Gewichtsverlust wieder sexuell empfinden. Viele Leute, die eine Diät machen oder gemacht haben, sind schockiert, wenn sie feststellen, daß Sexualität auf einmal wieder ein Teil ihres Lebens wird. Solange ihr Fettpolster sie vor solchen Überlegungen schützte, dachten sie über das ganze Thema kaum nach. Plötzlich stellen sie fest, daß sie die Aufmerksamkeit des anderen Geschlechts auf sich ziehen und selbst auch ein entsprechendes Interesse verspüren. Anfangs ist das normalerweise beunruhigend. Wenn Ihr Selbstgespräch nicht die Entscheidung enthält: „Ich verdiene es, ein sexuelles Wesen zu sein", dann fügen Sie sie jetzt hinzu; ebenso wie „Ich kann meinem eigenen Körper vertrauen" und „Ich kann das sexuelle Interesse meines Ehepartners annehmen." Wählen Sie einen ersten Schritt, um diese Entscheidungen in die Tat umzusetzen. Vielleicht, indem Sie ein neues Nachthemd oder einen neuen Badeanzug kaufen?

2. Sie können Ihrer neuen äußeren Erscheinung vertrauen. Wir haben bereits von der zeitlichen Verzögerung zwischen der körperlichen Veränderung und der inneren Selbstwahrnehmung gesprochen. Doch diese Verzögerung wird aufgeholt werden. Wenn es soweit ist, werden Sie ein neues Ich im Spiegel erblicken. Ihre Augen spielen Ihnen keinen

Streich. Das sind wirklich Sie! Entscheiden Sie sich, Ihrem neuen Äußeren zu vertrauen. Unternehmen Sie etwas, um es zu genießen. Kaufen Sie einen neuen Anzug oder ein neues Kleid. Gehen Sie mit neuem Selbstvertrauen durch die Straßen.

3. Und nun können Sie auch Komplimenten vertrauen. Das ist ein Bereich, in dem jeder seine Schwierigkeiten haben kann. Kinder müssen lernen, danke zu sagen, ohne den Kopf zu senken. In jedem Bereich des Lebens kann sich ein Mensch plötzlich dabei ertappen, wie er vor einem Kompliment zurückscheut, weil er beinahe abergläubisch denkt: „Aber was ist, wenn ich es nächstes Mal nicht so gut mache?" Am schwersten ist das für zwanghafte Esser, die Jahre damit zubrachten, sarkastische Witze über Ihren Leibesumfang abzublocken, und dabei wegen ihrer niedrigen Selbstachtung verdiente Komplimente mit abwehrten. Machen Sie es sich zur Übung, Komplimente anzunehmen, anstatt sie herunterzuspielen – auf was auch immer sich das Kompliment bezieht. Wenn Ihnen das besonders schwerfällt, versuchen Sie es mit einem kleinen Rollenspiel: Sagen Sie laut: „Das ist ein hübsches Kleid." (Sagen Sie darauf nicht: „Es war ein Sonderangebot.") Schauen Sie sich im Spiegel an. Lächeln Sie. Sagen Sie: „Danke, ich freue mich, daß es dir gefällt."

Sagen Sie: „Den Bericht haben Sie hervorragend erledigt." Antworten Sie: „Danke. Das ist mir eine Ermutigung." (Nicht: „Es war eigentlich eine Gruppenarbeit. Ich verdiene das Lob nicht.")

Freunde von uns, die sechs Monate in Frankreich verbrachten, erzählten, mit am schwersten sei es ihnen gefallen, sich an die französische Reaktion auf Komplimente zu gewöhnen. In Frankreich nimmt man Komplimente nie an. Die richtige Reaktion ist: „Oh nein, nein, nein!" Bei uns dagegen ist das kein Zeichen von Bescheidenheit und guten Manieren, sondern von Unsicherheit und Betteln um wiederholte Komplimente. Falls Sie nicht gerade eine längere Reise nach Frankreich vorhaben, lernen Sie, den Komplimenten zu vertrauen, die Sie bekommen, und sagen Sie schlicht und direkt „Danke".

Erkunden Sie eine neue Beziehung zu Gott

Dies ist ein guter Zeitpunkt, um sich eine geistliche Heimat zu suchen. Beten Sie um Führung bei dieser wichtigen Entscheidung; fragen Sie Freunde, denen Sie vertrauen, um Rat und nehmen Sie sich Zeit, verschiedene Gemeinden mehrmals zu besuchen, um diejenige herauszufinden, die Ihren geistlichen Bedürfnissen am meisten entgegenkommt. Suchen Sie eine Gemeinde, die biblisch orientiert ist, in der Jesus Christus geehrt wird und in der Ihnen ein warmes Willkommen zuteil wird. Dann suchen Sie sich eine kleine Gruppe innerhalb der Gemeinde, in der Sie besonders enge Gemeinschaft finden können: einen Hauskreis, eine Bibelstudiengruppe, einen Frauen- oder Männerkreis oder eine kleine Selbsthilfegruppe.

Denken Sie auch über Möglichkeiten nach, Ihre tägliche Andachtszeit sinnvoller zu gestalten. Wir hören oft, daß wir uns jeden Tag eine besondere *Zeit* nehmen sollen, um allein mit Gott zu sein. Aber davon, wie wichtig es ist, auch einen bestimmten *Ort* dafür zu haben, ist nicht so oft die Rede. Doch für viele unserer Patienten ist gerade das der Schlüssel zu einem wachsenden geistlichen Leben. Eine Patientin erzählte uns: „Ich hatte immer so eine romantische Vorstellung, meine Bibel mit hinauszunehmen und unter dem Weidenbaum darin zu lesen oder im Winter am Kaminfeuer zu sitzen. Das Problem war nur, ich kam nie dazu, zum Weidenbaum hinauszugehen, und bis ich das Feuer in Gang hatte, kamen die Kinder schon aus der Schule zurück. Schließlich legte ich meine Bibel und meine Studienanleitung neben den großen Sessel in meinem Schlafzimmer, und jetzt gehe ich dorthin, sobald die Kinder morgens aus dem Haus sind. Das macht den ganzen Unterschied aus."

Entdecken Sie auch neue Materialien für Ihre Andacht:

verschiedene Bibelübersetzungen, eine gute Studienbibel, Gebetbücher, Andachtsbücher, große Glaubenslieder und moderne christliche Musik, Gedichte und andere Schriften von modernen christlichen Autoren oder Christen der Vergangenheit wie zum Beispiel John Wesley.

Wenn Sie alle Möglichkeiten auf diesem Fußpfad der Bereicherung erkunden, nehmen Sie sich Christus zum Vorbild und zum Führer – er „nahm zu an Weisheit, Alter und Gnade bei Gott und den Menschen" (Lukas 2,52).

Der siebente Fußpfad:
Wählen Sie neue Leitbilder

Dies ist der Fußpfad, auf dem neue Beziehungen die Stellung unserer Eltern einnehmen. Das ist ein normaler Vorgang bei allen Menschen, ob man nun das Elternhaus im Zuge des gewöhnlichen Loslösungsprozesses verlassen hat oder ob man es emotional erst vor kurzer Zeit hinter sich gelassen hat. Die fürsorgliche Rolle, die Eltern normalerweise haben, muß auf zweierlei Weise ersetzt werden. Sie müssen lernen, auf eigenen Füßen zu stehen und für sich selbst zu sorgen, und Sie müssen lernen, sich Gefährten auszusuchen, die mit für Sie sorgen können.

Sich selbst ein guter Vater oder eine gute Mutter sein

Obwohl dieses Ersetzen der Elternrolle für alle Menschen schwierig ist, fällt es solchen, die aus gestörten Familien stammen, noch schwerer. Ihnen nämlich fehlen die notwendigen Rollenmodelle. Wenn Ihre Eltern Ihnen nicht vorgelebt haben, wie man ein guter Vater oder eine gute Mutter ist, müssen Sie erst lernen, was gute Eltern tun und wie Sie das für sich selbst tun können. Wir wollen hier nur vier wichtige Bereiche erwähnen, in denen Sie lernen müssen, sich selbst Vater oder Mutter zu sein.

Sie müssen Ihr eigenes Selbstvertrauen aufbauen. Indem Sie ein positives Selbstgespräch einsetzen, haben Sie damit bereits angefangen. Sie haben Ihr Selbstvertrauen gestärkt, indem Sie erste Schritt getan haben, um Ihre neuen Entscheidungen in die Tat umzusetzen. Während Sie weiterhin den Erfolg Ihrer Diät beobachten, wird Ihr Selbstvertrauen zunehmen. Achten Sie jedoch sehr sorgfältig darauf, nicht in alte Rollen zurückzufallen. Irgendwann tun wir alle bei der Erziehung unserer eigenen Kinder doch einige der Dinge, von denen wir immer sagten, wir würden sie ganz anders machen als unsere Eltern: „Ich habe mir geschworen, diesen Tonfall nie gegenüber meinen Kindern anzuschlagen!" „Ich habe immer gesagt, ich wolle niemals meinen Kindern diesen Schimpfnamen geben!" „Ich habe immer gesagt, ich wolle niemals diese Ausrede benutzen!"

Achten Sie besonders darauf, sich niemals selbst zu beschimpfen. Das Letzte, was Sie brauchen, ist Scham oder Verurteilung, am wenigsten dann, wenn Sie bei Ihrer Diät rückfällig werden sollten. Ein Mensch, der gut für sich selbst sorgt, sagt: „Ich habe Mist gebaut. Aber ich sehe, wo mein Fehler lag. Das nächste Mal werde ich es besser machen."

Reden Sie sich niemals selbst ein, Sie seien ein schlechter oder schwacher Mensch. Lesen Sie in Ihrem Tagebuch nach, wie weit Sie schon gekommen sind. Sehen Sie, wie lange Sie schon bei Ihrer Diät geblieben sind. Erinnern Sie sich an all die Arbeit, die Sie schon in die Verbesserung Ihrer Beziehungen und Ihrer beruflichen Laufbahn investiert haben. Nur ein sehr mutiger, zielstrebiger Mensch konnte es so weit bringen. Sie können es bis zur völligen Genesung schaffen!

Gute Eltern erziehen konsequent und liebevoll auf eine Art und Weise, die ihren Kindern gute Gewohnheiten beibringt und sie lehrt, Richtig und Falsch voneinander zu unterscheiden. Wenn Sie in einer Familie aufgewachsen sind, in der die Erziehung zu hart und streng war oder, im anderen Extrem, zu nachgiebig war, oder in der es gar keine Erziehung gab, dann können Sie nicht wissen, wie Sie sich selbst erziehen müssen. Wir haben festgestellt, daß viele zwanghafte Esser in ihrer Selbsterziehung zu streng sind.

Auf welcher Seite des Erziehungsdilemmas Sie sich auch befinden, suchen Sie sich eine Vertrauensperson, die ebenfalls Diät hält, und vereinbaren Sie, sich gegenseitig Rechenschaft abzulegen. Das könnte ein Betreuer der Anonymen Eßsüchtigen sein, jemand aus Ihrer Therapiegruppe oder irgendein Freund, der ebenfalls auf Diät ist. Anfangs wird es wahrscheinlich sinnvoll sein, mit dieser Person täglich Kontakt zu haben, zumindest telefonisch. Lassen Sie den anderen wissen, wie Ihre Diät anschlägt, wie Sie sich fühlen, welchen Sport Sie für heute vorhaben, was Sie essen wollen. All das einem anderen Menschen gegenüber in Worte zu fassen, ist eine Möglichkeit, sich wirklich festzulegen.

Doch was das wichtigste ist, geben sie dieser Person die Erlaubnis, Sie zu ermahnen. Wenn Sie mehr Zeit mit Bewegung verbringen müssen, indem Sie Ihre tägliche Wegstrecke verlängern, oder wenn Sie sich wieder zu viele raffinierte Kohlenhydrate in Ihrer Ernährung durchgehen lassen, dann muß Ihnen Ihr Partner das sagen. Suchen Sie sich niemanden, der Sie beschimpft oder anschreit – diese Gefahr besteht durchaus, wenn Sie diese Behandlung von Ihren Eltern gewohnt sind –, sondern jemanden, der Sie liebevoll auf diese Punkte hinweist.

Eltern schenken Liebe und Wärme und Geborgenheit, aber wahre Liebe hat nichts damit zu tun, alles kritiklos hinzunehmen, was der andere tut. Zu wahrer Liebe gehört, daß man bereit ist, den geliebten Menschen zu dessen eigenem Besten aufrichtig zu ermahnen.

Gute Eltern sorgen für Nahrung und Obdach

Indem Sie Diät halten und unsere Ernährungstips befolgen, lernen Sie, sich selbst mit gesunder Nahrung zu versorgen. Allein schon das Wissen, daß Sie Ihrem Körper Gutes tun, ist eine Beruhigung. Beglückwünschen Sie sich selbst, daß Sie in diesem Bereich zu einem guten Vater oder einer guten Mutter geworden sind.

Eltern sorgen auch für ein Dach über dem Kopf und für Kleidung. Schauen Sie sich in Ihrem Zimmer, Ihrer Wohnung oder Ihrem Haus um. Ist es ein *Zuhause*? Eine warme Umgebung, in der Menschen körperlich, emotional und geistlich wachsen können? Oder ähnelt es einem Hotelzimmer, das nichts von der Persönlichkeit seines Bewohners widerspiegelt? Barbara hatte sich in diesem wichtigen Bereich die Selbstfürsorge verweigert. Sie versuchte damit, den Schmerz abzublocken, den sie darüber empfand, daß sie ihren Traum aufgegeben hatte, Innenausstatterin zu werden. Als sie den ersten Schritt tat, diesen Teil ihres Lebens wieder aufzubauen, wandte sie viele der Techniken, die sie in ihrem Designkurs lernte, auf ihre Wohnung an. Und sie stellte fest, daß eine schöne, kreativ gestaltete Umgebung ihr mehr geben konnte, als es Pommes frites jemals getan hatten.

Machen Sie Inventur in Ihrem Kleiderschrank! Je näher Sie Ihrem idealen Körperumfang kommen, desto stolzer werden Sie auf Ihr Äußeres sein und desto wichtiger wird es Ihnen werden, sich so zu kleiden, daß Ihr neuer Erfolg sichtbar wird. Suchen Sie sich jemanden, der Sie beraten kann, welche Farben und Stile Ihnen am besten stehen. Lassen Sie Ihre Lieblingsanzüge ändern. Trennen Sie sich von den Hemden und Krawatten, die Sie sowieso nie mochten, und gönnen Sie sich ein paar neue Sachen in passenden Größen und in Farben, die Ihnen gefallen.

Ralph erzählte, daß die Erneuerung seiner Garderobe ihn bei seinem Genesungsprogramm sehr motivierte. „Als ich so viel abgenommen hatte, daß meine Hosen auch mit enger geschnalltem Gürtel nicht mehr paßten, beschloß ich, alles ändern zu lassen. Da mein Gewicht ja immer auf und ab gegangen war, hatte ich Kleidung in jeder Größe im Schrank hängen. Doch ich beschloß, diese großen Sachen nie wieder zu tragen. Ich trennte mich von den ganz großen Sachen – damit konnte kein Schneider fertig werden, und ich mochte die Sachen sowieso nicht –, aber manche meiner Anzüge für ungefähr fünfzehn Pfund Übergewicht waren eigentlich sehr schick. Ich habe einen italienischen Anzug in blauem Schattenstreifen, für den sich das Übergewicht beinahe gelohnt hätte, nur um ihn tragen zu können. Also ließ ich den ganzen Inhalt meines Kleiderschrankes auf eine Größe ändern – meine ständige Größe."

Gute Eltern bieten sexuelle Rollenmodelle

Es gibt wohl kaum einen Bereich menschlicher Erfahrung und menschlicher Funktionen, der von so vielen falschen Schuldgefühlen und soviel unnötiger Scham umgeben ist wie die Sexualität. Weil wahre Intimität völlige Verletzlichkeit erfordert, kann dies für jeden zu einer beängstigenden, geheimnisvollen Region werden, doch noch weitaus schwieriger ist der Umgang damit für jemanden, der aus einer gestörten Familie stammt.

Wir alle absolvieren in den ersten zwei Jahrzehnten unseres Lebens einen Intensivkurs in Sexualkunde: die Ehe unserer Eltern. Wenn wir an ihnen einen guten, gesunden Umgang mit der Sexualität beobachten konnten, werden wir auch selbst nicht allzu viele Schwierigkeiten bei der Entwicklung unserer eigenen Sexualität haben. Doch wenn unsere ersten Lehrer für diese Aufgabe nicht tauglich waren, müssen wir uns gesunde Rollenmodelle für diesen Bereich unseres Lebens suchen.

Von allen Leuten, die wir je in der Beratung hatten, war es wohl Christine, die am kreativsten mit diesem Problem umging. Während der frühen Phasen ihrer Genesung gab Christine sich selbst die Erlaubnis, sexuell zu empfinden, und traf die Entscheidung, gesunde Beziehungen zu Männern aufzubauen. Doch als sie über einen ersten Schritt zur Verwirklichung dieser Entscheidung nachdachte, wurde ihr klar, daß sie keine Ahnung hatte, wie sie das bewerkstelligen sollte. Sie wußte nicht, wie eine gesunde Beziehung aussah, wie man sich darin fühlte und was man dazu tun mußte. Also beschloß sie, die Single-Gruppe in ihrer Gemeinde zu verlassen, wo sie keine Rollenmodelle fand, die ihr diese Fragen hätten beantworten können.

Sie fragte verschiedene Leute nach der am stärksten familienorientierten Gruppe in der Gemeinde. Dann ging sie dorthin und sagte: „Ich möchte euch beobachten. Ich bin aufgewachsen, ohne Rollenmodelle für eine gute Ehe kennenzulernen. Ich möchte zu dieser Gruppe gehören und beobachten, wie gute Ehen aussehen." Das Schwierige an der Selbsterziehung besteht nicht darin, die Störungen auszugraben; die haben Sie in diesem Stadium ihrer Reise zur Genesung zweifellos schon größtenteils identifiziert und verarbeitet. Die Herausforderung besteht darin, die Lücke durch gesunde Leitbilder zu füllen.

In der Vergangenheit diente Ihnen vielleicht Ihr Fett als Pufferzone, um sich nicht mit Fragen der Intimität auseinandersetzen zu müssen. In der Gruppentherapie bitten wir öfters zwei Patienten, aufzustehen und sich vorzustellen, sie hätten riesige Federkissen am Bauch befestigt. „Und jetzt umarmen Sie sich", fordern wir sie auf. Der Anblick, wie die beiden versuchen, sich in eine Position zu manövrieren, in der sie die Arme umeinander legen können, führt immer zu beträchtlicher Heiterkeit.

Wenn Sie verheiratet sind, dann wollen Sie natürlich eine beiderseitig befriedigende sexuelle Intimität mit Ihrem Ehepartner erreichen, doch eine noch höhere Ebene ist die emotionale Intimität. Den Sexualakt kann man auch mechanisch vollziehen, doch die echte emotionale Intimität erfordert eine völlige Offenheit, die nur durch gegenseitiges Vertrauen aufgrund von gesunder Fürsorglichkeit entstehen kann.

Dr. Hemfelt sprach mit Barbara und Tom darüber, wie sie diese optimale Beziehung in ihrer Ehe herstellen könnten. „Können Sie ehrlich über Ihre Gefühle füreinander reden? Emotionale Intimität ist keine Einbahnstraße. Sie müssen in der Lage sein, Ihre eigenen Gefühle auszudrücken, aber auch den Ausdruck der Gefühle des anderen aufzunehmen. Bemühen Sie sich um einen freien emotionalen Austausch in Ihrer Ehe."

Barbara nickte, aber sie sah dabei mehr den Arzt als Tom an. Der Doktor fuhr fort: „Auch gegenseitiges Vertrauen ist ein wesentliches Element der emotionalen Intimität. Wir lassen unsere stationären Patienten manchmal einen Vertrauensspaziergang machen. Der eine trägt eine Binde um die Augen und läßt sich von dem anderen durch die Klinik führen – die Flure entlang, die Treppen hinauf und hinab, auf die Balkons hinaus. Barbara, Tom – bitte schließen Sie jetzt beide die Augen und stellen Sie sich vor, Sie seien der Partner mit den verbundenen Augen auf einem Vertrauensspaziergang mit dem anderen. Denken Sie darüber nach, wie Sie sich dabei fühlen würden. Würden Sie Ihrem Partner vertrauen, daß er Sie sicher führt? Was fällt Ihnen schwerer, die Treppe hinauf oder die Treppe hinab? Okay, Sie kommen in die Cafeteria. Wenn Ihr Partner sagt, Sie sollen den Mund öffnen, vertrauen Sie ihm dann, daß er Ihnen etwas Gutes hineingibt? Denken Sie daran, es ist alles Vertrauenssache; Sie selbst können nicht das geringste sehen. Denken Sie darüber nach."

Barbara und Tom öffneten blinzelnd ihre Augen. Lachend sagte Barbara: „Die Erdbeere war lecker, Tom, aber du hast vergessen, den Stengel abzumachen."

Tom grinste. „Hättest du mir nicht etwas Originelleres geben können als einen Cräcker? Er war fürchterlich trocken."

Dr. Hemfelts Augen funkelten. „Hervorragend. Ich merke schon, daß Sie richtig mitgemacht haben. Nun möchte ich, daß Sie beide über Ihr emotionales Leben nachdenken. Können Sie füreinander durchsichtig und verletzbar sein und gleichzeitig doch Grenzen setzen? Das ist eine Frage der Ausgewogenheit. Sie müssen völlig offen füreinander sein, um Gefühle auszudrücken und zu empfangen, wie wir schon gesagt haben, aber Sie müssen ebenso in der Lage sein, zu sagen: ‚Ich brauche etwas Zeit allein.‘ Tom, wenn Sie Barbara zu einem gemeinsamen Spaziergang durch den Park auffordern und sie sich unter Druck fühlt, dann muß sie sagen können: ‚Ich brauche etwas Zeit allein.‘“

Barbara unterbrach Dr. Hemfelt. „Vielleicht brauche ich das irgendwann einmal, aber im Moment kann ich mir gar nicht vorstellen, Zeit *ohne* Tom verbringen zu wollen.“

„Nun, um so besser“, sagte der Doktor. „Es kommt nicht darauf an, daß man sich voneinander fernhält, sondern auf die Freiheit, auszudrücken, wie man sich wirklich fühlt. Nun, die emotionale Intimität in Ihrer Ehe können Sie gut daran ermessen, wie häufig Sie sich berühren. Halten Sie immer noch Händchen, wie damals, als Sie sich kennenlernten? Sitzen Sie ineinander verschlungen vor dem Fernseher? Kuscheln Sie im Bett in einer warmen Intimität, die nichts mit dem Sexualakt zu tun hat? All das sind gute Gradmesser für die emotionale Intimität.

Und schließlich möchte ich noch etwas betonen. Das gemeinsame Gebet ist eine der besten Möglichkeiten, um in Ihrer Ehe emotionale Intimität zu erreichen, und es führt Sie auf die höchste Ebene von allen: die geistliche Intimität.“

Erlauben Sie anderen, für Sie zu sorgen

Wenn Sie sich von der Verletzung verabschiedet haben, ohne ein fürsorgliches Elternhaus aufgewachsen zu sein, und über Ihren Verlust getrauert haben, dann sind Sie jetzt bereit, andere Menschen zu finden, die für Sie liebevolle Elternfiguren werden können. Ihr Ersatzvater oder Ihre Ersatzmutter muß zu einem Teil des Gesamtbildes Ihres Lebens werden, denn in einem gewissen Sinn wird diese Person in zwei verschiedenen zeitlichen Rahmen auf Sie wirken. Sie wird emotionale und intellektuelle Lücken ausfüllen, die Sie aus Ihrer Kindheit zurückbehalten haben, und Ihnen gleichzeitig in der Gegenwart Fürsorge zuteil werden lassen, indem sie Sie durch den Genesungsprozeß begleitet. Ein Betreuer der Anonymen Eßsüchtigen, ein Therapeut oder Psychologe oder auch Ihr Pastor kann Ihnen vorübergehend auf gute Weise die Eltern ersetzen, um Ihnen beim Durchleben dieses Prozesses zu helfen.

Doch darüber hinaus werden Sie auch emotionale Beziehungen zu einem größeren Kreis von Menschen aufbauen wollen, die für Sie sorgen. Menschen, die zur Hörigkeit neigen, suchen sich dabei wahrscheinlich Leute aus, um die sie sich kümmern oder die sie beherrschen können. Eine solche einseitige Beziehung ist jedoch nicht das, worum wir uns hier bemühen wollen. Eine gesunde, interdependente Beziehung ist warm, angenehm und von gegenseitiger Fürsorge geprägt. Wenn Sie also nach Ihren „Ersatzeltern" suchen, dann halten Sie Ausschau nach wirklich fürsorglichen Menschen. Achten Sie auf Ihre alte Hörigkeits-Radaranlage, die Sie wieder in alte Bahnen lenken will. Sagen Sie sich: „Ich *kann* eine kluge Wahl treffen."

Nun, da Sie Ihre Diät zu etwa zwei Dritteln hinter sich gebracht haben, ist es an der Zeit, daß Sie sich nicht mehr so sehr auf Ihre Ernährung konzentrieren und sich statt dessen Ihren zwischenmenschlichen Beziehungen zuwenden. Um das zu tun, füllen Sie einen weiteren Beziehungs-Fragebogen aus (siehe S. 72–73). Dieses Mal jedoch benutzen Sie den Fragebogen, um sich ein Bild von Ihren gegenwärtigen Beziehungen zu machen – konzentrieren Sie sich nicht auf die Vergangenheit, sondern auf die Gegenwart und auf Ihre Hoffnungen für die Zukunft.

Vielleicht sind Sie in Versuchung, diesen kürzeren Fragebogen einfach durchzulesen und die Fragen im Kopf zu beantworten. Doch es ist wichtig, daß Sie sich die Zeit nehmen und die Mühe machen, die Antworten in Ihrem Tagebuch voll auszuformulieren. Drücken Sie wahrheitsgemäß aus, was Sie denken, und lassen Sie sich genug Zeit, damit Gedanken aus Ihrem Unterbewußtsein an die Oberfläche treten können. Eine Idee, die man schriftlich festgehalten hat, ist eine weitaus stärkere Festlegung.

1. Überdenken Sie Ihre Freundschaften. Fragen Sie sich: Habe ich gute Freundschaften? Lasse ich es zu, daß andere Menschen mir emotionale Nahrung geben? Falls ich keine fürsorglichen Menschen um mich habe, was kann ich tun, um nach solchen Menschen zu suchen?

2. Überdenken Sie Ihre Beziehung zu sich selbst. Sorge ich körperlich gut für mich? Bin ich mir selbst ein guter Vater oder eine gute Mutter? Sorge ich emotional und geistlich für mich?

3. Überdenken Sie Ihre familiären Beziehungen. Hier geht es nicht wie in dem ersten Beziehungs-Fragebogen um Ihre Ursprungsfamilie, sondern um die Familie, in der Sie jetzt leben. Wie steht es um meine Beziehungen zu meinem Ehepartner oder meinem Mitbewohner? Wie komme ich mit meinen Kindern aus?

4. Überdenken Sie Ihre Beziehung zu Gott. Sehe ich Gott als einen liebevollen, fürsorglichen himmlischen Vater? Spüre ich, daß ich Gott näherkomme? Lerne ich, auf Gottes tägliche Führung zu vertrauen?

Eine Beziehung ist wie ein Bankkonto. Wenn ich ständig gebe – immerzu Schecks ausstelle –, ohne daß etwas zurückfließt, das mich emotional wieder auffüllt, dann werde ich bald emotional bankrott sein. Das ist es, was wir Burnout, Depressionen oder Liebes-Hunger nennen. Man muß daran arbeiten, fürsorgliche Beziehungen aufzubauen, die das emotionale Bankkonto im Plus halten.

Entdecken Sie Ihre eigene Fähigkeit, für andere zu sorgen

Als Polly sich endlich von ihrer mehrfachen Abhängigkeit erholt hatte, stürzten ihr Mann und sie sich mit ganzer Energie in ihre Pläne, eine Familie zu gründen. Sie wollten zwei, vielleicht auch drei Kinder haben. Da sie finanziell keine Probleme hatten, fingen sie unverzüglich an, das Kinderzimmer auszustatten und die besten pädagogischen Spielsachen zu sammeln. Doch Polly wurde nicht schwanger. Sie ließen sich genetisch beraten. Polly wurde an den Eierstöcken operiert. Sie reisten sogar über die Staatsgrenzen hinweg, damit Polly sich künstlich befruchten lassen konnte. In dem verzweifelten Versuch, die Kinder zu bekommen, von denen sie träumten, gaben sie Tausende von Dollars aus, und Polly ließ einige äußerst unangenehme medizinische Prozeduren über sich ergehen. Nichts funktionierte.

Also adoptierten sie ein Kind. Wie es dann so oft geschieht, wurde Polly prompt schwanger. Und zehn Monate nach der Geburt dieses Kindes wurde sie erneut schwanger. Plötzlich war Polly zur Mutter von drei Kindern unter fünf Jahren geworden. Es war die Erfüllung ihrer Träume, bis auf einen Punkt: Polly hatte keine Ahnung, wie man sich als Mutter verhält. Als Tochter eines alkoholabhängigen Vaters und einer kalten, unzugänglichen Mutter hatte sie nie erlebt, wie jemand für sie sorgte, und deshalb wußte sie auch nicht, wie man für andere sorgt. Jetzt geht sie jede Woche zu einem Kinderpsychologen, nimmt an einem Elternkurs teil und beschäftigt ein Kindermädchen, von dem sie lernt, wie sie ihren eigenen Kindern emotionale Nahrung geben kann.

Das Bedürfnis nach Fürsorge ist eines der grundlegenden menschlichen Bedürfnisse. Umgekehrt ist das Bedürfnis, für andere zu sorgen, ebenso elementar. Der Wirbel, den kinderlose Ehepaare oft um ihre Katzen oder Hunde machen, ist ein Beispiel für dieses Bedürfnis, für andere zu sorgen. Wenn Sie es geschafft haben, sich selbst ein guter Vater oder eine gute Mutter zu sein, und andere Menschen gefunden haben, die Ihnen Fürsorge schenken, dann ist der nächste Schritt, das weiterzugeben, was Sie empfangen haben. Und vergessen Sie dabei nicht die gesunden Prinzipien, die Sie gelernt haben: Verhalten Sie sich annehmend und aufbauend, anstatt zu schimpfen oder überkritisch zu sein; seien Sie offen und verfügbar; vernachlässigen Sie sich selbst nicht und vernachlässigen Sie andere nicht.

Wenn wir Yuppie-Pärchen in der Beratung haben, die keine Kinder wollen, dann antworten wir: „Nun, wenn Sie ehrlich von allen Seiten durchdacht haben, wie Sie sich Ihr Leben vorstellen, dann ist das eine mögliche Entscheidung. Aber Sie müssen jetzt entscheiden, für wen Sie statt Ihrer eigenen Kinder Eltern werden wollen." Menschen, die keine eigenen Kinder haben, brauchen jemanden, für den sie sorgen können: die Kinder anderer Leute, ältere Menschen, leidende Menschen. Schauen Sie sich nach ehrenamtlichen Tätigkeiten in Ihrer Stadt oder Ihrer Gemeinde um, etwa in der Arbeit mit straffälligen Jugendlichen oder in der Pfadfinderarbeit.

Wenn Sie bereits Kinder haben, dann ist es jetzt an der Zeit, Ihren eigenen Stil als Eltern wiederzubeleben. Vielleicht haben Sie Ihre Kinder nicht mißhandelt, aber wenn Sie von einer zwanghaften Störung genesen sind, dann hatten Sie wahrscheinlich so viel mit Ihren eigenen Problemen zu tun, daß Sie Ihren Kindern nun mehr Aufmerksamkeit schenken müssen.

Und denken Sie immer daran, daß eine große Gefahr besteht, daß Sie das Fehlverhalten Ihrer Eltern an sich selbst und an Ihren Kindern wiederholen. Es ist heute allgemein bekannt, daß Leute, die Kinder mißhandeln, als Kinder selbst mißhandelt wurden. Aber so schwerwiegend muß das Problem gar nicht sein. Sind Sie von überkritischen Eltern erzogen worden? Dann werden Sie dazu neigen, in bezug auf sich selbst perfektionistisch zu sein und dann Ihre eigenen Kinder übermäßig streng zu beurteilen. Dieser Zyklus *muß* durchbrochen werden. Sie können jetzt aus ihm ausbrechen – mit neuen, bewußten Entscheidungen, was für eine Art Vater oder Mutter Sie für sich selbst und dann auch für andere sein wollen.

Verlassen Sie sich auf Gott als den eigentlichen Vater

Gott, der uns geschaffen hat, kennt uns besser, als wir uns selbst kennen. Deshalb ist er besser als irgend jemand anderes in der Lage, für uns zu sorgen, wenn wir uns für ihn öffnen. Den Weg zur Genesung zu gehen, kann manchmal eine beängstigende Erfahrung sein – besonders dann, wenn wir erkennen, daß wir nun wahrhaftig unser Elternhaus verlassen haben und unsere eigenen Eltern werden müssen. Doch wir müssen niemals einen dieser Fußpfade allein entlangwandern.

Barbara hatte sich schon weit von ihrer Einstellung früherer Tage entfernt, in denen sie gesagt hatte: „Ich vermute, daß es so etwas wie einen Gott da draußen gibt, aber er soll sich nicht mit seinen Vorschriften in mein Leben einmischen." Sie erkannte nun, daß all der Zorn und die Rebellion, die sie auf Gott gerichtet hatte, in Wirklichkeit der Zorn gegen ihren alkoholabhängigen Vater gewesen war und gegen die Männer, die sie ausgenutzt und verlassen hatten. Sie erkannte, daß hinter der Gesetzlichkeit, der sie im College begegnet war, verzerrte, von Männern erdachte Vorschriften steckten, nicht aber die Persönlichkeit eines allwissenden, allliebenden Vaters, der sie geschaffen hatte und sie durch seine Liebe leiten wollte.

Und sie hatte begonnen, täglich mit ihrem Lieblings-Andachtsbuch Stille Zeit zu halten; sie mochte es besonders, weil es durchweg in der ersten Person geschrieben war – so, als redet Gott direkt mit ihr. Und wenn er dann etwas über „euch beide" sagte, bezog sie das auf sich selbst und Tom. Sie ging schon seit einiger Zeit zur Gemeinde, und letzten Sonntag war Tom mit ihr gekommen. Wie kam es nur, daß sie sich innerlich so leer fühlte, obwohl sie doch an so vielen Stellen ihren Fortschritt sehen konnte? Warum war sie den ganzen Kampf so leid?

Sie legte ihr Tagebuch nieder und griff zu ihrer Bibel. Sie war gerade dabei, das Matthäus-Evangelium durchzuarbeiten, und heute war sie an die Stelle in Kapitel 11, Vers 28 gekommen: „Kommt alle zu mir, die ihr euch plagt und schwere Lasten zu tragen habt. Ich werde euch Ruhe verschaffen." Das war es, was sie wollte: Ruhe finden von den alten Wunden, Ruhe von dem Kampf, all das aus eigener Kraft bewältigen zu müssen, Ruhe von ihrer Angst vor der Zukunft. Und nun, als sie darüber nachdachte, erkannte sie, welcher Schritt ihr noch fehlte. All ihr geistliches Wachstum hatte bisher auf der Verstandesebene stattgefunden. Sie wußte, daß der liebende Vater seinen Sohn geopfert hatte, um uns überfließendes Leben zu schenken, aber sie hatte das nicht wirklich persönlich genommen – hatte es noch nicht zu einer Erfahrung ihres eigenen Herzens gemacht. Sie hatte alles getan, was man ihr gesagt hatte, aber sie hatte nichts an Gott abgegeben. Es war immer noch wie damals im College – sie versuchte, all die Vorschriften aus eigener Kraft zu befolgen. Sie brauchte Gott, damit er ihre Last für sie trug. Sie brauchte ihn als ihren wahren Vater. „Ja, Herr, ich komme. Ich brauche deine Liebe und Hilfe. Ich brauche dich als den Vater, den ich bisher nie hatte."

Barbara wußte nicht, wie lange sie dagesessen und sich nur warm und von Frieden erfüllt gefühlt hatte. Doch als sie aufstand, tat sie es mit einer neuen Zuversicht. Die Zukunft hatte nichts Bedrohliches mehr an sich, denn sie hatte einen himmlischen Vater, der sie leiten würde!

Der achte Fußpfad:
Treten Sie einer „Fußpfad-Gesellschaft" bei

Kinder aus extrem gestörten Familien werden manchmal durch den Staat aus ihrem Elternhaus entfernt und Pflegeeltern anvertraut, die ihnen die Fürsorge schenken können, die sie brauchen. Auf unserem letzten Fußpfad ging es darum zu lernen, wie Sie sich selbst Vater oder Mutter sein können, und die ein oder zwei besonderen Menschen zu finden, die Ihre Ersatzeltern sein sollen. Nun sind Sie bereit, Ihren Familienkreis auszudehnen. Wir vergleichen das gerne mit dem Beitritt zu einer jener Fußpfad-Gesellschaften in England, deren Mitglieder gemeinsam die Fußpfade entlangwandern, um sie für jedermann offenzuhalten.

Seien Sie verantwortlich

In seinem Kampf gegen seine vielen Abhängigkeiten erkannte Ralph schon früh, daß die Pfade des Wohlbefindens ihm ohne die Hilfe von Wanderkameraden nicht offenstehen würden. Da er seine Abhängigkeiten in der Reihenfolge ihrer Lebensbedrohlichkeit angehen wollte, wandte Ralph sich zuerst an die Anonymen Alkoholiker, um mit seiner Drogen- und Alkoholabhängigkeit fertig zu werden. Sobald er entdeckt hatte, daß sein Problem im Alkoholismus seines Vaters verwurzelt war, schloß er sich einer Gruppe für erwachsene Kinder von Alkoholikern (ACOA) an. Inzwischen lebt er seit drei Jahren ohne Alkohol und Drogen, doch an den

257

Treffen dieser Gruppen nimmt er immer noch teil, und in seiner Ortsgruppe der Anonymen Alkoholiker arbeitet er sogar aktiv mit.

Ralph kommt nicht nur in die Ernährungskurse, die zu seinem Diätprogramm gehören, sondern auch immer noch zu uns in die Beratung und in die Gruppentherapie, vor der er ja auch selbst schon gesprochen hat, wie Sie im ersten Kapitel gesehen haben. Nur sehr wenige Menschen würden so intensiv an ihrer Genesung arbeiten, und glücklicherweise brauchen auch die meisten Leute nicht die intensive Unterstützung, die jemand wie Ralph mit seinen vielfältigen Süchten benötigt.

Doch Ralph ist begeistert von den Ergebnissen. „Ich bin durch und durch mit meiner neuen, ausgedehnten Familie verbunden. Ich hatte noch nie eine Familie, und das ist etwas, wonach ich mein ganzes Leben lang gesucht habe. Ich fand es nicht bei der Marine; ich fand es nicht in meiner Motorrad-Clique; ich fand es nicht in meiner unglücklichen Ehe. Doch in diesen Selbsthilfegruppen fand ich eine wirklich stützende Gemeinschaft, wo man mich einfach so akzeptierte, wie ich war. Niemand verdammte mich je für irgend etwas, das ich getan oder gesagt hatte. Sie verstanden mich immer. Doch wenn ich um Hilfe oder auch Ermahnung bat, dann bekam ich sie.

Ich sagte ihnen, daß ich verantwortlich sein wollte. Ich schilderte ihnen genau, auf welche Weise ich mein Gewicht kontrollieren wollte. Ich sagte: ‚Ich werde jede Woche zu euch kommen und versuchen, euch jedesmal Bericht zu erstatten. Wenn ich es nicht tue, dann fragt mich bitte, wie ich vorankomme. Und bitte laßt es mir nicht durchgehen, wenn ihr merkt, daß ich wieder in alte Verhaltensmuster abgleite.'

Wenn ich merke, daß ich in meiner Diät nachlässig werde, muß ich mich an euch wenden und sagen können: ‚Ich brauche jetzt keine Gardinenpredigt oder Verurteilung, aber ich muß euch erzählen, was sich gerade bei meinem Ernährungsprogramm tut. Ich weiß, daß ihr mich nicht dazu bringen könnt, dabeizubleiben, aber ihr könnt mich verantwortlich machen. Ich möchte jede Woche hierherkommen und euch erzählen, was sich in meinem Leben tut.'

Und was soll ich sagen? Ich tat es, und Sie taten es, und es funktionierte!" Dann hielt er inne und wurde beinahe rot, als er schüchtern lächelte. „Und bei den Anonymen Eßsüchtigen habe ich Sally kennengelernt. Wissen Sie, ich habe es bisher nie geschafft, einem einzigen Menschen nahezukommen. Früher mußte ich mich, wann immer ich eine Freundin hatte, schleunigst mit noch mindestens zwei anderen Frauen treffen, um mich vor emotionaler Intimität zu schützen. Doch bei Sally ist das anders. Sie ist die einzige, die ich brauche."

Bei der Auswahl der Selbsthilfegruppen empfehlen wir eine Mischung, ähnlich wie es ein Anlageberater vielleicht auch tut. Erstens brauchen Sie eine spezifische Diätgruppe (z. B. Weight Watchers). Diese Gruppe veranstaltet vielleicht ein wöchentliches Treffen, bei dem jeder auf die Waage steigt und bei dem viel von Gewicht und Nahrungsmitteln die Rede ist. Eine solche Gruppe hat vor allem den Zweck, Sie über richtige Ernährung zu informieren, und sie richtet sich vielleicht nach einer konkreten Diätvorschrift. Daneben empfehlen wir eine Gruppe, in der es vor allem um die emotionale Unterstützung geht. Eine allgemeine Therapiegruppe, eine Kleingruppe in Ihrer Kirchengemeinde oder eine OA-Gruppe (Anonyme Eßsüchtige) kann diese Funktion erfüllen. Diese Gruppe wird sich auf die geistliche und emotionale Dynamik konzentrieren. Wenn Sie dann den Eindruck haben, Sie seien zu einem weiteren Schritt bereit, möchten Sie sich vielleicht einer Gruppe mit reinem Freizeitcharakter anschließen, etwa einem Hobby-Club. Eine Gruppe, in der der Schwerpunkt auf körperlichen Aktivitäten liegt, etwa eine Aerobic-Gruppe oder ein Sportverein, wird dabei gleich zwei Funktionen erfüllen: sie gibt Ihnen die Unterstützung einer Gemeinschaft und hilft Ihnen gleichzeitig bei Ihrem Sportprogramm.

Ralph wollte, daß seine Selbsthilfegruppe ihn zur Verantwortung zog. Sie taten es, und es funktionierte. Doch letzten

Endes ist man nicht einer Gruppe, sondern sich selbst verantwortlich. In einer Selbsthilfegruppe wird Sie niemand ermahnen oder befragen, es sei denn, Sie haben jemandem die konkrete Erlaubnis dazu gegeben. Sie werden dort jedoch Rollenmodelle für Offenheit und Ehrlichkeit erleben. In jedem Treffen werden Sie Menschen offen darüber reden hören, wie es mit ihrem Ernährungsprogramm läuft oder nicht läuft. Mit der Zeit wird das auf Sie abfärben, und Sie werden vor einer Gruppe, die ehrlich sein kann, ohne zu verurteilen, selbst erzählen und verantwortlich sein wollen.

Seien Sie bereit, sich festzulegen

Betty Jo war eine vielbeschäftigte, intelligente Mutter von drei Kindern, die in ihrem Genesungsprogramm Fortschritte machte; aber wir konnten sie nicht davon überzeugen, sich einer Selbsthilfegruppe anzuschließen. Jedesmal, wenn wir das Thema ansprachen, führte sie ihren reichlich vollen Terminkalender als Gegenargument an: vollzeitlich berufstätig, Teilzeit-Studentin, dazu Ehefrau und Mutter. Im letzten Frühjahr beendete sie ihr Studium, ihre Tochter heiratete, und ein Sohn zog in eine andere Stadt, um eine Stelle anzunehmen. Als sie ihren jüngeren Sohn ins Sommerlager schickte, sagten wir: „Also schön, Betty Jo. Jetzt haben Sie keine Ausrede mehr. Gehen Sie in eine Selbsthilfegruppe."

Sie schaute uns fünf Sekunden lang an. „Sie haben recht. Ich habe keine Ausrede. Aber wissen Sie, ich habe mir selbst nie die Erlaubnis gegeben, in eine Selbsthilfegruppe zu gehen. Ich nehme an, ich habe mir noch nicht einmal die Erlaubnis gegeben, völlig gesund zu werden." Betty Jo mußte noch einmal ihre zerlesene Wanderkarte herausholen und einige der schon bekannten Fußpfade von neuem entlangwandern, bevor sie es schaffte, sich auf eine Selbsthilfegruppe festzulegen.

Wir bekommen alle Ausreden zu hören: Es kostet mir

zuviel Zeit; es ist mir zu mühsam; ich müßte zu weit fahren; ich bin nach der Arbeit zu müde; es ist zu teuer; ich brauchte dafür einen Babysitter; es ist langweilig …

Ginger hatte diese Einstellung viele Jahre lang. „Ich ging zur Weight-Watchers-Gruppe. Dort lag der Schwerpunkt darauf, wie man sich in Situationen helfen kann, die schwierig für die Diät sind, wie man sich im Urlaub verhält und dergleichen. Es war sehr aufschlußreich, aber bot keine Hilfe in Familienproblemen. Das, was die Gruppe bewirken wollte, machte sie sehr gut, aber man braucht noch mehr.

Ohne meine Therapiegruppe müßte ich für den Rest meines Lebens zu den Weight Watchers gehen – bzw. die Weight-Watchers-Diät machen – und dürfte mich nicht trauen, ein Stück Schokoladenkuchen zu essen. Denn selbst wenn es nur einmal im Jahr wäre, verstößt es gegen die Regeln, und ich müßte Angst haben, mich aus der Kontrolle zu verlieren – und wenn ich mich aus der Kontrolle verlöre, wer weiß, was dann geschehen würde! Ich hätte es nie fertiggebracht, konsequent auf meine Ernährung zu achten, um mein Gewicht zu halten. Ich hätte meine zwanzig Pfund abgenommen, und dann wäre ich losgegangen und hätte alles wieder zunichte gemacht.

Also ließ ich mich schließlich von meinem Therapeuten überreden, zu einem Treffen einer Selbsthilfegruppe zu gehen. Ich fand es sehr, sehr hilfreich. Hin und wieder zwar hörte ich diese Leute reden und dachte: „Ist das langweilig. Was mache ich eigentlich hier?" Doch im Lauf der Woche merkte ich, wie ich etwas anwendete, von dem ich die Leute auf dem Treffen hatte reden hören, und es funktionierte. Man lernt alle möglichen Kniffe auf diesen Treffen, und sie funktionieren wirklich."

Seien Sie ein Teil der Gruppe

Barbaras Anruf bei Tom war erfolgreicher gewesen, als sie es sich je erträumt hatte. Ja, sie war ihm immer noch wichtig. Ja, er war bereit, es noch einmal zu versuchen. Ja, etwas widerwillig war er auch bereit, sich von den Leuten in der Minirth-Meier-Klinik beraten zu lassen. Nun hatte ihr Leben wirklich eine neue Richtung genommen. Sie konnte alles erreichen! Bis Tom tatsächlich wieder nach Hause zurückgekehrt war!

Als die erste Begeisterung verflogen war – er machte ihr Komplimente über ihr neues Aussehen, er bewunderte die Veränderungen in der Einrichtung – wollte er seinen alten Sessel wieder zurück in die gewohnte Ecke stellen. Dann kehrte er zu seinen alten Workaholic-Verhaltensmustern zurück, und Barbara fand sich allein in ihrem Zimmer, während Tom arbeitete. Sie begriff nicht, was vor sich ging, bis sie sich dabei ertappte, wie sie unterwegs zur Tür war, um sich Pommes frites zu holen.

Die Schlafzimmertür war nicht zu ihrem Schutz verschlossen, wie das in ihrer Kindheit gewesen war. Tom arbeitete still über einem Stapel Akten; er war nicht dabei, sich mit einer Flasche Whiskey zu betrinken. Doch ihr Gefühl der Angst, Isolation und Verlassenheit war das gleiche wie in ihrer Kindheit. Und auch ihre emotionale Reaktion, sich Trost durch Essen verschaffen zu wollen, war die gleiche.

Doch ihre verstandesmäßige Reaktion war nicht mehr die gleiche, denn inzwischen war sie auf den Fußpfaden der Genesung gegangen. Sie verstand, was geschah. Und sie wußte, daß sie mehr Hilfe brauchte. Am nächsten Morgen nahm sie Kontakt zu ACOA auf. Die Leute dort waren auf den gleichen Fußpfaden unterwegs wie sie und konnten ihr helfen, sich zurechtzufinden.

Selbst wenn ein Mensch in eine sehr liebevolle Familienbeziehung eingebunden ist, braucht er die Gemeinschaft mit Wanderern, die über die gleichen Pfade gegangen sind wie er. Es geschieht viel zu oft, daß jemand seinem Diät haltenden Ehepartner, der über ein Problem sprechen will, nur entweder Verleugnung oder Verurteilung anzubieten hat – aus Unverständnis, wenn auch in der besten Absicht. In dem Irrglauben, wenn man etwas verleugne, dann werde es verschwinden, sagt so jemand vielleicht: „Nein, du rutschst nicht ab. Du machst das prima!" Oder er sagt in dem Bestreben, Sie durch Schimpfen wieder auf den richtigen Weg zu bringen: „Reiß dich zusammen. Du willst doch wohl nicht noch einmal versagen!"

Selbst wenn eine liebevolle Ehe Ihre anderweitigen emotionalen Bedürfnisse befriedigen kann, werden Sie in diesem Stadium Ihrer Genesung eine Gemeinschaft von Menschen brauchen, die Ihre Probleme weder verleugnet noch hart verurteilt. Ihre unmittelbaren Angehörigen sind in gewissem Sinn zu nah an Ihrem Problem dran, weil sie mit Ihnen zusammenleben, und in einem anderen Sinn zu weit davon weg, weil sie nicht dieselbe Abhängigkeit erlebt haben.

Barbara berichtete uns von ihrer beinahe unaussprechlichen Erleichterung, die sie empfand, als sie den ACOA-Raum betrat. „Jeder einzelne in dem Raum hat das gleiche hinter sich wie ich. All die Scham- und Schuldgefühle – das Gefühl, absonderlich zu sein – legte sich augenblicklich", erzählte sie uns. Viele erwachsene Kinder aus gestörten Familien können ein Lied davon singen, wie sie jahrelang unter der Last ihrer „unheilbaren Einzigartigkeit" litten, bis sie sich plötzlich in einem Raum mit zwanzig anderen Menschen fanden, die zu jeder einzelnen ihrer Erfahrungen sagen konnten: „Ich auch!"

Lassen Sie sich lieben

Fast jede Selbsthilfegruppe und mit Sicherheit jede der „Zwölf-Schritte-Gruppen" wie AA (Anonyme Alkoholiker), ACOA und OA (Anonyme Eßsüchtige) arbeiten nach denselben organisatorischen Grundsätzen: Es gibt keine formale Mitgliedschaft, keine Gebühren oder Beiträge, keine vorgeschriebene Diät. Die Teilnehmer geben nicht ihre vollen Namen an. Wenn manche Patienten das hören, stellen sie – besonders, wenn sie an eine starrere Denkweise gewöhnt sind – die Frage: „Wie kann etwas so Lockeres funktionieren?"

Es funktioniert, weil bedingungslose Liebe funktioniert. Gesetzlichkeit tut das nicht. Ärzte mit jahrelangen Erfahrungen auf diesem Gebiet sagen oft etwa folgendes: „Wenn man genau betrachtet, was geschehen muß, damit Menschen genesen, erweist sich als elementarer Grundsatz: Menschen können zurück zur emotionalen Gesundheit geliebt werden." Damit das geschehen kann, muß der Patient von liebevollen Menschen umgeben sein.

Barbara, die gewissenhaft an den Treffen der Therapiegruppe in der Klinik teilgenommen hatte, war überrascht über die informelle Atmosphäre bei dem ACOA-Treffen, an dem sie teilnahm. Und noch überraschter war sie, Ginger dort zu treffen. „Ich wußte gar nicht, daß einer deiner Eltern Alkoholiker ist" sagte sie, als sie sich neben ihre Freundin setzte.

„Das stimmt auch nicht", antwortete Ginger. „Mein Vater war krankhaft jähzornig, aber das hat dieselben Wurzeln. Er konnte in einen Wutanfall geraten, ohne sich zuerst betrinken zu müssen. Adrenalin ist eine viel stärkere Droge als Alkohol."

„Vielleicht hatte ich es da noch besser", sagte Barbara mit einem wehmütigen Lächeln. „Zumindest bekam ich immer ein Warnzeichen. Dad brauchte immer eine Weile, bis er sich in einen seiner Wutausbrüche hineingetrunken hatte, und so konnte ich mich durchs Fenster aus dem Staub machen, bevor es zu schlimm wurde." Da das Treffen begann, ließ sie ihre Stimme zu einem Flüstern herabsinken. „Aber sag mal, bringen diese Treffen etwas?"

Ginger nickte. „Sie bringen eine Menge. Das erste, was sie dir beibringen, ist, daß du eine vollkommen liebenswerte Person mit einem Ernährungsproblem bist, nicht irgendwie absonderlich. Als nächstes lernst du, daß du die Dinge, die du alleine nicht schaffst, zusammen mit anderen tun kannst. Das Schwerste, was ich je getan habe, war, in diese Gruppe zu kommen und zuzugeben, daß ich mein Leben verpfuscht hatte. Doch dann fand ich heraus, daß es anderen Leuten genauso ging. Das half mir, mit den Schuld- und Schamgefühlen fertig zu werden. Dann sagen alle gemeinsam: ‚Also schön, wir haben Mist gebaut, aber das und das werden wir jetzt tun, und wir werden es gemeinsam tun.' Ich kann dir nicht sagen, wie oft mich das schon vor einem totalen Rückfall bewahrt hat!"

Dann wandten sie ihre Aufmerksamkeit nach vorne. Einer aus der Gruppe stellte seinen vom Alkoholismus geheilten Vater vor. „Heute hat Dad Geburtstag. Er feiert vier Jahre Trockenheit, und deshalb habe ich ihn und seinen AA-Betreuer gebeten, zu unserem Treffen zu kommen, damit wir zusammen feiern können."

„Happy Birthday"-Gesänge und begeisterter Applaus begrüßten den grauhaarigen Gast, der ein wenig von seiner Genesung mit Hilfe der Anonymen Alkoholiker erzählte und dann seinen eigenen Gast vorstellte, einen bärtigen, dreißigjährigen Mann. „Das ist Gordon, mein AA-Betreuer. Und ich möchte euch sagen, daß Gordon mir das Leben gerettet hat. Er hat mir beigebracht, was es heißt, eine Familie zu haben. Könnt ihr euch vorstellen, daß ich neunundvierzig Jahre alt und Vater von drei Kindern war, ohne zu wissen, wie eine Familie aussehen sollte? Gordon hat es mir beigebracht. Er hat mir Unterstützung, Fürsorge und Disziplin vermittelt. Gordon hat mir beigebracht, was bedingungslose Liebe ist." Gordon stand auf, und die beiden Männer umarmten sich.

Wir raten unseren Patienten, wenn sie sich einen Betreuer suchen, als erstes auf bedingungslose Liebe zu achten. Bedingungslose Liebe hört auch dann nicht auf zu lieben, wenn der geliebte Mensch Ermahnung, Herausforderung oder ein „Nein" braucht.

Suchen Sie sich einen Betreuer aus, der weder zu hart noch zu nachgiebig mit Ihnen umgeht. Einen, der Ihnen sagt:

„Halten Sie ein, und überlegen Sie sich das noch einmal! Wollen Sie diesen Schokoriegel wirklich essen? Und wenn Sie es tun, sind Sie bereit, heute abend eine Stunde länger zu joggen, um ihn wieder abzuarbeiten?"

Viele Selbsthilfegruppen werden als „Zwölf-Schritte-Programme" bezeichnet, weil bei ihnen ein Schwerpunkt darauf liegt, die zwölf Schritte zur Genesung zu befolgen, die 1939 zuerst von den Anonymen Alkoholikern formuliert wurden. Wenn Sie in einer Kleinstadt oder in einer ländlichen Gegend wohnen, wo es keine Selbsthilfegruppen gibt, die sich konkret an zwanghafte Esser richten, empfehlen wir Ihnen, zu den offenen Treffen der nächsten AA-Gruppe zu gehen und deren Techniken zur Beherrschung der Alkoholsucht auf Ihre Eßsucht anzuwenden.

Es gibt eine ganze Reihe von Zwölf-Schritte-Organisationen, doch am hilfreichsten für zwanghafte Esser dürften die folgenden sein: OA (Anonyme Eßsüchtige); Al-Anon (für Ehepartner, Angehörige, Freunde und Kollegen von Alkoholikern); ACOA (Erwachsene Kinder von Alkoholikern – eine neue, speziellere Gruppe, die aus Al-Anon hervorgegangen ist und die unsere Patienten aus allen Formen von gestörten Familien sehr hilfreich finden); EA (Emotions Anonymous) und CODA (Codependents Anonymous, für Beziehungssüchtige). Aus Platzgründen erwähne ich nur die Adresse von OA: Overeaters Anonymus, Postfach 10 62 06, 28062 Bremen.

Wenn Sie sich für ein Zwölf-Schritte-Programm entscheiden, dann verwechseln Sie bitte nicht die zwölf Schritte mit unseren zehn Fußpfaden. Die zwölf Schritte lassen sich in unsere zehn Fußpfade integrieren. Die zwölf Schritte allein sind kein voller Ersatz für die umfassenderen Fußpfade.

Ihre Gemeinde und kleine Gruppen innerhalb Ihrer Gemeinde sind sowohl in emotionaler als auch geistlicher Hinsicht hervorragende Quellen der Unterstützung. Manche Gemeinden bieten mittlerweile sogar eigene Selbsthilfeprogramme für die verschiedensten Probleme an, und manche verfügen über Sportgruppen, die Ihnen Spaß machen werden. Schauen Sie sich auch um, was andere Gemeinden in Ihrer Nähe anbieten, denn wenn Sie an der Selbsthilfegruppe einer anderen Gemeinde teilnehmen, muß das noch keineswegs einen Übertritt bedeuten, sondern Sie vergrößern dadurch die Gemeinschaft, die hinter Ihnen steht.

Weil die Familie die wichtigste Kleingruppe ist und es, wie wir gesehen haben, so wichtig ist, daß Sie neue „Eltern" finden, ist es vielleicht notwendig, daß Sie sich von einer anderen Familie „adoptieren" lassen – so daß Sie bei Ausflügen, an Festtagen und bei Geburtstagsfeiern mit dazugehören, ebenso bei weniger formellen Gelegenheiten. Manche Gemeinden und Vereine haben Programme organisiert, durch die Familien Studenten, Alleinstehende oder ältere Menschen „adoptieren" können; solch eine Initiative kann aber auch spontan entstehen, wenn Sie offen dafür sind. Letzten Endes sollten Ihre eigenen erweiterten Familienbeziehungen Ihre ergiebigste Unterstützungsquelle sein. Arbeiten Sie weiter jegliche Symptome von Abhängigkeit auf, die sich zeigen, und halten Sie Mitglieder Ihrer Familie, die es nötig haben könnten, liebevoll dazu an, an Gruppen wie CODA oder ACOA teilzunehmen.

Haben Sie schließlich Hilfe durch Selbsthilfegruppen gefunden, sind Sie in der Lage, sich anderen zuzuwenden. Sie werden vieles Neue, das Sie lernen, verstärken können, wenn Sie es an andere weitergeben, und Ihre eigene Genesung fördern, wenn Sie den Drehpunkt Ihres Lebens von sich selbst auf andere verlagern.

Erfolge der Selbsthilfe

Barbara berichtete uns begeistert von ihrem ersten ACOA-Treffen und lehnte sich dann mit einem verwirrten Ausdruck auf dem Gesicht zurück. „Es war also ein großartiger Abend, und trotzdem frage ich mich – ich meine, ich habe einen neuen Job, der wirklich eine große Aufgabe ist, und Tom und ich versuchen, uns zusammenzuraufen, und der Tag hat nun einmal nur vierundzwanzig Stunden. Selbst wenn ich zu dem Schluß komme, daß es die Sache wert ist, wie kann ich sicher sein, daß ich mir die richtige Gruppe ausgesucht habe, wenn doch die Auswahl so groß ist?"

Barbaras Dilemma war typisch für viele unserer Patienten. Vielleicht haben Sie ähnliche Zweifel. Darum haben wir eine Liste von zwölf Funktionen aufgestellt, die eine gute Selbsthilfegruppe erfüllen sollte. Wenn Sie verstehen, was eine Gruppe für Sie bedeuten kann, müßte Ihnen deutlich werden, wie wichtig es ist, daß Sie in Ihrem vielbeschäftigten Leben dafür Raum schaffen. Gleichzeitig bekommen Sie hiermit eine Checkliste, um die in Frage kommenden Gruppen zu beurteilen. Wahrscheinlich kann keine einzelne Gruppe alle zwölf Funktionen erfüllen; darum empfehlen wir, daß Sie sich mindestens drei Gruppen suchen, um jeweils konkret auf die Eßprobleme, die emotionale Unterstützung und die Freizeitgestaltung einzugehen.

1. Selbsthilfegruppen bieten ein Gegenmittel gegen die Scham, indem sie Ihnen bedingungslose Liebe entgegenbringen. Barbara hatte diese wichtigste Funktion einer Selbsthilfegruppe bereits erfahren, als sie ihr Gefühl „unheilbarer Einzigartigkeit" verlor.

2. Die Gemeinschaft in einer Selbsthilfegruppe durchbricht die Isolation. Das ist wichtig, weil Menschen, die in einer Sucht gefangen waren, es gewohnt sind, sich zu isolieren – sei es physisch, indem sie anderen aus dem Weg gehen, oder emotional, indem sie sich selbst inmitten vieler Menschen einsam fühlen. Barbara wurde ihr Bedürfnis bewußt, aus ihrer Isolation auszubrechen, als Tom zu seiner Arbeit zurückkehrte, und das trieb sie zu ihrem ersten Treffen. Dort wo sie Ginger und andere traf, die ähnliche Erfahrungen gemacht hatten wie sie, durchbrach sie ihre Isolation.

3. Eine Selbsthilfegruppe bietet fortdauernde Ermutigung. Alfred Adler, einer der Begründer der modernen Psychiatrie, trennte sich wegen dieser Frage der Ermutigung von Sigmund Freud. Die meisten Menschen seien nicht ei-

gentlich krank, meinte Adler, sie seien nur entmutigt. Alfred
Adler sah die Ermutigung als den Schlüssel zur Psychothera-
pie.

4. Eine Selbsthilfegruppe bietet Ihnen eine echte Ersatz-
familie. Die Geschichte von dem geheilten Alkoholiker und
seinem Betreuer Gordon war nicht die einzige Familienge-
schichte, die Barbara an jenem Abend hörte. Sie fing sogar
an, Ginger als die Schwester zu sehen, die sie niemals gehabt
hatte.

5. Eine Selbsthilfegruppe zieht Sie zur Verantwortung. Wie
Ginger Barbara warnte, ist es kein Zuckerschlecken, den Of-
fenbarungseid zu leisten und einem ganzen Raum voller
Leute zu gestehen, daß man rückfällig geworden ist. Aber
die Unterstützung für die Genesung, die darauf folgt, wiegt
das alles wieder auf.

6. Christliche Gemeinschafts- und Selbsthilfegruppen bieten Ihnen eine Gemeinde in dem weitesten Sinne der Definition Jesu: „Wo zwei oder drei versammelt sind in meinem Namen, da bin ich mitten unter ihnen" (Matthäus 18,20).
Manchmal verblüfft der Erfolg in solchen Gruppen selbst
Therapeuten, die sagen: „Wir wissen nicht, warum eine
Gruppe funktioniert, aber sie tut es."

7. Selbsthilfegruppen bieten praktische Hilfe und Information. Obwohl die Gruppenteilnehmer der Anonymen Eßsüchtigen angehalten werden, einen persönlichen Ernäh-
rungsplan zu haben, schreibt die Organisation keine feste
Diät vor. Bei jedem Treffen hört man Berichte darüber, was
den anderen Teilnehmern geholfen hat, und Tips, wie man
beispielsweise mit einem plötzlichen Heißhunger um drei
Uhr morgens fertig werden kann.

8. Selbsthilfegruppen bieten stellvertretende Einsichten.
Selbst, wenn man nur dasitzt und an dem Gruppentreffen
nicht aktiv teilnimmt, wird man in die Gefühle und Erfahrungen der anderen mit hineingenommen. Das steht in vollkom-
mener Übereinstimmung mit Römer 12,15, wo wir aufgefordert werden: „Freut euch mit den Fröhlichen und weint mit
den Weinenden." Wenn wir mit einem anderen durch den

Trauerprozeß gehen, können wir gleichzeitig über unsere eigenen Verluste klagen. Oder, wenn wir einander unsere Freuden mitteilen, werden wir angeregt, uns über das bewußt zu werden, was uns geschenkt ist.

9. Selbsthilfegruppen lehren uns neue, positive Rituale. Vieles am Essen ist ein Ritual. Barbaras Griff zu Pommes frites, wann immer ihr Vater trank, begann als ein Bedürfnis nach Nahrung, doch bald wurde es zu einem Ritual. Sie aß, wenn ihr Vater trank, ob sie nun in diesem Moment ein Bedürfnis nach Nahrung verspürte oder nicht. Solche alten Rituale, die einen dazu verleiten, zwanghaft zuviel zu essen, sind negativ. Zu einem Treffen zu gehen und an Gruppenaktivitäten teilzunehmen kann auch ein Ritual sein. Aber dies sind positive Rituale, denn sie lehren uns, heilsame Schritte zu tun, und drängen die alten, negativen Rituale hinaus.

10. Selbsthilfegruppen erinnern Sie ständig daran, daß Essen nicht das eigentliche Problem ist. Wer nur darum kämpft, die Kontrolle über seine Ernährung und seine Diät zu gewinnen, der geht leicht in seinen Eßproblemen unter. Obwohl auf den OA-Treffen auch konkrete, hilfreiche Tips für die Diät zu bekommen sind, hört man dort normalerweise viel mehr über Emotionen und Beziehungen, die den Kern des Problems darstellen. Erst als Barbara zu Hause im Bett lag, wurde ihr bewußt, daß sie auf dem ACOA-Treffen nicht das geringste über Essen gehört hatte – und doch hatte sich der Zwang zum Essen, der sie zur Teilnahme an dem Treffen bewogen hatte, in nichts aufgelöst.

11. Selbsthilfegruppen bieten ein ständiges Forum für den Trauerprozeß. Trauerarbeit ist der Kern des Genesungsprozesses, wie wir auf dem vierten Fußpfad gesehen haben. Das Leben ist eine ständige Folge von Veränderungen, und viele davon sind unangenehmer Art. Deshalb ist normale Trauerarbeit nicht etwas, das wir je völlig hinter uns lassen könnten, wenn wir im vollen und gesunden Sinne Menschen sein wollen. Der Ausdruck der Trauer anderer löst den eigenen Trauerprozeß aus und setzt die Heilung fort, ebenso wie der Tod

eines Haustiers oder der Wegzug eines Freundes neue Trauer-arbeit notwendig macht.

12. Selbsthilfegruppen erinnern einen daran, Menschen an die Stelle des Essens zu setzen. Liebes-Hunger neigt dazu, Menschen durch Essen zu ersetzen. Während unserer ganzen Reise zur Genesung haben wir daran gearbeitet, neue Gewohnheiten zu entwickeln, um diese alte Ordnung umzukehren. Wenn man einsam, gelangweilt, niedergeschla-gen ist – sich also in einer Situation befindet, die einen früher sicherlich zu zwanghaftem Essen verleitet hätte –, dann kann man als Mitglied einer Selbsthilfegruppe leicht jemanden fin-den, mit dem man reden oder etwas unternehmen kann, statt sich mit Essen zu trösten.

Unser Freund, der kürzlich von einem vierwöchigen Wan-derurlaub auf Englands Fußpfaden zurückkehrte, erzählte: „Es war eines der schönsten Erlebnisse meines Lebens, aber ich hätte es niemals allein schaffen können. Selbst ein leich-ter Rucksack kann furchtbar schwer werden, wenn man nie-manden hat, der ihn einem von Zeit zu Zeit abnimmt. Und so sorgfältig ich auch gepackt hatte, ich hatte doch manches vergessen, was ich mir dann borgen mußte. Und so schön die Landschaft auch ist, so sehr man auch Wildblumen und neu-geborene Lämmer lieben mag, manchmal ist man so er-schöpft, daß man einen Begleiter braucht, der einen zum La-chen bringen kann. Und dann ist da das Kartenlesen! Ich habe kein Gefühl für Richtungen. Wenn unsere Gruppe kei-nen guten Navigator dabeigehabt hätte, würde ich immer noch irgendwo da drüben herumwandern und mich längst so gründlich verirrt haben, daß ich nicht einmal mehr nach der Richtung fragen könnte."

Es gab einen weiteren Begleiter, den Barbara liebend gern auf ihrer Wanderung dabeigehabt hätte. Tom hatte sich wider-willig bereit erklärt, mit den Ärzten in der Klinik zu spre-chen, „weil es ihr helfen könnte", aber er hatte keine Bereit-schaft gezeigt, irgendwelche Veränderungen bei sich selbst zu machen. Trotz der Abneigung ihres Mannes war Barbara jedoch mit großen Hoffnungen in das Beratungsgespräch gegangen. Da die Ärzte ihr soviel geholfen hatten, konnten sie doch sicher auch Tom auf den richtigen Weg bringen, und dann wäre alles in Ordnung. Doch manche der Sitzungen schienen eher alte Streitpunkte wiederzubeleben, anstatt sie der völligen Aussöhnung näherzubringen.

„Wenn du eine Ahnung hättest, wie hart ich arbeite!" preßte Tom einmal mit mühsam beherrschter Stimme hervor. „Wenn du deine Gedanken nur einmal lange genug von dieser Diätgeschichte lösen könntest, um auch einmal an meinen Beruf zu denken ..."

„Darum geht es doch gar nicht", gab Barbara zurück. „*Deine* Arbeit, *dein* Beruf. Ist dir je der Gedanke gekommen, ich könnte vielleicht weniger Schwierigkeiten mit meiner Diät haben, wenn du nur ein wenig mehr Zeit mit mir verbringen würdest?"

„Also hör mal, wenn du mich hier beschimpfen willst ..."

„Einen Augenblick, bitte", unterbrach Dr. Hemfelt. „Ich sehe, daß Sie beide an dieser Stelle berechtigte Anliegen haben. Aber lassen Sie uns versuchen, dieses Gespräch einmal umzudrehen. Anstatt mit dem Finger aufeinander zu zeigen, lassen Sie uns darüber reden, was jeder von Ihnen tun könnte, um dazu beizutragen, daß Sie in Ihrer Beziehung am gleichen Strang ziehen."

Für einen Augenblick wurde es still im Sprechzimmer. Schließlich seufzte Barbara. „Also schön. Ich sehe ein, daß ich mich nicht darauf konzentrieren sollte, Tom auf den richtigen Weg zu bringen. Ich sollte mich darauf konzentrieren, mich auf den richtigen Weg zu bringen. Und ich weiß auch, daß meine Genesung nicht davon abhängt, was Tom tut." Sie wandte sich an Tom. „Dieses Geschäftsessen, zu dem du mich am Donnerstag mitnehmen willst – ich werde mittags zum ACOA-Treffen gehen, so daß ich dann abends mit dir gehen kann."

Toms versteifte Schultern entspannten sich. „Okay, das ist wunderbar. Und wegen meines Golfspiels mit den Ärzten am Samstag nachmittag – ich habe mir gedacht, vielleicht könnte ich am Vormittag anfangen, dir ein bißchen Unter-

richt zu geben. Wenn du gut genug wirst, könntest du ja mitspielen – das heißt, wenn die Ärzte auch ihre Frauen mitbringen."

Barbara und Tom tauschten ein vorsichtiges Lächeln aus.

Die zwölf Schritte –
bearbeitet für Eßsüchtige

Schritt eins

Wir haben zugegeben, daß wir machtlos über unsere
Eßsucht sind – daß unser Leben außer Kontrolle geraten ist.

Schritt zwei

Wir sind zu dem Glauben gelangt, daß eine Macht,
die größer ist als unsere, unsere Gesundheit wieder-
herstellen könnte.

Schritt drei

Wir haben eine Entscheidung getroffen, unseren Willen und unser Leben der Fürsorge Gottes anzubefeh-
len, so wie wir ihn verstehen.

Schritt vier

Wir haben bei uns selbst eine gründliche und furchtlose moralische Inventur gemacht.

Schritt fünf

Wir haben gegenüber Gott, uns selbst und einem anderen Menschen die genaue Art unseres Fehlverhaltens bekannt.

Schritt sechs

Wir sind vollkommen bereit, zuzulassen, daß Gott all diese charakterlichen Mängel von uns nimmt.

Schritt sieben

Wir haben ihn demütig gebeten, unsere Unzulänglichkeiten zu beseitigen.

Schritt acht

Wir haben eine Liste aller Menschen aufgestellt, denen wir Schaden zugefügt haben, und die Bereitschaft gewonnen, sie alle um Vergebung zu bitten.

Schritt neun

Wir haben diese Menschen, wo immer möglich, persönlich um Vergebung gebeten, außer in den Fällen, in denen das eine Verletzung für sie oder andere mit sich gebracht hätte.

Schritt zehn

Wir haben unsere persönliche Inventur fortgesetzt und es stets sofort zugegeben, wenn wir Unrecht getan haben.

Schritt elf

Wir haben durch Gebet und Meditation versucht, unseren bewußten Kontakt zu Gott zu verbessern, wobei wir nur um die Erkenntnis seines Willens für uns gebetet haben und um die Kraft, diesen Willen zu befolgen.

Schritt zwölf

Da wir als Folge dieser Schritte eine geistliche Erweckung erlebten, haben wir versucht, diese Botschaft zu anderen Eßsüchtigen zu tragen und diese Grundsätze in all unseren Angelegenheiten zu praktizieren.

Der neunte Fußpfad:
Sichern Sie sich Ihren Sieg

Sie sind auf dem Pfad geblieben. Sie sind bis nach oben gekommen. Sie haben die Aussicht vom Gipfel genossen. Doch die meisten Bergsteiger werden Ihnen bestätigen, daß der Rückweg der gefährlichste Teil der Wanderung ist. Sie sind jetzt bereit, zu einem normalen Leben zurückzukehren. Das heißt nicht, daß Sie zu Ihrer alten Lebensweise zurückkehren – das hieße, sich kopfüber den Hang hinabzustürzen. Es geht darum, behutsam und sicher zu dem normalen Leben zurückzukehren, von dem Sie immer glaubten, daß Sie es führen könnten. Barbara drückte dieses Ziel für alle aus, die Diät halten, als sie sagte: „Mein Traum ist wirklich, zu einem gesunden Gewicht zu gelangen, mit dem ich mich wohl fühle, und dabei zu bleiben. Ich kann gar nicht ermessen, was mir das bedeuten würde!"

Folgen Sie Ihren eigenen Fußspuren

Haben Sie jemals auf einer Geburtstagsparty dieses Spiel gespielt? Man sitzt im Kreis und läßt bei laufender Musik ein fröhlich verpacktes Päckchen von Hand zu Hand gehen. Sobald die Musik verstummt, darf derjenige, der das Päckchen gerade in der Hand hat, eine Schicht der Verpackung ablösen und findet einen Preis und eine Aufgabe – zum Beispiel sich in die Mitte des Kreises zu stellen und ein komisches Lied zu singen. Wenn die Aufgabe erfüllt ist, darf der Gewinner den Preis – zum Beispiel einen schönen Kugelschreiber – behalten. Dann läuft das Päckchen weiter im Kreis herum, bis die

Musik wieder verstummt und ein anderer die nächste Schicht entfernt.

Auf dem Fußpfad der Bewahrung Ihres Sieges werden Sie sich manchmal wie bei diesem Spiel fühlen – es wird oft vorkommen, daß Sie die Notwendigkeit verspüren, eine weitere Schicht von Ihrem zwanghaften Verhalten abzutragen, und Sie werden merken, daß Sie zurückgehen und auf Wegen, die Sie bereits gegangen sind, Ihren eigenen Fußspuren folgen müssen.

Vielleicht nähern Sie sich dem Ende Ihrer Diät (Ihr Gewicht haben Sie gut unter Kontrolle). Nun, wo das Gewichtsproblem nicht mehr so im Mittelpunkt steht, denken Sie plötzlich noch ein wenig gründlicher über die Familie nach, in der Sie aufgewachsen sind, und Sie merken: „He, ich muß zurückgehen und den dritten und vierten Fußpfad noch einmal gehen. Ich muß mich von Mutter und Vater verabschieden, ich muß noch mehr Trauerarbeit leisten." Trauer ist der Schlüssel dazu, Raum für Heilung zu schaffen, und ebenso der Schlüssel zu fortdauerndem Wohlbefinden. Wenn alte, ungelöste Probleme an die Oberfläche treten, werden Sie sie bis zur Vergebung und Lösung durchtrauern müssen, und das gleiche gilt für neue Schmerzen. Lassen Sie Ihre täglichen Frustrationen und Ängste heraus; lassen Sie nicht zu, daß sie sich ansammeln. Die Notwendigkeit, Ihren eigenen Fußspuren durch die Schritte des Trauerprozesses zu folgen, kann durch etwas so Belangloses wie einen Stau auf der Autobahn oder durch etwas so Schwerwiegendes wie einen Todesfall in der Familie entstehen.

Der achte Fußpfad, sich einer Selbsthilfegruppe anzuschließen, wird ebenfalls Ihre besondere Aufmerksamkeit erfordern, denn Sie werden vielleicht feststellen, daß Sie sich am Riemen reißen müssen, um in dieser gesunden Gemeinschaft zu bleiben. Zur Zeit des größten Schmerzes strecken sich die Patienten nach Gemeinschaft aus, aber die Selbstzufriedenheit, die der Erfolg mit sich bringt, führt dazu, daß viele wieder nachlassen. Wenn Sie sich plötzlich rückfallgefährdet fühlen und sehen, daß Ihre Teilnahme an den Treffen der Selbsthilfegruppe nachläßt, dann geben Sie sich einen Ruck. Um in diesem wichtigen Bereich Ihres Lebens auf dem laufenden zu bleiben, sollten Sie regelmäßig einen neuen Beziehungs-Fragebogen ausfüllen.

Machen Sie sich klar, daß diese wiederholte Notwendigkeit, neue Schichten abzuschälen, weder einen Rückzug noch ein Versagen darstellen. Statt dessen sichern Sie sich dadurch den Sieg, den Sie bereits errungen haben. Haben Sie die Aufgabe einmal bewältigt, dürfen Sie den Preis aus dem Päckchen behalten.

Bleiben Sie täglich standhaft

Manchmal sind die ersten Stadien der Genesung die leichtesten. Obwohl man noch einen weiten Weg vor sich hat, spürt man die Begeisterung, zu der Reise aufzubrechen und zur ersten Boje zu gelangen, und man wird dabei ständig durch den Therapeuten, den Betreuer oder einen anderen Führer unterstützt. Doch am Ende der Reise erleiden wir immer einen Stimmungsabfall, und wenn wir auf einmal merken, daß es jetzt an der Zeit ist, in die wirkliche Welt zurückzukehren, dann geraten wir leicht in Panik.

Die Intensität, mit der wir uns täglich um den Bestand des Erreichten bemühen müssen, hängt von der Persönlichkeit des einzelnen Patienten und von der Schwere seiner Sucht ab. Doch alle Menschen auf dem Weg der Genesung sollten die folgenden sieben Prüfsteine in ihren normalen Tagesablauf einbauen, und zwar mit der gleichen Gewissenhaftigkeit, wie die Techniker einer Fluggesellschaft alle Punkte auf ihrer Checkliste vor jedem Start überprüfen müssen:

1. Nehmen Sie sich täglich Zeit zum Gebet und zu geistlicher Lektüre. Achten Sie darauf, gerade Ihre Eßprobleme für diesen Tag konkret an Gott abzugeben, und erwähnen Sie dabei ausdrücklich Ihre Besorgnis, etwa vor dem Mittagessen oder der Party, an der Sie teilnehmen wollen. Als Bar-

bara uns gegenüber an diesem Punkt Einwände erhob, sagten wir ihr: „Im Augenblick, wo Sie gerade anfangen, Ihren Sieg zu sichern, sprechen Sie ein einfaches Gebet – so, wie ein Kind mit seinem liebenden Vater redet. Wenn Sie völlig genesen sind, haben Sie immer noch reichlich Zeit, sich mit theologischen Fragen auseinanderzusetzen."

2. Halten Sie Kontakt zu einem Menschen außerhalb Ihrer Familie, der Sie unterstützt und den Sie täglich anrufen können. Das soll nicht jemand sein, der Sie reparieren kann, als wären Sie ein kaputter Gegenstand, sondern einfach jemand, mit dem Sie ein paar Minuten lang Gemeinschaft haben können – wenn Sie kein Bedürfnis verspüren, über Eßprobleme zu reden, dann unterhalten Sie sich über das Wetter oder darüber, wie es Ihrer Lieblings-Fußballmannschaft ergeht.

3. Achten Sie darauf, daß Ihr Zeitplan täglich oder wöchentlich Zeit für Gemeinschaft in der Gruppe vorsieht, etwa in einer Selbsthilfegruppe oder Bibelgruppe.

4. Halten Sie sich unbedingt jeden Tag Zeit für körperliche Aktivität frei.

5. Wenn Sie wirklich Schwierigkeiten haben, bearbeiten Sie täglich einen Beziehungs-Fragebogen. Blicken Sie jeden Abend auf den Tag zurück und fragen Sie sich: Hatte ich gute Gemeinschaft? War da jemand, dem gegenüber ich meine Gedanken und Gefühle ausgedrückt habe? Habe ich mich einem anderen zugewandt, um ihm zu helfen?

6. Machen Sie sich einen gegliederten Plan für jeden Tag (es sei denn, Sie sind ohnehin zu zwanghaft und müssen an dieser Stelle eher lockerlassen) – besonders wenn Sie mit Depressionen zu kämpfen haben oder einen unstrukturierten Beruf haben, in dem Sie sich selbst die Anweisungen geben müssen, wie etwa bei der Haushaltsführung oder jeder selbständigen Tätigkeit. Bringen Sie Ihren Tagesablauf unter Kontrolle. Sorgen Sie dafür, daß das Leben nicht wie ein Versehen an Ihnen vorbeiläuft.

Barbara stellte fest, daß es ihr am Vormittag leichtfiel, ihre Zeit einzuteilen. Da sie von ihrer Fortbildung begeistert war,

war sie beim Klingeln des Weckers hellwach und sprang unter die Dusche, wobei ihr schon der interessante Wandschmuck oder die Muster für Vorhangstoffe durch den Kopf gingen, die sie ihrem Professor vorlegen konnte. Die Probleme kamen erst um sechs Uhr abends, wenn sie eine Stunde vor Tom nach Hause kam. Ihr erster Impuls, dem sie meistens folgte, war, die Schuhe abzustreifen und sich aufs Sofa zu legen. Ihr nächster Impuls, den sie bekämpfen mußte, war, zum Kühlschrank zu gehen. Barbara wußte, daß sie eigentlich ein nahrhaftes Abendessen hätte vorbereiten sollen, wenn Tom dann müde und hungrig nach Hause kam, doch bis dahin war sie entweder zu hungrig zum Kochen, oder sie hatte dem Drang nach einem Imbiß nachgegeben und deshalb keinen Hunger mehr und konnte den Gedanken ans Kochen nicht ertragen.

Sie sprach mit Sharon Sneed über dieses Problem. Dr. Sneed empfahl ihr, einen kleinen Imbiß einzuplanen, den sie unmittelbar vor der Heimfahrt oder sofort nach ihrer Ankunft zu sich nehmen sollte. „Etwas Heißes ist nach einem harten Tag immer sättigend und beruhigend. Versuchen Sie es mit einer Tasse Hühnerbrühe oder Tee mit fettarmer Milch. Dazu nehmen Sie etwas Sättigendes, wie etwa eine Scheibe Vollkornbrot oder einen Vollkorn-Cräcker. Wenn das nicht reicht, nehmen Sie noch eine kleine Portion fettarmen Joghurt hinzu."

Da die Heimfahrt von der Universität ihr immer auf die Nerven ging, beschloß Barbara, sich vorher in der Teeküche eine Tasse starken Tee zu machen. Als Tom an diesem Abend nach Hause kam und den Duft von gegrillter Hähnchenbrust mit Himbeersoße bemerkte, wich seine nach dem langen Tag finstere Miene einem Lächeln. „Was hast du gemacht? Warst du heute nicht am College?"

Barbara winkte ihm mit dem Kochlöffel zu. „Doch, ich habe meine Fenster-Design-Mappe fertiggestellt und eine Arbeit über Möbelrestaurierung geschrieben. Dann habe ich eine Tasse Tee getrunken und ein Paar Cräcker gegessen – und jetzt bin ich hier."

Barbaras ganzer Tag war hervorragend gelaufen, aber als

Tom sich jetzt auch noch erbot, den Tisch zu decken, war der Schock beinahe zuviel für sie.

7. Achten Sie darauf, jeden Tag zu planen, was Sie essen werden. Wenn sie einer strukturierten Diät folgen, dann schauen Sie in Ihren Plan. Wenn nicht, dann treffen Sie Ihre eigene sorgfältige, gesunde Wahl. Wir besprechen diese Auswahl immer mit unseren Patienten.

Wählen Sie Ihre Nahrungsmittel klug aus

Nicht nur Ihr Geist, sondern auch Ihr Körper hat im Laufe dieser Fußwanderung zur Genesung einen Lernprozeß durchgemacht. Tiere kommen mit einem gottgegebenen Instinkt für das, was gut für sie ist, auf die Welt. In der Wildnis werden Sie überfütterte Tiere vergeblich suchen. Nur Tiere, die vom Menschen mit Nahrungsmitteln gefüttert wurden, die zuviel Fett oder Zucker enthalten, müssen je auf Diät gesetzt werden. Viele Ernährungswissenschaftler glauben, daß es bei den Menschen nicht anders wäre, wenn wir nicht schon unseren Kindern zucker- und salzreiche Kost gäben und unsere Gesellschaft uns nicht den ganzen Tag über das Fernsehen mit Aufforderungen zum Essen überhäufte. Doch auch wenn Ihr natürlicher Instinkt für das Gesunde durch jahrelange falsche Ernährung verdorben ist – dieses Wissen, mit dem Ihr Körper geboren wurde, ist immer noch irgendwo im Innern vorhanden.

Nun, da Ihr Leben und Ihr Appetit wieder im Gleichgewicht sind, können Sie auf die wirklichen Botschaften hören, die Ihr Körper Ihnen sendet. Sie können Ihrem Körper zutrauen, daß er Ihnen sagt, wann er wirklich hungrig ist. Lernen Sie, *nur* dann zu essen, wenn Sie wirklich hungrig sind. Egal, wie spät es ist. Egal, was der Rest Ihrer Familie tut. Eine Mutter von vier Kindern, die das praktiziert, erzählte uns: „Natürlich muß ich meiner Familie pünktlich zu essen geben – selbst wenn das bedeutet, daß ich kochen muß, obwohl ich keinen Hunger habe. Aber ich tue es, weil ich weiß, wie wichtig es ist, für sie zu sorgen. Und ich setze mich mit ihnen hin, und wir erzählen alle, was wir den Tag über erlebt haben. Aber wenn ich nicht hungrig bin – und das bin ich normalerweise um diese Zeit nie –, dann esse ich nur ein paar Bissen Fleisch und Gemüse und trinke eine Tasse Tee mit fettarmer Milch. Seit ich gelernt habe, nur dann zu essen, wenn ich wirklich hungrig bin, glaube ich, mir würde direkt schlecht werden, wenn ich mich zwingen würde zu essen, nur weil mein Mann und meine Kinder Hunger haben."

Manche Ernährungswissenschaftler, die an die Theorie von der „unverdorbenen Natur" im Eßverhalten glauben, meinen, wenn man kleinen Kindern die völlige Freiheit ließe, sich selbst auszusuchen, was sie essen wollen, dann würden sie sich im Laufe der Zeit eine vollkommen ausgewogene Ernährung zusammenstellen. Ob das nun stimmt oder nicht (es ist nahezu unmöglich, das wissenschaftlich nachzuweisen), auf jeden Fall ist wahr, daß – sobald Sie Ihre auslösenden Speisen einmal unter Kontrolle haben –, Ihr Körper Ihnen sagen wird, ober er einen saftigen roten Apfel oder eine knusprige Scheibe Vollkorntoast braucht. Sie werden eine Weile brauchen, um diese Kommunikation wiederherzustellen. In erster Linie erfordert es Zeit und Ruhe zum Nachdenken. Menschen, die gezwungen sind, in überfüllten Restaurants hastige Entscheidungen zu treffen, während der Kellner ungeduldig daneben steht, werden fast immer eine unkluge Wahl treffen.

Wenn Sie echten Hunger verspüren, denken Sie darüber nach, was Sie an diesem Tag bereits aus den verschiedenen Nahrungsmittelgruppen zu sich genommen haben. Was fehlt heute noch in Ihrer Ernährung? Brauchen Sie noch etwas aus der Gruppe Obst und Gemüse? Haben Sie weniger Protein zu sich genommen als sonst? Denken Sie an die gesunden Lebensmittel, die Sie bereits in der Küche haben, und stellen Sie sich vor, sie zu essen. Was davon verschafft Ihnen ein Gefühl echter Befriedigung?

Natürlich können Sie Ihre Nahrungsmittel nicht immer auf dieser „Wohlfühl"-Basis auswählen. Sie müssen im voraus einkaufen, Sie müssen sich im voraus Ihr Lunchpaket zusammenstellen, und selbst Ihre Planung kann durcheinandergeraten, weil Sie zum Essen bei einem Freund sind.

Üben Sie Ihren Geschmack darin, wohlschmeckende, gesunde Zutaten den fettreichen Lebensmitteln vorzuziehen. Lernen Sie es zu schätzen, Ihren Fisch mit englischem Malzessig zu essen, statt ihn unter einer fetten Remoulade zu ersticken. Verfeinern Sie den Geschmack Ihres Truthahn-Sandwiches mit französischem Senf, statt Mayonnaise darauf zu schmieren. Oder entdecken Sie, wie gut schlichter, fettarmer Joghurt auf einer Ofenkartoffel schmeckt, und Sie werden nie wieder in Versuchung geraten, statt dessen saure Sahne zu nehmen. Eine Theorie besagt, daß wir um des Geschmacks willen essen und daß unser Appetit gestillt sei, sobald unsere Lust auf den Geschmack befriedigt ist. Da Fett von allen Nahrungsmittelgruppen den schwächsten Eigengeschmack hat, ist es kein Wunder, daß man von fettreichen Nahrungsmitteln zuviel essen muß, um sich satt zu fühlen.

„Sanftes" Essen

Nehmen Sie sich Zeit, um durch Ihr Essen zur Befriedigung zu gelangen. Üben Sie sich im „sanften" Essen, einer der besten Methoden, Ihre Nahrungsaufnahme zu verringern und Ihr Gewicht unten zu halten. Dr. Sneed sagt: „Wissen Sie, die Europäer halten uns Amerikaner für geradezu ungehobelt, weil wir unsere Mahlzeiten in zwanzig Minuten hastig hinunterschlingen. In vielen Ländern Europas nimmt man sich Zeit, ein Gericht zu genießen, selbst wenn das bedeutet, daß man seinen Laden oder die Bibliothek mittags für vielleicht eine Stunde schließt oder abends früher aus dem Büro nach Hause kommt. Nach dem Mittagessen, das aus einem ganz einfachen Gericht bestehen kann, aber mit einer leinenen Serviette und einer Blume auf dem Tisch genossen wird, bleibt man oft noch bei einer Tasse Kaffee sitzen oder macht einen kurzen Spaziergang mit einem Freund, bevor man erfrischt an seine Arbeit zurückkehrt. Ich fürchte, wir verdienen die Magengeschwüre, die wir uns selbst gezüchtet haben."

Eine unserer Patientinnen stellte fest, daß „sanftes" Essen ein so wichtiger Schlüssel für ihre Bemühungen war, ihr Gewicht zu halten, daß sie mit ihrem Arbeitgeber vereinbarte, anderthalb Stunden Mittagspause machen zu dürfen, und das wieder ausglich, indem sie auf die Kaffeepausen am Vormittag und am Nachmittag verzichtete, die sie ohnehin nicht brauchte. Am Morgen verpackte sie ihr Essen in Plastikschüsseln, aber sie packte auch einen Porzellanteller und Silberbesteck in ihren Lunchkorb mit ein. „Wenn ich doppelt soviel Zeit damit verbringe, halb soviel zu essen, bin ich doppelt befriedigt", sagte sie lachend. „Ich weiß nicht – Sie müssen sich das selbst ausrechnen. Ich war noch nie gut in Mathe."

Viele unserer Tips für „sanftes" Essen stammen nicht aus irgendeinem Diätbuch, sondern aus dem Knigge, und sie sind für die Kultur ebenso wichtig wie für die Gesundheit:

▷ Decken Sie den Tisch auf gefällige Weise.
▷ Genießen Sie zum Essen entspannende Hintergrundmusik.
▷ Nehmen Sie kleine Portionen.
▷ Nehmen Sie kleine Bissen.
▷ Legen Sie nach jedem Bissen das Besteck ab.
▷ Kauen Sie jeden Bissen gründlich.
▷ Sprechen Sie nie mit vollem Mund.
▷ Tupfen Sie sich den Mund mit einer Serviette ab, bevor Sie einen Schluck aus Ihrem Glas nehmen.
▷ Nehmen Sie sich die Zeit, sich mit Ihren Tischnachbarn angenehm zu unterhalten.
▷ Vermeiden Sie Streit bei Tisch.

Denken Sie daran, daß erst einundzwanzig Minuten, nachdem die Nahrung den Magen erreicht hat, das Gehirn registriert, daß man nicht mehr hungrig ist. Damit Sie genug Zeit haben, um festzustellen, ob Sie genug gegessen haben oder nicht, versuchen Sie einmal, Ihren Salat nach dem Hauptgang zu essen oder die Mahlzeit mit Obst und Käse abzuschließen.

Während Sie Ihre „sanften" Eßgewohnheiten entwickeln, können Sie auch Tricks anwenden; etwa, grundsätzlich mit der linken Hand oder mit Stäbchen zu essen, um sich zu langsamerem Essen zu zwingen, oder von einem Salatteller zu essen, damit Ihre kleineren Portionen größer aussehen. Nach einigen Wochen wird sich Ihre neue Gewohnheit eingespielt haben, und diese Kunstgriffe werden überflüssig.

Bleiben Sie aktiv

Die beiden Seiten der Beständigkeitsmünze sind: Essen Sie langsamer, leben Sie schneller. Körperlich aktiv zu bleiben, kann ebenso wichtig für das Halten Ihres Gewichts sein wie Ihre Ernährung. Machen Sie es sich neben dem konkreten Sportprogramm, das Sie in Ihren Tagesablauf eingebaut haben, zur Gewohnheit, in jeder Hinsicht körperlich aktiver zu werden. Nehmen Sie im Büro die Treppe statt des Aufzuges. Parken Sie in der hintersten Ecke des Parkplatzes am Supermarkt. Bewegen Sie sich schnell, um bei allem, was Sie tun, den Grad Ihrer Aktivität zu erhöhen.

Lernen Sie, sich zu entspannen

Doch wir arbeiten hier mit einer vielseitigen Münze, denn die Kehrseite der Bewegung ist die Entspannung. Sie werden nun auch neue Entspannungstechniken lernen müssen, besonders dann, wenn Sie bisher Zucker oder Essen allgemein als Beruhigungsmittel benutzt haben.

In unserem Buch *Sorgen-los leben* (Minirth, Meier, Hawkins, Schulte & Gerth, Asslar 1991) erörtern wir eine Reihe von Techniken zum Umgang mit Spannungen und Ängsten. Einige davon sind besonders für zwanghafte Esser auf dem Weg zur Genesung geeignet.

Progressive Entspannung. Legen Sie sich an einem bequemen Ort auf den Rücken: auf Ihrem Bett, auf dem Sofa oder auch auf dem Fußboden. Schließen Sie die Augen. Atmen Sie tief ein. Lassen Sie die Luft langsam ausströmen. Wiederholen Sie diesen Ablauf noch dreimal. Nun spannen Sie Ihre Beinmuskulatur an. Halten Sie die Spannung. Dann entspannen Sie. Spannen Sie die Hüft- und Bauchmuskulatur an. Halten Sie die Spannung. Dann entspannen Sie. Setzen Sie das über den gesamten Körper in Aufwärtsrichtung fort, bis Sie bei den Muskeln in Ihrem Gesicht und am Schädel angelangt sind.

Nun zählen Sie von fünf an rückwärts und stellen sich dabei vor, wie Sie sich mehr und mehr entspannen. Manche unserer Patienten denken sich, sie schwebten auf einer weichen Wolke nach oben; andere ziehen es vor, sich in ein unendlich tiefes Federbett sinken zu sehen. Wie auch immer, sagen Sie sich selbst: „Fünf. Ich entspanne mich mehr und mehr in jedem Teil meines Körpers. Vier. Ich sinke tiefer und tiefer in die völlige Entspannung. Das ist ein wunderbares Gefühl." So machen Sie weiter, bis zu: „Eins. Ich bin völlig entspannt."

Das wäre jetzt genau der richtige Zeitpunkt, Ihre Selbstgespräch-Kassette abzuspielen, denn in diesem entspannten Zustand ist Ihr Geist besonders aufnahmebereit. Oder vielleicht möchten Sie Ihr Unterbewußtsein an die Oberfläche bringen, weil Sie nach einer kreativen Lösung für ein Problem bei Ihrer Arbeit suchen. Oder vielleicht wollen Sie auch einfach nur einschlafen. Selbst wenn Sie nur Zeit für ein kleines Nickerchen haben sollten, werden Sie erfrischt wieder erwachen, weil Sie sich so vollständig entspannt haben.

Setzen Sie Ihren Sorgen Grenzen. Wenn Sie dazu neigen, sich Sorgen zu machen, dann werden Sie vielleicht den ganzen Tag über von der Sorge um die Bewahrung Ihres Gewichtsverlustes und um die Dauerhaftigkeit Ihrer Genesung umgetrieben. Wenn das der Fall ist, können Sie damit etwa genauso umgehen, wie Sie es im Prozeß des positiven Selbstgesprächs mit den negativen Gedanken getan haben. Nehmen Sie sich ein- oder zweimal am Tag zehn Minuten Zeit, in denen Sie sich hinsetzen und sich ordentlich Sorgen machen können. Wenn sich die Sorgen außerhalb dieser Zeit einzuschleichen versuchen, notieren Sie sie und heben Sie sie für Ihre Sorgenzeit auf, indem Sie sich wie Scarlett O'Hara sagen: „Morgen will ich darüber nachdenken."

Wenn Firmen ein neues Unternehmen planen, entwickeln sie oft Szenarien für den schlimmsten und den besten Fall, der eintreten kann. Versuchen Sie sich vorzustellen, was schlimmstenfalls passieren könnte, und dann, was bestenfalls passieren könnte. Die Wirklichkeit liegt wahrscheinlich irgendwo dazwischen. Wenn dann Ihre Zeit zum Sorgenmachen gekommen ist, versuchen Sie, diese Zeit kreativ zu nutzen. Lassen Sie sich nicht nur von den Sorgen überschwemmen, sondern gehen Sie in die Offensive und denken Sie über Wege nach, wie Sie der Situation begegnen könnten, falls der schlimmste Fall eintreten sollte. Indem Sie einen Plan dafür in Ihrem Tagebuch aufzeichnen, können Sie Ihren Geist von dieser Sorge befreien.

Tun Sie etwas anderes. Die Psychologen nennen das „konkurrierendes Verhalten", doch es ist eigentlich nichts anderes als der alte Rat, den uns unsere Mütter schon immer gegeben haben: „Geh und tu etwas anderes!" Patienten, die immer wieder von den gleichen Sorgen geplagt werden, fordern wir manchmal auf, ihr Tagebuch zu nehmen und aufzuschreiben, was sie gerade tun, wenn die Angst beginnt, und alle Symptome der Angstattacke zu beschreiben. Diese Aufzeichnungen können Einsichten vermitteln und bieten gleichzeitig ein konkurrierendes Verhalten – indem Sie schreiben, tun

Sie etwas anderes. Ein Spaziergang oder eine Runde Aerobic kann die gleiche Wirkung haben, wenn das in den Zeitplan paßt.

Üben Sie sich in emotionaler Beständigkeit

„Emotions Anonymous" ist eine der Zwölf-Schritte-Selbst-hilfegruppen, die wir unseren Patienten empfehlen. Sie hat ein Credo, in dem der Schwerpunkt darauf liegt, immer nur einen Tag auf einmal zu leben und sich zu entscheiden, an die-sem Tag glücklich und stabil zu sein. Mit der Erlaubnis von Emotions Anonymous International stellen wir Ihnen diese Vorschläge für jeden Tag auf den Seiten 289-291 vor. Wir schlagen Ihnen vor, sie zwei Wochen lang jeden Morgen durchzulesen und sie danach immer zur Hand zu haben, falls Sie eine Auffrischung brauchen.

An diesem Tag
(Ich habe die Wahl)

An diesem Tag werde ich versuchen, nur diesen einen Tag zu leben, anstatt das Problem meines Lebens auf einmal angehen zu wollen. In diesem Augenblick kann ich etwas tun, was mich maßlos überfordern würde, wenn ich den Eindruck hätte, ich müßte es mein Leben lang durchhalten.

An diesem Tag werde ich versuchen, glücklich zu sein und mir bewußtzumachen, daß mein Glück nicht da-von abhängt, was andere tun oder sagen oder was um mich her geschieht. Glück beruht darauf, daß ich Frieden mit mir selbst habe.

An diesem Tag werde ich versuchen, mich an das, was ist, anzupassen – anstatt alles zwingen zu wollen, sich an meine Wünsche anzupassen. Ich werde meine Familie, meine Freunde, meinen Beruf, meine Lebensumstände und mein Einkommen akzeptieren.

An diesem Tag werde ich jemandem etwas Gutes tun und mich nicht dabei erwischen lassen – sobald irgend jemand davon weiß, zählt es nicht mehr. Ich werde mindestens eine Sache tun, zu der ich keine Lust habe, und ich werde eine kleine Tat der Nächstenliebe vollbringen.

An diesem Tag werde ich mir besondere Mühe geben, zu jemandem, dem ich begegne, freundlich zu sein; ich werde so gut aussehen, wie ich kann, mich passend kleiden, leise sprechen, mich höflich verhalten, nichts kritisieren, nichts aussetzen und nicht versuchen, irgend jemanden außer mir selbst zu verbessern oder in Ordnung zu bringen.

An diesem Tag werde ich mir ein Programm vornehmen. Vielleicht werde ich es nicht genau befolgen, aber ich werde es haben. Ich werde mich vor zwei lästigen Dingen bewahren – Hektik und Unentschlossenheit.

An diesem Tag werde ich nicht mehr sagen: „Wenn ich nur Zeit hätte!" Ich werde niemals für irgend etwas „Zeit finden". Wenn ich Zeit brauche, dann muß ich sie mir nehmen.

An diesem Tag werde ich eine stille Zeit der Andacht halten, in der ich über Gott, mich selbst und meinen Nächsten nachdenke. Ich werde mich entspannen und nach der Wahrheit suchen.

An diesem Tag werde ich keine Angst haben. Ich werde besonders davor keine Angst haben, glücklich zu sein und zu genießen, was im Leben gut, schön und lieblich ist.

An diesem Tag werde ich mich selbst annehmen und werde leben, so gut ich es kann.

An diesem Tag will ich glauben, daß ich diesen einen Tag bestehen kann.

Ich habe die Wahl!

Bleiben Sie in Kontakt mit Gott

In vielen Selbsthilfegruppen ist von einem täglichen Beständigkeitsprogramm die Rede. Viele Menschen tun täglich den Schritt, zuzugeben, daß sie ihrer Eßsucht machtlos gegenüberstehen, und geben dieses Problem jeden Tag aufs neue an Christus ab. Manche Leute in unserem Genesungsprogramm müssen jeden Tag wieder beim ersten Fußpfad anfangen und sagen: „Ich erkenne, daß ich eßsüchtig bin. Ich werde damit aus eigener Kraft nicht fertig. Ich gebe dieses Problem an Christus ab."

Der Schritt der Zwölf Schritte ist besonders wichtig für das Stadium Ihrer Reise, in der Sie Ihrer Genesung Bestand geben wollen: „Wir haben durch Gebet und Meditation über die Bibel versucht, unseren bewußten Kontakt zu Gott zu verbessern, wobei wir nur um die Erkenntnis seines Willens für uns gebetet haben und um die Kraft, diesen Willen zu befolgen." So war es auch bei Ralph.

Ralph ist durch das Zwölf-Schritte-Programm geistlich gewachsen. „Die Arbeit mit den Zwölf Schritten war meine erste Begegnung mit dem Entwurf eines geistlichen Lebens. Kurz nachdem ich begonnen hatte, an meiner Genesung zu arbeiten, habe ich mich persönlich Christus anvertraut. Jetzt bete ich jeden Morgen. Als ich mich darauf festlegte, von meiner Eßsucht geheilt zu werden, fing ich an, über mein übermäßiges Essen zu beten. Dann lernte ich, mein geistliches Leben weiter auszudehnen. Im Moment bringe ich es in meine Arbeit hinein. Ich habe angefangen, meine Ehrlichkeit bei der Arbeit und meine Gefühle, ein Scharlatan zu sein, zum Gegenstand meiner Gebete zu machen. Kürzlich habe ich gemerkt, daß ich jetzt auch für andere bete – für Kollegen, die Hilfe brauchen. Es ist aufregend, zu spüren, wie man wächst."

Wenn sie hören, daß sie ihrer Heilung täglich Bestand geben müssen, sagen manche unserer Patienten: „Moment mal. Wenn ich all das jeden Tag tun muß, bedeutet das doch, daß ich eigentlich nicht geheilt bin. Christus hat diese Krankheit dann nicht auf einen Schlag weggenommen." Man muß sich dabei klarmachen, daß Gott auf verschiedenartige Weise heilt. Es gibt seltene Fälle, in denen er auf übernatürliche Weise eingreift und einen Menschen von einem Moment auf den anderen von seiner Sucht nach Drogen oder Essen heilt. Weitaus häufiger jedoch heilt Gott durch einen langsamen Erziehungsprozeß. Er läßt uns schrittweise durch die Heilung gehen.

Wenn Patienten – wie Ralph – wie auf einer Berg-und-Talbahn leben und sich entmutigen lassen, weil sie nicht spontan geheilt wurden, dann sagen wir ihnen oft: „Nun, vielleicht ist Ihnen eine bessere Art von Heilung zuteil geworden! Gott hat es Ihnen ermöglicht, sich durch die verschiedenen Stadien der Heilung hindurchzuarbeiten. Jetzt können Sie Ihre Heilung und sich selbst verstehen, und dieses Verständnis können Sie gebrauchen, um anderen zu helfen."

Der zehnte Fußpfad: Werden Sie mit Rückfällen fertig

Die Aufregung, die Barbara empfand, als ihre Waage zum erstenmal weniger als 135 Pfund anzeigte, hielt zwei Tage lang an. Sie hatte eigentlich erwartet, daß sie ewig bleiben würde. Aber an jenem Abend hatte sie einen Streit mit Tom – nichts allzu Ernstes, aber ernst genug, um den Lack von ihren Gefühlen abblättern zu lassen. Am nächsten Tag klappte es mit ihrer Abschlußprüfung im Designkurs nicht so gut, wie sie erwartet hatte. Am dritten Morgen erwachte sie mit einem beängstigenden Drang zu essen. Nicht nur mit Lust auf ein gesundes Frühstück, um dann wieder an ihre Arbeit zu gehen, sondern einem Drang, zu essen und zu essen und zu essen, bis die Belastungen ihres neuen Lebens ausgelöscht wären, wenigstens für eine Weile.

Mit derselben blinden Panik, mit der ein Ertrinkender nach dem Rettungsring greift, rief Barbara Dr. Hemfelt an. „Ich will essen. Richtig *essen*. Ich habe Angst. Ich weiß nicht, was ich tun soll."

Schon der Klang des sanften, südlichen Akzentes von Dr. Hemfelt wirkte beruhigend. „Also, Barbara, bitte setzen Sie sich, wo Sie gerade sind, und atmen Sie tief durch. Haben Sie einen Stuhl beim Telefon?"

Barbara setzte sich. „Ja. Okay."

Barbara befolgte die Anweisungen. Nach einigen tiefen Atemzügen fühlte sie sich etwas schwindelig, aber irgendwie ruhiger. „Haben Sie schon gefrühstückt, Barbara?"

Nein, hatte sie nicht. Sie hatte geplant, Haferflocken und eine Orange zu essen und Kaffee zu trinken, bevor sie loszog, um sich um eine Stelle zu bemühen.

„Sehr gut. Essen Sie einfach genau das, was Sie sich vorgenommen haben; und dann kommen Sie zu mir. Einer meiner Patienten hat abgesagt; Sie können also heute morgen um zehn Uhr zu mir kommen."

Zwei Stunden später saß Barbara auf Dr. Hemfelts grünem Sessel. „Der Umgang mit Rückfällen gehört zu unserem Genesungsprogramm, Barbara. Eigentlich geht es um den Umgang mit Furcht. Jeder muß bis zu einem gewissen Grade dauernd damit fertig werden: mit der Furcht vor großen Dingen wie Tod oder Krankheit; Furcht vor kleinen Dingen wie dem Anbrennen des Bratens oder der Begegnung mit unbekannten Menschen; Furcht um sich selbst; Furcht um andere. Der erste Schritt, um die Furcht in die Schranken zu verweisen, ist zu wissen, daß sie normal ist. Schon das Wissen, daß ein Rückfall wahrscheinlich kommen wird, ist Ihre erste Verteidigungslinie dagegen.

Als wir Ihre Fußpfade zur Genesung durchgearbeitet haben, haben wir die meisten Tretminen entschärft, die bei Ihnen früher ein Riesengelage ausgelöst hätten; aber Furcht ist eine ganz normale menschliche Emotion. Wir wollen sie nicht ausschalten, sondern nur aufzeigen, wie man damit umgehen kann. Um mit Rückfällen fertig zu werden, müssen Sie wissen, was zu einem Rückfall führen kann und wie die Warnsignale aussehen, und Sie müssen die zehn Schritte kennen, mit denen Sie sich dagegen wappnen können."

Was kann zu Rückfällen führen?

Destruktive Botschaften von anderen

Manchmal sind Patienten von Menschen umgeben, die ihnen nicht die gesunde Unterstützung geben, die sie brauchen. Tom hatte zwar eine Therapie begonnen, aber er war weit davon entfernt, von seiner zwanghaften Arbeitssucht geheilt zu sein. Er projizierte deshalb viele seiner Probleme auf Barbara, als sie noch nicht stark genug war, um damit fertig zu werden.

Bei Jared war es ähnlich. Eines Abends erzählte er in seiner Therapiegruppe von seinen Schwierigkeiten, seinen Eltern und seinem älteren Bruder dafür zu vergeben, daß sie ihn als Kind gedemütigt hatten. Jared hatte das Stadium des Zorns in seinem Trauerprozeß hinter sich und war in die eigentliche Trauer fortgeschritten. Er erzählte seiner Gruppe, er sei noch nicht in der Lage, die Entscheidung zu treffen, das, was in seiner Vergangenheit geschehen war, zu akzeptieren und den Verantwortlichen zu vergeben; aber er wüßte, daß das der nächste Schritt sei, und er freue sich darauf, ihn zu bewältigen. Er bat die Gruppe, für ihn zu beten und ihn zu unterstützen, während er daran arbeitete.

Nach dem Treffen kamen zwei junge Männer, die neu in der Gruppe waren, im Flur auf ihn zu. „Wir wissen genau, wovon du gesprochen hast. Ich meine, wir wissen es wirklich. Wir haben darüber geredet, und wir haben beide genauso eine miese Kindheit gehabt. Mein Vater hat mich dauernd heruntergemacht. Ich hatte nie das Gefühl, etwas gut gemacht zu haben. Nichts war jemals gut genug!"

Der andere stimmte ein. „Genau. Nur waren es bei mir meine Mutter und meine Schwester. Und weißt du was? Unserer Meinung nach solltest du diesen Leuten gar nicht vergeben. Sie haben dich wie Dreck behandelt und dein Leben ruiniert. Was gibt es da zu vergeben?"

Glücklicherweise war Jared stark genug, diese negative Botschaft zu mißachten, nachdem er mit uns darüber gesprochen hatte, aber sie hätte einen schweren Rückschlag bedeuten können.

Jede Diät, jede Genesung hat ihre Höhen und Tiefen, wie alles andere im Leben auch. Manchmal muß ein Mensch wirklich mit einer Diät kämpfen, oder er leidet an alten oder neuen Schmerzen oder geht durch eine jener Trauerperioden, wenn man Essen als Beruhigungsmittel oder Pufferzone schmerzlich vermißt. „Ich bin bereit, das durchzuziehen, aber im Augenblick ist es nicht gerade ein Zucker-schlecken", sagt man sich dann. Und gerade in diesem anfäl-ligen Moment kann es passieren, daß ein Ehepartner oder ein enger Freund auf den Plan tritt und sagt: „Nimm dir ein Wochenende frei. Du hast es dir verdient. Du hast schon viel abgenommen. Lebe mal wieder ein bißchen!"

Die Johnsons kamen zur Beurteilung zu uns. Ed Johnson trank eine Menge, aber sie waren sich nicht sicher, ob er wirk-lich ein Alkoholiker ist; und sie wollten nicht zu den Anony-men Alkoholikern gehen, so lange sie nicht sicher waren, daß es notwendig ist. Im Rahmen der Beurteilung wiesen wir Ed an zu versuchen, zwei Wochen lang keinen Alkohol zu trin-ken. Dann sollte er wiederkommen und uns berichten.

Am Ende der zwei Wochen saßen uns die beiden wie zwei Häufchen Elend gegenüber. „Nun, wie ist es gegangen?" fragten wir.

Alice antwortete. „Nun, Herr Doktor, Ed hat zehn Tage lang nichts getrunken, genau wie Sie gesagt haben. Keinen Tropfen. Aber ich konnte ihn nicht so leiden sehen. Es war einfach zuviel für ihn. Deshalb habe ich ihm eine Flasche ge-kauft."

Selbstauferlegte Schuldgefühle

Oft sind die Botschaften weniger offensichtlich als die, die Jared und Ed Johnson empfingen. So mancher übergewich-tige Patient bildet sie sich auch nur ein. Erinnern Sie sich, wie Ginger ihren Freund aus Neuseeland nicht sehen wollte, weil sie zuviel gegessen hatte und sich einbildete, er würde sie dick finden? „Ich war so kratzbürstig zu ihm am Tele-fon", erzählte sie. „Und alles, was er in seinem wunderba-ren, feinen Akzent dazu sagte, war: ‚Na ja, dann sei nett zu dem Hund.' Natürlich stellte sich dann heraus, daß er an mein Gewicht keinen Gedanken verschwendete und nie be-merkt hätte, daß ich ein paar Stücke Hähnchen mehr gegessen hatte. Aber weil ich die Beherrschung verloren hatte, schämte ich mich so sehr, daß ich mir wie eine Dampfnudel vorkam. "

Und die Botschaften müssen nicht einmal etwas mit dem Essen zu tun haben. Barbara redete sich ein, die Leute würden hinter ihrem Rücken über sie lachen, weil sie in ihrer Prüfung keine Eins plus geschafft hatte. In ihrem Geist stiegen wieder die alten negativen Botschaften auf, die sie als Kind empfangen hatte: „Barbara zeichnet wie ein Kindergartenkind." „Aus ihr wird nie eine Künstlerin." „Barbara schafft es nie – warum versucht sie es überhaupt?" Die Tatsache, daß sie sich in der Hitze des Lernens für ihre Prüfung zwei Wochen lang nicht die Zeit genommen hatte, ihre Kassette mit dem positiven Selbstgespräch zu hören, hatte dieser Flut negativer Botschaften Tür und Tor geöffnet.

Perfektionistisches Denken

Die größte Gefahr in diesem Stadium ist nicht der Schaden, den zwei oder drei Stücke Hähnchen oder gar Schokoladenkuchen für Ihre Diät anrichten. Die wirkliche Gefahr liegt darin, das Kind mit dem Bade auszuschütten. Das ist eine besondere Gefahr für Perfektionisten oder für Schwarzweißdenker, die sich einreden: Jetzt habe ich es endgültig vermasselt. „Wenn ich es nicht richtig machen kann, kann ich genauso gut aufhören, es zu versuchen – also los, hau rein und iß die ganze Schüssel Eiskrem auf! Ich wußte ja, daß ich es nie schaffen würde, schlank zu sein."

Wenn derartige Scham- und Schuldgefühle erneut ins Spiel kommen, dann ist man wieder im Teufelskreis der Abhängigkeit gefangen. Statt einem zu helfen, wieder zur Diät zurückzukehren, drückt die Scham nur die Selbstachtung nieder und bringt den Liebes-Hunger zurück. So treibt sie den Betroffenen einem neuen Gelage entgegen.

Wir fordern alle unsere Patienten auf, sich auf ihre Diät festzulegen und sich für ihr ganzes Leben zu verpflichten, ihr Gewicht zu halten. Aber wir warnen sie ebenso davor, zu perfektionistisch zu sein. Das ist wirklich eine Gratwanderung. Einerseits müssen Sie sich für immer an die Maßnahmen halten, die nötig sind, um Ihren Erfolg zu bewahren. Andererseits müssen Sie verstehen, daß es nichts Ungewöhnliches oder besonders Schreckliches ist, gelegentlich über die Stränge zu schlagen. Lernen Sie, zwischen der Gefahr des Rückfalls und der Gefahr des Perfektionismus die Balance zu halten.

Erkennen Sie die Warnsignale für den Rückfall

Bevor Barbara Dr. Hemfelts Sprechzimmer verließ, schlug er ihr noch vor, Ralph anzurufen, den sie in ihrer Therapiegruppe gut kennengelernt hatte. „Ralph ist ein Rückfallspezialist", sagte der Doktor. „Er hat das schon viele, viele Male erlebt, und jetzt gelingt es ihm hervorragend, es zu vermeiden. Er kann Ihnen ein paar Tips aus erster Hand geben, wenn Sie sie brauchen."

Einige Tage lang hatte ihr Besuch bei dem Arzt sie aufrecht gehalten, doch am folgenden Dienstag erwachte Barbara mit dem sorgenvollen Gedanken, daß sie bisher noch nichts von ihrer Bewerbung gehört hatte, und sie verspürte ein dringendes Bedürfnis, ihre Sorge mit Pfannkuchen zu ersticken. Sie rief Ralph an.

Ralph lachte, als er hörte, was der Doktor über ihn gesagt hatte. „Ein Rückfallspezialist, was? Ist was dran. Aber eine Sache, die mir diesmal geholfen hat, die Oberhand zu behalten, war, daß ich gelernt habe, die Warnsignale zu erkennen."

„Wie zum Beispiel einen Heißhunger auf Pfannkuchen, meinst du?"

Wieder lachte Ralph. „Nun, das ist bestimmt ein Warnsignal, aber am besten ist es, den Rückfall abzublocken, bevor es überhaupt zu so einem Heißhunger kommt. Das ist der letzte Graben, und von dort aus ist es viel schwieriger, die

Schlacht zu gewinnen. Eine wichtige Ursache für Rückfälle ist gegeben, wenn man in Verleugnung zurückfällt. Wenn ich morgens aufwache und mich selbst sagen höre: ‚So dick war ich eigentlich gar nicht‘, dann weiß ich, ich muß wieder zurück und mich der Wahrheit stellen, sonst werde ich am Ende wieder ‚so dick‘ sein. Hör sorgfältig auf die Botschaften, die du dir selbst sendest. Wenn du hörst: ‚Ich bin eigentlich gar nicht zwanghaft‘ oder ‚So verfahren waren meine Beziehungen eigentlich gar nicht‘, dann bist du drauf und dran, in die Verleugnung zurückzufallen, und das kann einen kräftigen Rückfall auslösen.“

„Oh!“ Man hörte Barbaras Stimme das Licht an, das ihr aufgegangen war. „Ich verstehe. Ich habe mich so auf diese Jobsache versteift, daß ich mir gesagt habe: ‚Wenn ich diesen Job kriege, wird alles in Ordnung sein.‘ In Wirklichkeit wäre der Job zwar eine tolle Sache, aber er hat eigentlich nichts mit meinem zwanghaften Verhalten zu tun. Danke, Ralph.“

„Ich helfe dir gerne. Ruf mich jederzeit an. Und viel Glück mit dem Job.“

Nun war Barbara vollkommen zufrieden damit, eine Schüssel Müsli mit einem frischen Pfirsich zu essen, bevor sie den Personalchef wegen ihrer Bewerbung anrief. Später dachte sie über die anderen Warnsignale nach, auf die ihr Arzt sie aufmerksam gemacht hatte.

1. Verspüren Sie steigenden Zorn und schmorenden Ärger? Wenn Sie plötzlich merken, daß Sie sich schlecht behandelt fühlen, oder wenn Sie Tag für Tag zornig herumlaufen und nicht einmal wissen, auf wen oder was Sie zornig sind, seien Sie gewarnt. Irgendwo in Ihrem emotionalen Kern ist etwas, das Sie noch nicht aufgedeckt oder analysiert haben, oder es gibt eine neue Trauer in Ihrem Leben, die Sie noch nicht verarbeitet haben.

2. Suchen Sie nach Ausreden, um sich nicht an Ihre Diät halten zu müssen? Seien Sie gewarnt, wenn Sie sich selbst einzureden versuchen: „Ich habe kein Ernährungsproblem.“ „So dick war ich gar nicht.“ „Ich schaffe das schon allein.“ „Ich bekomme von dieser Diät Schmerzen in den Beinen.“

„Die Diät raubt mir alle Energie." Dies kann eine neue Form von Verleugnung sein, und Sie werden zurück zum ersten Fußpfad gehen müssen, um sie zu durchbrechen.

3. Sind Sie dabei, sich zu isolieren und sich von dem Netz der Leute, die Sie unterstützen, zurückzuziehen? Zu Beginn Ihres Genesungsprogramms sind Sie vielleicht einmal in der Woche zu Ihrem Therapeuten, einmal am Tag zum OA-Treffen und zweimal in der Woche zum Bibelstudium gegangen. Jetzt blicken Sie auf die letzten zwei Wochen zurück und merken, daß Sie Ausreden gefunden haben, um nicht in die Therapie zu gehen, daß Sie seit zehn Tagen bei keinem OA-Treffen mehr waren und nur einmal in die Bibelgruppe gegangen sind, allerdings ohne sich vorbereitet zu haben. Seien Sie gewarnt. Die Loslösung von Ihren Selbsthilfegruppen ist ein wichtiges Gefahrensignal.

4. Denken Sie ungewöhnlich viel über das Essen nach? Wenn Sie merken, daß Sie völlig darauf fixiert sind, was Sie essen und was Sie nicht essen, wenn Sie viel Zeit damit verbringen, an alte Lieblingsrestaurants zu denken, oder wenn Sie anfangen, Kochbücher zu lesen, als wären es Romane, seien Sie gewarnt. Sie nähern sich der Schwelle zum Rückfall.

5. Nehmen Sie zu? Bei allen Menschen schwankt das Gewicht normalerweise in einem Bereich von etwa zehn Pfund. Frauen merken das besonders kurz vor dem Einsetzen der Menstruation. Doch wenn Sie mehr als zehn Pfund zugenommen haben und nicht wieder abnehmen, seien Sie gewarnt. Sie essen zuviel, essen das Falsche oder treiben nicht genug Sport. Sie müssen Ihre Ernährung korrigieren.

Abwehrmaßnahmen

Bei einem anderen Telefongespräch sagte Ralph etwas, das Barbara so gut gefiel, daß sie ihn bat, es zu wiederholen, damit sie es sich aufschreiben konnte: „Ein Rückfall ist noch nicht das Ende des ganzen Programms. Denk daran, der Schlüssel ist das Gleichgewicht: Gib dir nicht die Erlaubnis zum Rückfall; verdamme dich nicht selbst, wenn du rückfällig geworden bist."

Wenn Sie sich im Wald verirren, ist das Schlimmste, was Sie tun können, in Panik zu geraten. Und sollten Sie plötzlich entdecken, daß Sie in Ihrem Genesungsprogramm auf Abwege geraten sind, geraten Sie nicht in Panik – gehen Sie in aller Ruhe unsere zehn Abwehrschritte zurück zur Sicherheit Ihres gut markierten Fußpfades!

1. Gestehen Sie Ihren Rückfall sofort sich selbst, einem anderen Menschen und Gott gegenüber ein. Sie haben einen großen Sieg errungen, als Sie erstmalig Ihre Verleugnung durchbrachen. Lassen Sie sich diesen Sieg nicht rauben, indem Sie jetzt Ihr Problem verleugnen. Ginger sagt: „Nachdem ich einmal aus der Verleugnung ausgebrochen war, wollte ich nie wieder etwas verleugnen. Ehrlichkeit ist eine wunderbare, befreiende Sache. Verleugnung ist Gefangenschaft – sie ist wie ein Gefängnis, und davon habe ich genug gehabt."

Wenn Sie dabei wären, sich von einer schweren Operation zu erholen und plötzlich Blutungen aufträten, dann würden Sie nicht versuchen, das mit einem Heftpflaster zu kurieren; Sie würden nach dem Telefon greifen. Machen Sie es jetzt genauso! Rufen Sie Ihren Betreuer, Therapeuten oder Pastor an. Holen Sie sich Hilfe. Und wenden Sie sich im Gebet an Gott. Viele Patienten hören an diesem Punkt zu beten auf, ohne sich dessen bewußt zu sein. Doch gerade jetzt brauchen Sie am dringendsten die Stütze des Gebetes.

2. Nun erzählen Sie Ihrer Selbsthilfegruppe von Ihrem Problem. Die typische Reaktion ist, den Treffen fernzubleiben, wenn die Dinge nicht gut laufen. Das ist genau das Falsche. Wenn Sie sich am schwächsten fühlen, brauchen Sie am dringendsten die Stärke Ihrer Gruppe. Manche Patienten gehen zwar weiterhin zu ihrer Gruppe, erzählen aber nichts. Das ist auch eine Form der Isolation. Die Heimlichtuerei führt zu Scham, und Scham ist – wie wir im vierten Kapitel

gesehen haben – das Gefühl, das den ganzen Teufelskreis der Abhängigkeit in Bewegung hält.

3. Vergeben Sie sich selbst. Seien Sie barmherzig; seien Sie sich selbst ein Freund. Ein Freund verhält sich nicht so, daß er einen bestraft, verdammt oder beschimpft. Ein Freund vergibt, akzeptiert, ermutigt und hilft. Sagen Sie sich selbst: „Das ist normal. Das ist menschlich. Ich akzeptiere es. Ich werde damit fertig werden!"

4. Loben Sie sich selbst. Das geht noch einen Schritt weiter als Vergebung und bekräftigt die Fortschritte, die Sie gemacht haben. Denken Sie zurück an Ihre bisherige Reise – an die Pfunde, die Sie bereits verloren haben, die Gruppentreffen, an denen Sie teilgenommen haben, die Fußpfade, die Sie erfolgreich hinter sich gebracht haben. Bauen Sie ein paar neue bestätigende Aussagen in Ihr Selbstgespräch ein: „Ich bejahe meinen Körper. Ich genieße es, für meinen Körper zu sorgen. Ich bekräftige mein Recht, gesund zu werden."

Man verliert leicht den Überblick, wenn man sich im Wald verirrt. Und bei einem Rückfall sieht man den Wald vor lauter Bäumen nicht. Konzentrieren Sie sich nicht auf die eine riesige Fichte vor Ihren Augen, als müßten Sie sie ersteigen. Schauen Sie zurück auf all die Wälder, Wiesen und Wüsten, die Sie auf Ihrer Genesungsreise bereits durchwandert haben. Schauen Sie voraus auf die schöne Landschaft, durch die Sie auf Ihrem weiteren Heilungsweg wandern werden.

5. Setzen Sie einen Meilenstein. Eine der frustrierendsten Wegbeschreibungen, auf die ein Fußpfadwanderer stoßen kann, lautet: „Biegen Sie bei der Scheune der Martins links ab." Welche Scheune mag wohl den Martins gehören? Doch um so größer ist die Beruhigung, wenn man einen Meilenstein findet – einen großen Granitfelsen, in dem die Richtungen buchstäblich in Stein gegraben sind. Setzen Sie Ihren eigenen Meilenstein, indem Sie in Ihrem Tagebuch eine detaillierte Bestandsaufnahme Ihrer bisherigen Fortschritte machen. Schreiben Sie in allen Einzelheiten die Besserungen auf, die Sie in allen Bereichen Ihres Lebens erzielt haben:

im emotionalen, intellektuellen, körperlichen, zwischenmenschlichen und geistlichen Bereich.

Im Alten Testament richtete Samuel einen Stein auf, um die Niederlage der Philister zu markieren. Er nannte ihn Eben-Eser, „Stein der Hilfe", und er sollte den Kindern Israel als Erinnerung dienen, daß der Herr sie bis hierher geführt hatte. Blicken Sie zurück auf Ihre eigenen Eben-Esers, und sagen Sie: „Bis hierher hat mich der Herr geführt." Dann schauen Sie in die Zukunft, und sagen Sie: „Und er wird mich auch weiter führen!"

6. Nun müssen Sie eine Bestandsaufnahme der emotionalen und zwischenmenschlichen Probleme machen, die zu Ihrem Rückfall führten. Obwohl die Lust auf ein Eßgelage das Symptom eines Rückfalls ist, hat der Rückfall selbst normalerweise sehr wenig mit Essen zu tun. Nehmen Sie Ihr emotionales und zwischenmenschliches Leben während der letzten zwei Wochen unter die Lupe. Viele Patienten berichten, das habe ihnen die Augen geöffnet. Rückfälle wirken so, als entstünden sie aus heiterem Himmel als ein unerklärlicher, überwältigender Drang zu essen. In Wirklichkeit jedoch haben sie eine lange Vorgeschichte sich allmählich aufbauender Spannungen und Enttäuschungen. Ralph erzählte uns einmal nach einem Rückfall: „Ich war drei Wochen lang wütend. Wütend auf meine Freundin, wütend auf meine Chef, wütend auf mich selbst. Die ganze Zeit über hatte sich diese Wut in mir angestaut, und ich merkte nicht das geringste davon. Kein Wunder, daß ich schließlich hinging und mir drei Big Mäcs bestellte! Ich mußte ganz von vorn anfangen und den Trauerprozeß über meinen große Datenverlust auf dem Computer aufarbeiten, bevor ich wieder Herr über meine Eßprobleme werden konnte."

Haben Sie einmal Ihren Rückblick niedergeschrieben, müssen Sie mit jemandem darüber sprechen. Rufen Sie Ihren nächsten Unterstützer an und lesen Sie ihm vor, was Sie geschrieben haben. Indem Sie Ihre eigenen Worte laut hören, werden Sie den Überblick zurückgewinnen, und die Einsichten Ihres Unterstützers werden das noch erweitern.

7. Treffen Sie neue Entscheidungen über Veränderungen in Ihren Beziehungen und in Ihrer Ernährung. Die typische Reaktion auf einen Rückfall ist, daß die Patienten in ihrer Diät und ihrem Lebensstil strenger werden. Doch statt sich selbst zu bestrafen, indem Sie Ihre Kalorienaufnahme drastisch senken, sollten Sie Ihr Bestes tun, sich an Ihre gesunde, kalorienarme Diät zu halten.

Nutzen Sie Ihren Drang zu einem Rückfall aus, um neue Grenzen festzulegen und aufzurichten. Im vorigen Kapitel sprachen wir davon, daß Sie mit Ihrem Körper auf Tuchfühlung bleiben müssen. Ihr Drang zu einem Rückfall könnte eine Botschaft an Sie sein, daß Sie nicht aufmerksam genug auf Ihren Körper geachtet haben. Vielleicht nehmen Sie zu schnell oder zu langsam ab. Vielleicht vermißt Ihr Körper einen Nährstoff, der in Ihrer Diät zu kurz kommt.

Erfahrungsgemäß hat diese Botschaft oft nichts mit Ihrer Ernährung, sondern mit Ihren Emotionen zu tun. Vielleicht rebellieren Ihre Gefühle. Vielleicht sind Sie auf einigen Ihrer Fußpfade eher gejoggt, statt zu wandern. Nun müssen Sie in gemächlicherer Gangart zurückgehen und sich um etwaige unerledigte Dinge kümmern.

Ralph sagte, dies sei ein wesentlicher Grund für seine wiederholten Rückfälle gewesen. „Auf dem zweiten Fußpfad – „Essen Sie für den Erfolg" – da bin ich nicht gejoggt, da bin ich gesprintet. Als ich beschloß abzunehmen, hörte ich einfach auf zu essen und trieb doppelt soviel Sport. Damit wird man das Gewicht zwar garantiert schnell los, aber so kann man nicht lernen, vernünftig zu essen. Bevor ich diesen Kurs bei Dr. Sneed mitmachte, hatte ich keine Ahnung von Fettsäuren oder Kohlenhydraten. Ich konnte Schokoladenkuchen von einem Apfel unterscheiden – das war aber auch alles. Ich mußte den Fußpfad des richtigen Essens ganz langsam gehen und diese Dinge von Grund auf lernen. Inzwischen macht es mir aber Spaß. Ich bin sogar dabei, ein ziemlich guter Koch zu werden."

Oder vielleicht rebellieren Sie gegen Ihre Diät. Wir haben schon von dem emotionalen Aspekt des Essens gesprochen.

Vielleicht widerspricht irgendein Teil Ihrer Diät einem emotionalen Bedürfnis. Wir hatten eine Patientin, die depressiv wurde, wenn ihre Ernährung nicht genug Fett enthielt. Da eine gesunde Ernährung zwischen zwanzig und dreißig Prozent Fett enthalten kann, hatte sie genügend Spielraum, ihre Diät ihren Bedürfnissen entsprechend anzupassen. Sprechen Sie darüber mit Ihrem Arzt, Diätberater oder Ernährungsbetreuer.

8. Verpflichten Sie sich aufs neue, Ihren Genesungsplan wiederzubeleben. Vielleicht ist Ihr Rückfall einfach nur eine Reaktion gegen die Langeweile. Selbst bei Patienten, die eine so stark eingeschränkte Diät wie etwa eine Flüssigdiät machen, kann man der Langeweile Herr werden. In der Klinik haben wir ein Rezeptbuch, das wir unseren Patienten, die eine Flüssigdiät halten, anfangs noch nicht geben. Aber wenn sie dann ein paar Wochen Diät hinter sich haben und die Langeweile droht, zeigen wir ihnen, wie sie ihre Diät abwechslungsreicher gestalten können, indem sie Zutaten wie kalorienarmen Fruchtsirup oder Diätsoda hinzufügen.

Nach sechs Wochen erfolgreicher Beständigkeit kam Ralph mit einem langen Gesicht zu uns. „Ich weiß nicht, Herr Doktor. Ich bin zwar angeblich Ihr ‚Spezialist‘, aber ich fürchte, diesmal ist der Drang zu einem Rückfall stärker als ich."

„Was haben Sie in letzter Zeit unternommen, um die Langeweile zu bekämpfen?" fragten wir ihn.

„Nun, ich habe Dr. Sneeds ganzes Kochbuch mehrere Male durchexerziert, deshalb habe ich mir ein neues Kochbuch für fettarme Gerichte besorgt, und das half eine Weile. Dann fing ich an, selbst zu experimentieren – ich probierte das Kräuter- und Gewürzregal und die Gourmet-Abteilung im Supermarkt durch. Eingelegte Zwiebeln sind wirklich lekker, und französischer Senf kann bei einem Truthahn-Sandwich wahre Wunder wirken. Aber" – er hielt inne und zuckte die Achseln – „ich langweile mich immer noch."

Wir lobten Ralphs kulinarische Bemühungen, sagten ihm aber, daß wir das Problem diesmal an einer andern Stelle vermuteten. Deshalb gaben wir ihm einen Wachstums-Fragebogen mit, den er zu Hause durcharbeiten sollte. Wir schlagen vor, daß Sie dasselbe tun, wenn Sie sich in irgendeinem Bereich Ihres Lebens gelangweilt fühlen. Fragen Sie sich:

Was tue ich, um mich körperlich zu verbessern? Habe ich ein gutes Bewegungsprogramm? Brauche ich eine neue Frisur oder eine neue Hautpflegeserie?

Was tue ich, um intellektuell zu wachsen? Habe ich in letzter Zeit ein gutes Buch gelesen? Hatte ich in letzter Zeit eine anregende Diskussion mit Freunden über wichtige Themen? Sollte ich über ein Thema, über das ich mehr wissen möchte, einen Kurs belegen?

Was tue ich, um beruflich zu wachsen? Gibt es Aufstiegsmöglichkeiten, um die ich mich bewerben sollte? Gibt es Seminare, an denen ich teilnehmen sollte? Welche Fachliteratur sollte ich lesen?

Was tue ich, um geistlich zu wachsen? Nehme ich mir täglich Zeit zur Bibellese und zum Gebet? Brauche ich neue Andachtstexte? Habe ich eine Gemeinde gefunden, die mir hilft, geistlich zu wachsen? Kommt meine kleine Gruppe meinen Bedürfnissen entgegen, oder sollte ich weitersuchen?

Oft wird ein Rückfall von dem Impuls begleitet, die ganze Sache hinzuschmeißen; doch dieser Impuls ist in Wirklichkeit ein Signal, genau das Gegenteil zu tun – machen Sie die Sache aufregender; verschaffen Sie sich neue Herausforderungen!

9. Suchen Sie Möglichkeiten, nett zu sich selbst zu sein. Das bedeutet nicht, daß Sie sich für Ihren Rückfall belohnen sollen, sondern daß Sie sich die besondere Fürsorge geben, die Sie gerade jetzt brauchen. Eine unserer Patientinnen gönnt sich eine professionelle Massage, wenn sie mit Rückfällen zu kämpfen hat. Eine andere Patientin, die beruflich selbständig ist, gibt sich die Erlaubnis, bis zehn Uhr zu schlafen und dann im Bett eine Tasse Tee zu genießen. Das sind exzellente Beispiele, denn Spannungen und Müdigkeit können wesentliche Auslösefaktoren für Rückfälle sein.

Ein wichtiger Teil der Genesung ist, zu lernen, wie Sie Ihr

eigener bester Freund werden können. Jetzt ist die Zeit, sich selbst zu beweisen, was für ein guter Freund Sie sein können, indem Sie besonders nett zu sich selbst sind. Die Botschaft eines Rückfalls ist: „Irgend etwas fehlt!" Es ist Ihre Aufgabe, es sich selbst zu ersetzen.

10. Trachten Sie nach einer engeren Beziehung zu Gott. Bei allen Süchten ist die heimtückischste Begleiterscheinung von Rückfällen die Neigung, sich von Gott zurückzuziehen, weil wieder die alten Gefühle von Scham und Schuld ins Spiel kommen. Diese Neigung ist so alt wie der Garten Eden, in dem sich Adam und Eva vor Gott verbargen, nachdem sie gesündigt hatten.

Als Ralph mit seinem ausgefüllten Wachstums-Fragebogen zurückkam, nannte er dies widerwillig als einen Problembereich in seinem Leben. „Ich habe tolle Fortschritte gemacht und bin wirklich geistlich gewachsen, aber jetzt erkenne ich, daß ich mich in letzter Zeit von Gott zurückgezogen habe."

Wir sagten ihm, daß Bitterkeit oder fortdauernder Zorn oft die Wurzel des Wunsches seien, sich von Gott zurückzuziehen. „Manchmal denken Patienten: ,Ich habe das alles an Gott abgegeben, und er hat mich fallenlassen.'"

„Das stimmt. Genauso ging es mir. Aber ich habe es nicht erkannt. Ich glaube, ich wurde wütend auf Gott, als ich den Drang zum Rückfall verspürte."

„Ganz genau", sagten wir. „Solche Gefühle sind unbewußt, aber um in eine enge Gemeinschaft zurückzukehren, sind ganz bestimmte, bewußte Schritte notwendig. Erstens, erinnern Sie sich an alle biblischen Geschichten, die Sie je gehört haben, in denen Leute zu Jesus kamen. Rufen Sie Ihren Pastor oder Bibelkreisleiter an und machen Sie sich eine Liste. Achten Sie darauf, daß die überwiegende Mehrheit dieser Leute krank, verletzt oder betrübt waren. Nun versetzen Sie sich selbst in diese Gruppe. Sagen Sie sich: *Gott möchte, daß ich ihm nahe bin. Ich kann zu ihm kommen, genau wie all diese Menschen in der Bibel.* Dann wenden Sie sich im Gebet an ihn, und sagen Sie es ihm."

Vielleicht müssen Sie sich wie Ralph neu an die geistliche Kraftquelle anschließen, auf der Ihre ganze Genesung beruht. Dies ist die einzige Kraftquelle, die niemals versagt, der einzige Ort, an dem Sie niemals verdammt oder mißverstanden werden. Christus, der in jeder Hinsicht versucht wurde wie wir, kennt unsere Schwäche. Er kennt sie – nicht nur durch seine allwissende Wahrnehmung des Universums, sondern auch aus der persönlichen Erfahrung, ein Mensch zu sein, der auf dieser Erde gelebt und dreiunddreißig Jahre lang all unsere Schwächen am eigenen Leibe verspürt hat. Er hat verheißen, uns eine allgegenwärtige Hilfe in Zeiten der Not zu sein. Aber wir müssen ihn anrufen. Er wird nie eindringen, wo er nicht eingeladen ist. Darum wenden Sie sich in Gebet, Andacht und Bibelstudium ihm zu – der äußersten Kraftquelle des Universums, die gleichzeitig Ihre nächste, vertrauteste Kraftquelle ist.

Barbara hatte die Gründe für Ihren Rückfall erkannt als Dr. Hemfelt ihr die Situation erklärte. Zu Hause in ihrem Zimmer dachte sie noch einmal darüber nach. Die Enttäuschung über ihre Prüfung war nur ein kleiner Teil der Ursache, die Spitze des Eisberges. Darunter lag die Angst davor, sich nun ernsthaft auf den Arbeitsmarkt zu begeben – und zwar nicht für irgendeinen Job, sondern für den Job, von dem sie ihr Leben lang geträumt hatte. Nun standen ihre Träume kurz davor, Wirklichkeit zu werden. Sie mußte sich selbst sagen, daß sie für diesen Einstieg in ein Möbelgeschäft gut qualifiziert war. Es war eine Arbeit, die sie gut machen und gerne tun würde. Sie würde sich auch in dem Vorstellungsgespräch gut halten. Aber es war nicht der einzige Job auf der Welt. Wenn es diesmal nicht klappte, gab es noch andere Möglichkeiten. Sie war immer noch eine wertvolle, liebenswerte Person. Ebensowenig, wie ihr Selbstwertgefühl auf der Zahl auf ihrer Waage heute morgen beruhte, war es von diesem Job abhängig oder von irgendeinem anderen, um den sie sich noch bewerben mochte.

Was sie alles schon erreicht hatte! Jeden Tag kamen sie und Tom der emotionalen Intimität in ihrer Ehe näher, von der

Dr. Hemfelt gesprochen hatte. Sie hatte ihren Kurs abgeschlossen und war bereit, ihre künstlerischen Fähigkeiten zu gebrauchen. Sie hatte ihr Idealgewicht erreicht und genoß ihre neue Anziehungskraft und ihren neuen, energiegeladenen Lebensstil in vollen Zügen. Barbara schwor sich, an den Abwehrmaßnahmen gegen einen Rückfall ebenso hart zu arbeiten, wie sie es auf den Fußpfaden zur Genesung getan hatte.

Wir hoffen, Sie werden es genauso machen. Wenn Sie zusammen mit Ralph und Barbara und ihren Freunden auf diesen Fußpfaden gewandert sind, haben Sie den Weg zu Ihrer eigenen Genesung angetreten. Zu Ihnen sagen wir, wie wir es zu jedem Patienten sagen würden, der unsere Obhut verläßt: Herzlichen Glückwunsch! Herzlichen Glückwunsch dazu, daß Sie Ihr Problem erkannt haben, herzlichen Glückwunsch dazu, daß Sie aus der Verleugnung ausgebrochen sind und dieses Buch gelesen haben, und herzlichen Glückwunsch dazu, daß Sie auf unseren Fußpfaden zur Genesung gewandert sind, den ganzen Weg bis zum Ende der Reise.

Und doch ist dies überhaupt nicht das Ende. In Wirklichkeit ist es erst der Anfang. Wir wissen, daß das für einen Patienten, der Wochen, Monate oder gar Jahre für seine Genesung gebraucht hat, merkwürdig klingt, wenn man ihm sagt, das sei erst der Anfang – aber es ist aufregend zu erkennen, daß vor Ihnen nun Jahre emotionalen, geistlichen und zwischenmenschlichen Wachstums liegen. Dieses Wachstum wird für den Rest Ihres Lebens fortdauern, solange Sie weiter unsere Fußpfade für Ihre persönliche Entwicklung nutzen.

Erinnern Sie sich an das, was Ralph im ersten Kapitel zu seiner Therapiegruppe sagte: „Sein Leben in Ordnung zu bringen, die Genesung zu erreichen – das ist schwer, aber es ist der Mühe wert. Wenn ihr wirklich glaubt, daß ihr es verdient, gesund und glücklich zu sein, werdet ihr es mit persönlicher Anstrengung, Gottes Kraft und der Ermutigung anderer schaffen – einen Tag nach dem anderen."

Anhang

Ernährungs-Baustein-Tabelle*

1. Stärke-/Brot-Bausteine 4 (-5)

Brot (25–30 g)	
Weißbrot	1 Scheibe
Vollkornbrot	1 Scheibe
Roggenbrot oder Pumpernickel	1 Scheibe
Brötchen	1 Stück
Knäckebrot	2 Scheiben
Getreideprodukte	
Cornflakes	20 g
Haferflocken	20 g
Mehl	1 Eßlöffel
Reis (gekocht)	65 g
Nudeln (roh)	20 g
Bohnen (gebacken, keine Saubohnen)	25 g
Limabohnen	25 g
Mais	20 g
Kartoffelpüree (ohne Butter)	80 g
Salzkartoffeln	100 g

2. Fleisch-Bausteine 4

Rindfleisch (mager)	
Schwanzstück, Lende (ohne sichtbares Fett), Sirloin-Steak	30 g
mageres Kalbfleisch	30 g
Lamm	
Keule, Lende (ohne sichtbares Fett), Sirloin-Steak	30 g
Schweinefleisch (mager)	
Haxe	30 g
Schinken	30 g

* Genauere Informationen über Nahrungsmittel und Ernährung sind erhältlich bei der Deutschen Gesellschaft für Ernährung e.V., Feldbergstr. 28, 6000 Frankfurt/Main 1.

Geflügel
Hühnchen oder Pute ohne Haut	30 g

Fisch
Aal, geräuchert	25 g
Forelle, roh	75 g
Hecht	100 g
Heilbutt	75 g
Hering, grün	35 g
Kabeljaufilet	100 g
Krabben, Crevetten, Hummer	100 g
Scholle	100 g
Seezunge	100 g

Käse
Hüttenkäse, unter 10% Fett i. Tr.	65 g
magere Käsesorten	30 g

Hülsenfrüchte
Bohnen	25 g
Erbsen	25 g
Linsen	25 g

Eier
Ei	1 Stück
Eiklar	4 Stück

3. Milch- und Milchprodukte-Bausteine 2

Milch
Magermilch	250 ml
Buttermilch	250 ml

Joghurt
Magermilchjoghurt	250 ml

4. Obst- und Saft-Bausteine 2-3

Ananas, frisch	100 g
Ananassaft, ungesüßt	100 ml
Apfel, mittelgroß	½ Stück
Apfelmus, ungesüßt	125 ml
Apfelsaft	100 ml

Aprikosen, mittelgroß	3 Stück
Bananen, ca. 15 cm lang	½ Stück
Birnen, klein	1 Stück
Brombeeren	150 g
Datteln, mittelgroß	2 Stück
Erdbeeren, frisch	175 g
Feigen, klein	2 Stück
Grapefruit, klein	½ Stück
Grapefruitsaft	125 ml
Heidelbeeren	100 g
Himbeeren	150 g
Honigmelone, mittelgroß	100 g
Kirschen, groß	10 Stück
Mandarinen, mittelgroß	1 Stück
Mango, klein	½ Stück
Nektarinen, klein	1 Stück
Orangen, klein	1 Stück
Orangensaft	125 ml
Papaya, mittelgroß	⅓ Stück
Pfirsiche, mittelgroß	1 Stück
Pflaumen, mittelgroß	2 Stück
Preiselbeeren, ungezuckert	unbegrenzt
Rhabarber	unbegrenzt
Rosinen	2 Eßlöffel
Wassermelone	150 g
Weinbeeren, mittelgroß	15 Stück
Traubensaft	75 ml

5. Kalorienarme Gemüse   mind. 4

Verwenden Sie die folgenden Gemüsesorten nach Wunsch.
Essen Sie davon etwa 500 g proTag (4 Portionen zu je 125 g)*.

Auberginen	Kürbis	Sellerie
Blumenkohl	Mangold	Spargel
Bohnensprossen	Okra	Spinat
Broccoli	Pilze	Tomaten
Gemüsesaft	Rhabarber	Tomatensaft
Grüne Bohnen	Rosenkohl	Zucchini
Gurken	Rote Beete	Zwiebeln
Karotten	Rüben	
Kohl	Sauerkraut	

Die folgenden rohen Gemüse sind besonders kalorienarm:

Chicorée	Endivien	Radieschen
Chinakohl	Kopfsalat	

6. Beilagen, Gewürze und Getränke

Gewürze
   Aroma-Extrakte (Vanille, Bittermandel, Butter etc.)
   Knoblauch oder Knoblauchpulver
   Kräuter, frisch oder getrocknet
   Zitronen oder Zitronensaft
   Limonen oder Limonensaft
   Zwiebelpulver
   Pfeffer
   Sojasauce
   Worcester-Sauce
Getränke
   Bouillon oder Brühe ohne Fett
   Kakaopulver, ungesüßt (1 Eßlöffel)
   Kaffee oder Tee

---

* Sehr stärkehaltige Gemüse sind unter den Stärke-/Brot-Bausteinen aufgeführt.

Alkoholfreie, kalorienfreie Getränke, einschließlich
Getränke mit Kohlensäure
Süßes
Gelatine ohne Zucker
Konfitüre oder Gelee ohne Zucker (2 Teelöffel)
Schlagsahne ohne Zucker (2 Eßlöffel)
Beilagen
Ketchup (1 Eßlöffel)
Saure Gurken, ungesüßt
Meerrettich
Scharfe Sauce
Senf
Taco-Sauce
Essig

7. Fett-Bausteine $\wedge(-2)$

Konzentrierte Fette	
Öl, Butter, Margarine, Mayonnaise, Salatdressings	1 Teelöffel
Fettärmere Alternativen	
Halbfettmargarine	2 Teelöffel
Kalorienreduzierte Mayonnaise	2 Teelöffel
Kalorienreduziertes Salatdressing	1–2 Eßl. (bis zu 20 cal./Eßl.)
Nüsse	
Alle Sorten	1 Eßlöffel
Sonstiges	
Avocado (mittelgroß)	1/8 Stück
Oliven (kleine)	10 Stück
Kaffeeweißer	1 Eßlöffel
Sahne (10%)	2 Eßlöffel
Saure Sahne (10%)	2 Eßlöffel
Saure Sahne (30%)	1 Eßlöffel
Frischkäse	1 Eßlöffel

8. Fast-food-Gerichte

Hamburger, groß	4 Brot, 3½ Fleisch, 2 Fett
Cheeseburger, groß	4 Brot, 4 Fleisch, 3 Fett
Cheeseburger, mittelgroß	2 Brot, 2½ Fleisch, 1 Fett
Pommes frites, kleine Portion	2 Brot, 3 Fett

Hemfelt/Minirth/Meier
Mut zur Liebe

Wir sehnen uns nach erfüllten Beziehungen, und dennoch
verstricken wir uns allzuoft in schmerzliche Konflikte –
nicht nur mit unserem Ehepartner, sondern auch mit
unseren Kindern, Freunden und Kollegen.
Aber woran liegt es, wenn wir trotz unserer ehrlichen
Bemühungen daran scheitern, zu anderen ein aus-
gewogenes und befriedigendes Verhältnis zu finden?
Möglicherweise sind wir schon von Kindheit an in einem
Kreislauf gefangen, dessen Stationen sich ständig
wiederholen: dem Kreislauf der Kodependenz – der
Abhängigkeit von zwanghaften Verhaltensweisen.
Doch, wenn diese Einflüsse unser Leben auch lange Zeit
im Griff hatten – es gibt die Möglichkeit, sich daraus zu
befreien! Die Autoren haben ein erprobtes und geistlich
fundiertes Programm entwickelt, das in zehn Schritten den
Weg aus der Kodependenz weist. Sie machen uns Mut,
schädliche Abhängigkeiten zu überwinden und gesunde
Beziehungen aufzubauen – Mut zur Liebe.

Paperback, 358 Seiten
Bestell-Nr. 815 210

Chris Thurman
Lügen, die wir glauben
Der Grund Nr. 1 für unser Unglücklichsein

Kaum zu glauben, welchen Lügen wir in den unterschied-
lichsten Lebensbereichen auf den Leim gehen: „Du bist
schuld, daß ich nicht glücklich bin!", „Ich muß perfekt
sein!", „Du mußt alle meine Bedürfnisse erfüllen!",
„Gott wird mich vor allem Übel bewahren!" ...
Die Heimtücke der Lebens-Lügen besteht darin, daß sie
uns so lange schaden, wie sie uns als die reine Wahrheit
erscheinen. Damit vernebeln sie uns die wirklich freie
Lebensgestaltung. Aber mit fachkundiger Hilfe kann
dieser Schleier vor dem wahren Lebensglück zerrissen
werden!

Paperback, 218 Seiten
Bestell-Nr. 815 149